슬기로운 교사생활

일 잘하는 교사들의 성장 비책
슬기로운 교사생활

초판 1쇄 발행 | 2025년 1월 31일

지은이 | 교사삶책 집필팀
펴낸곳 | 교사크리에이터협회
펴낸이 | 이준권
진행책임 | 신혜영
편집 디자인 | 앤써북

출판사 등록번호 | 2024. 6. 18.(제 450-2024-00007 호)
주소 | 충청남도 공주시 관골1길 29, 2층
대표전화 | 041-856-0416
팩스 | 041-856-0417
이메일 | teacher4@daum.net
홈페이지 | https://t-creator.com/

도서 구입 문의 | 앤써북
    전화 | 070) 8877-4177
    팩스 | 031) 624-2753

ⓒ 교사삶책 집필팀, 2024

ISBN | 979-11-990234-1-3 13370

교사크리에이터협회 대한민국 크리에이터 선생님들과 함께합니다.

※ 책값은 뒤표지에 있습니다.
※ 이 책은 저작권법에 따라 보호를 받는 저작물이므로 무단 전재와 복제를 금지하며, 이 책 내용의 전부 또는 일부를 이용하려면 반드시 저작권자와 교사크리에이터협회의 서면동의를 받아야 합니다.
※ 잘못 만들어진 책은 구입하신 서점에서 교환해드립니다.

일 잘하는 교사들의 성장 비책

슬기로운 교사생활

프롤로그

비책(秘策): 아무도 모르게 숨긴 계책.

똑같은 24시간인데, 그 선생님은 어떻게 그 많은 일을 다하지? 그것도 잘!

이 책은 바로 이런 궁금증을 품고있는 교사들을 위해 쓰였습니다.

우리 교사들은 정말 많은 일을 합니다. 심지어 다 잘 해냅니다. 하지만 쉽지는 않습니다. 학급 운영과 수업은 기본이고, 학교 안팎에서 주어지는 각종 업무, 심지어 꽤나 많은 에너지를 쏟게 되는 다른 사람과 관계 맺는 일까지 결코 만만한 것이 하나도 없습니다. 게다가 요즘에는 쏟아지는 에듀테크 도구와 AI기술까지 따라잡으며, SNS를 통해 자신만의 브랜드를 만들어 가야한다는 부담감까지 더해졌습니다.

그런데 우리 주변에는 정말로 이 많은 일을 다 잘 해내는 교사들이 있습니다. 같은 시간을 효율적으로 사용해 성장하는 교사들 말입니다. 저 역시 듣고 싶었습니다. 교사로서 야무지게 학급을 운영하는 것은 물론, 다양한 사람들과 건강하게 관계 맺고, 나만의 색깔을 찾아 성장하는 교사들은 어떻게 그 모든 일을 해내는지 말입니다. 그렇게 이 책이 만들어졌습니다.

이 책의 저자들은 모두 10년 차 이상의 교사로 교육계 각 분야에서 나름의 전문가로 불리는 분들입니다. 물론 모든 것이 완벽하지는 않습니다. 어쩌면 제가 붙인 전문가라는 단어에 손사래를 치실지도 모르겠습니다. 하지만 제가 만났던 선생님들은 분명 자신만의 노하우가 있었습니다. 한 번에 합격하는 학습연구년과 쓸 때마다 입상하는 연구대회 노하우, 1년이 편한 업무 흐름도 작성법, 칼퇴를 부르는 디지털 치트키, 학부모와 건강한 관계를 맺는 비결 등 귀가 솔깃해지는 다양한 경험담이 넘쳐났습니다. 감히 비책이라는 이름을 붙일 만큼 귀한 이야기들이었습니다.

더 놀라운 것은 이 모든 노하우를 궁금해하는 사람이라면 누구에게나 친절히 나누어 주신다는 점이었습니다. 역시, 갓 교사! 그렇게 이 책이 만들어졌습니다. 동료들에게 물어보기 힘든 사소한 궁금증부터, 교사로서 어떻게 살아가야 하는지 삶의 방향에 대한 고민까지. 폭넓은 고민을 자기 계발, 업무 효율, 학급 운영, AI 시대, 관계 맺기로 나누어 담아보았습니다. 당장 궁금한 부분을 펼쳐 아이디어를 얻어 가셔도 좋고, 차근차근 읽으며 예상치 못한 팁을 얻어 가셔도 좋습니다. 분명 가치 있는 시간이 될 것입니다.

옆 반 동료 교사이자, 때론 선배로 고민을 함께 나눈다는 마음으로 진솔하게 자세히 묻고 답하며 담았습니다. 이 책이 효율적 성장을 바라는 누군가의 고민에 답이 되길 바랍니다.

쉿, 여러분께만 알려드리는 비밀입니다.

대표 저자 장주희

목 차

프롤로그 • 4

1장

자기계발
나만의 전문성으로 성장하고 싶은 선생님을 위한

시간 관리 나만의 워라블 찾기	10
학습연구년 한 번에 합격하는 노하우	17
연구대회 쓸 때마다 입상하는 비밀	23
교원대 석사 파견 나의 두 번째 스무 살	34
SNS 나만의 브랜드 만들기	44
겸직 나는 N잡러 교사	51
부설초등학교 더 좋은 수업을 꿈꾸는 선생님에게	60
교육전문직 더 나은 교육을 위한 빛 만들기	67

2장

업무효율
빠르고 편하게 잘하고 싶은 선생님을 위한

학교 업무 힘든 만큼 성장하는	78
업무 흐름도 만들어 두면 1년이 편한	85
업무계획서 쉽고 빠른 실전 작성법	92

학교 예산 10000% 센스 있게 활용하기	98
스쿨마스터 쉽고 편하게 교육과정 만들기	108
온라인 교무실 구글로 쉽게 만들기	117
K-에듀파인과 나이스 알아두면 쓸 데 있는 기능	123

3장 학급운영
행복한 수업을 꿈꾸는 선생님을 위한

교실 공간 나 너 우리를 품다	140
교실 필수템 옆 반 선생님의 장바구니	148
학급 보상 아이들의 마음을 사로잡는 아이디어	155
그림책 쉽게 떠먹여 드립니다	164
글쓰기 지도 쉽고 간편하게	174
공모전 특색 있는 학급 운영의 비밀	182
교실 체육 생각을 바꾸면 수업이 즐거워진다	193
보드게임 학년별 상황별 맞춤 처방전	201
지속 가능한 삶 지속 가능한 교실에서부터	207

4장

AI시대
쉽게 이해하고 바로 활용하고 싶은 선생님을 위한

AI시대 우리의 자세	216
에듀테크 쉽게 배워 바로 쓰는 BEST 8	225
캔바 5분 만에 숏츠 만들기	232
구글과 패들렛 수행평가 관리하기	239
업무 세팅 칼퇴를 부르는 치트키	248
디지털 윤리 지금 반드시 가르쳐야 하는	256

5장

적정관계
건강한 관계를 원하는 선생님을 위한

관계 그 적절한 온도에 관하여	266
학급 교육과정 설명회 관계의 시작	274
학부모 내 편으로 만들기	281
학생 함께일 때 빛나는	292
동학년 마음의 문을 여는 네 가지 방법	301
관리자 무례하지 않게 정중하게	309
교육 학습 공동체 선생님의 안전지대	315

에필로그 • 324

1장

자기계발

나만의 전문성으로 성장하고 싶은
선생님을 위한

시간 관리
나만의 워라블 찾기

▎똑같은 8시간인데…

　8시 30분부터 4시 30분까지 꼬박 8시간. 분명 짧지 않은 시간인데, 나는 왜 늘 시간이 부족할까? 아이들 보내고 회의 좀 하다 보면 금방 4시다. 채점을 기다리는 수행평가지와 정리해야 하는 출결 서류, 올려야 할 결재와 품의도 남아있는데 야속하게도 벌써 퇴근시간이라니. 분명 하루 종일 쉬지 않고 수업하고 일했는데 왜 해야 할 일은 줄어들지 않고, 시간만 가는 거냐구! 그나저나 나는 업무가 별로 없어도 이렇게 바쁜데 옆 반 연구부장 선생님은 수업하면서 언제 저 일들을 다 처리하는 걸까? 심지어 육아에 외부 활동까지 하면서 정시 퇴근을 하다니! 마치 혼자만 48시간을 쓰는 것처럼 보인다. 똑같이 8시간을 일하는데 저 선생님은 어떻게 모든 일을 주어진 시간 안에 능숙하게 처리할 수 있는 걸까?

결국, 시간관리

혹시 선생님도 비슷한 생각을 해본 적이 있으신지요? 1정 연수에 출강하거나 새내기 선생님들을 만나게 되면 가장 많이 받는 질문 중 하나가 시간 관리 노하우에 관한 것입니다. 어디 그때뿐일까요? 야무지고 똑똑한 20대에는 학년 팀장이나 부장으로 학교 업무에 치이고, 결혼 후 육아를 시작하기도 하는 30대부터는 가정과 커리어를 모두 잘 꾸려나가야 한다는 책임감에 하루도 마음 편히 쉬는 날이 없습니다. 저 역시 마찬가지였습니다. 두 아들을 키우는 대한민국의 교사로 살며 정말 다양한 시간관리 방법들을 시도해 보았습니다. 아침형 인간으로 살겠다고 새벽 네 시 반에 기상하다 입안이 다 헐어보기도 하고, 아이들을 재운 후 책을 쓰겠다고 다짐하고는 매번 잠들어버리는 스스로를 한심하게 여기기도 했습니다. 그럼에도 다행히 이런저런 우여곡절을 겪다 보니 이제는 나름 힘들이지 않고 효율적으로 시간을 관리하는 저만의 노하우가 생겼습니다. 대단한 새벽 기상을 하지 않아도, 밤늦게까지 일하지 않고도 효율적으로 할 일을 다 해내는 시간 관리 비결. 그 안에서 나를 잃지 않고 꾸준히 성장할 수 있는 제 나름의 워라블 노하우를 지금부터 나누어보려고 합니다.

아침 30분이 가장 중요하다!

8시 반까지 출근이지만, 생각보다 아침 일찍 출근하시는 선생님들이 꽤 많이 계십니다. 부지런히 오셔서 아이들을 맞아주시는 선생님들 덕분에 아이들은 차분하게 하루를 시작할 수 있습니다. 잘 정돈된 환경과 분위기에서 하루를 시작하는 것은 교사에게도 아이들에게도 더 없는 선물입니다. 하지만 모든 교사가 아침 일찍 출근해 여유롭게 하루를 열 수 있는 것은 아닙니다. 저 역시 가족들을 챙기며 바쁜 아침을 보내다 보면 겨우겨우 출근시간에 맞추어 교실에 오는 날이 대부분입니다. 하지만 괜찮습니다. 출근 시간보다 중요한 것은 출근 후 30분을 활용하는 방법이기 때문입니다.

저는 시간 관리의 핵심이 출근 후 30분이라고 생각합니다. 지금부터 제가 출근해 하는 일을 순서대로 보여 드리겠습니다.

❶ 먼저 온 아이들과 인사하기
❷ 교실 환기
❸ 시간대별 오늘의 활동 칠판에 적어주기
   • 필요한 교과서, 준비물과 특별실 이동 안내 포함
❹ 컴퓨터 화면을 켜고 아침에 해야 할 활동 보여주기 (1교시 시작 타이머와 함께)
   • 독서, 제출물 안내
   • 오늘 배울 교과서와 준비물로 서립 내용물 교제
❺ 노션 열기
❻ 어제 하루 정리하기
   • 감사 기록 등 하루 성찰 (어젯밤에 못한 경우)
❼ 주간 업무 파악, 오늘 하루 꼭 해야 할 일 적기
❽ 오늘 하루 시간대별 활동 적기
   • 간단하게 처리할 수 있는 일들은 쉬는 시간 활용, 주요 업무는 오후 시간 활용
❾ 업무관리시스템 접속하여 공문 확인
❿ 해야 할 일이 생기면 노션에 태그 분리해 등록하기
   • 담임 업무, 학교 업무, 개인 업무, 가정, 운동 등으로 미리 태그 분류
⓫ 커피 마시기

30분 짧은 시간에 이 많은 일을 다 할 수 있냐고요? 그럼요, 얼마든지 다 할 수 있습니다. 아침에는 일을 처리하기보다 분류하고 시간을 배분하는 것에 집중하기 때문입니다. 사실 어찌보면 제가 아침에 와서 하는 일은 그다지 특별하지 않습니다. 조금 다른 점이 있다면, 눈앞의 것을 급급히 치리하지 않는 것, 하루의 일과를 업무와 개인(가정)으로 나누어 시간대별로 정리해 기록하는 것입니다. 저는 노션을 쓰지만, 어떤 형태의 기록이든 전혀 상관없습니다. 중요한 것은 '매일 아침, 영역과 시간을 나누어 하루를 분류하고 계획하는 것'입니다.

나를 위해, 시간의 주인으로

사실 꼭 이런 방식이 아니더라도 이미 거의 모든 분들이 탁상 달력이나 각종 앱 등을 활용해 자신의 일정을 정리하고 있으시리라 생각합니다. 하지만 매일 아침 정해진 시간에 하루를 반성하고 영역을 나누어 계획하는 일은 조금 다른 개념입니다. 이는 단순히 해야 할 일을 나열하는 체크리스트를 작성하는 것이 아니라, 나에게 주어진 하루라는 선물을 어떻게 사용할지 스스로 정하는 일이기 때문입니다.

저처럼 영역을 나누어 시간 단위로 계획을 짜다 보면 학교 업무에 얼마의 시간을 할애할지, 아이들과 얼마나 시간을 보낼지, 오늘은 운동을 언제 갈 수 있을지, 심지어는 어떤 음식으로 저녁을 먹을지까지 떠올리게 됩니다. 그러면서 자연스럽게 내 삶에서 일과 가족이 차지하는 비중을 스스로 정할 수 있게 됩니다. 또 자투리 시간을 활용해 작은 일들을 처리하다 보면, 큰 덩어리 시간이 많이 만들어지게 되고, 이는 가치 있는 자기 계발의 시간으로 이어집니다. 덕분에 충분히 쉴 수 있는 시간도 선물 받게 됩니다.

매일 아침 내 하루를 계획하는 것은 나를 시간의 주인으로 만들어주는 일입니다. 딱 한 번만 해보시면 분명 바로 느끼실 겁니다. 지금부터는 아침에 세운 계획을 실천하는 구체적인 방법들을 좀 설명해 드리고자 합니다.

빈틈 없이 사용하기

먼저 큰 일과 작은 일을 구분해 시간을 분배하는 방법입니다. 유리컵에 돌과 모래를 가득 담기 위해서는 돌을 먼저 담고 모래를 담아야 한다는 걸 알고 계시지요? 시간도 마찬가지입니다. 큰 일을 하기 위한 시간을 먼저 배당하고 작은 일들을 그 사이사이에 끼워 넣으면 빈틈없이 시간을 쓸 수 있습니다. 오전에는 수업이 가장 중요하기 때문에, 가급적 중요한 업무는 오후 시간을 활용하는 편입니다. 계획서 작성이나 공문 처리 등 시간이 오래 걸리거나 차분하게 살펴봐야 하는 업무는 오후에 1-2시간을 집중적으로 할애하여 처리할 수 있도록 계획합니다. 대신 쪽지로 간단히 답변할 일이나 공문 확인 등 꼭 해야만 하는 작은 일들은 오전 쉬는 시간 등을 활용해 짧은 시간에 빠르게 끝내버립니다. 교과 전담 시간을 활용해 간단한 공문 작성이나 지출 품의 등을 끝낼 수도 있습니다.

물론 이렇게 시간을 빈틈없이 사용하는 이유는 일과를 마친 후에 충분히 휴식하는 시간을 만들기 위함이라는 것을 기억해야 합니다. 업무를 다 끝내고 홀가분하게 운동을 가기 위해, 집에서는 학교 일을 잊고 가족들과 아이들에게 집중하기 위해서라는 점을 잊어서는 안 됩니다. 또 다른 일을 위해 눈앞에 주어진 일들만 급하게 하다 보면, 결국 나를 잃게 될 수도 있습니다.

한 번에 끝내기

다음으로 같은 일을 한 번에 끝내는 방법입니다. 짧은 시간에 다른 일들을 바꾸어가며 하기보다는 한 가지 일을 지속해서 할 때 일의 능률이 더 높아집니다. 예를 들어 공문을 쓰다가 수업 자료를 만들다가 채점하는 식으로 일의 형식을 자주 바꾸면 더 많은 에너지를 사용하게 됩니다. 그래서 저는 수업 준비를 할 때에도 한 번에 할 수 있는 일은 묶어서 미리 해두려고 합니다. 예를 들어 사회와 과학의 요점 정리 활동지는 한 번에 한 학기 분량을 인쇄해 단원별로 묶어두고, 그때그때 사용합니다. 수학 활동지 역시 단원별로 한 번에 출력한 것을 묶어서 학생들에게 나누어주고, 해당 차시마다 하나씩 풀게 합니다. 프로젝트 수업의 경우에도 한 프로젝트의 활동지를 한 번에 만들어 제본의 형태로 아이들에게 나누어 줍니다. 가급적이면 과학 실험 준비물도 한 단원에 필요한 준비물을 미리 한 번에 챙겨두려 노력합니다.

이렇게 학기 혹은 단원 단위로 수업을 준비하면, 준비하는 순간에는 힘이 들지만 전체적인 에너지 소모는 훨씬 적고, 준비 과정에서 전체적인 흐름까지 읽을 수 있어 수업의 질도 올라갑니다. 물론 갑자기 좋은 아이디어가 떠올라 수업 중 자료를 추가하는 경우도 있지만, 이미 기본적인 것들은 다 준비해두었기 때문에 처음부터 준비하는 것보다는 부담이 훨씬 적습니다. 가능하다면 서류함을 마련해 미리 뽑은 자료들을 깔끔하게 정리해두는 것도 좋은 방법입니다.

영역의 선 지키기

마지막으로 소개해드릴 방법은 몇 가지로 영역을 나누어 시간을 사용하는 것입니다. 저는 종이 다이어리를 쓸 때도 2단 혹은 3단으로 구역을 나누어 학교, 가족, 나로 구분해 할 일을 적습니다. 시간 관리 앱을 사용하신다면 색깔을 활용해 영역을 구분해 볼 수도 있습니다. 이렇게 하면 내가 어디에 많은 시간을 쓰고 있는지 한눈에 파악할 수 있습니다. 물론 이 세 가지가 늘 밸런스를 유지하는 것은 아닙니다. 평일의 대부분은 학교 업무나 개인적인 일에 치중하게 되니까요. 그럼에도 굳이 이렇게 구역을 나누는 이유는 나와 가족을 잊지 않고 챙기기 위함입니다.

저는 세상에서 가장 중요한 것은 '나'이고 그다음은 '가족'이라고 생각합니다. 일하는 순간에 얻는 기쁨과 성취도 결국 나와 가족의 행복을 위해서 필요한 것이라고 믿습니다. 그럼에도 가끔 일에 취해 살다 보면 정작 중요한 것을 잊을 때가 많습니다. 그래서 이 과정이 아주 중요합니다. 저는 개인 운동 시간을 꾸준히 확보하려고 노력했고, 아이들이 어릴 때는 책을 읽어줄 시간을 고정 일정으로 정해두기도 했습니다. 이렇게 나의 삶을 구성하는 중요한 요소를 기준으로 시간을 나누어 사용하다 보면 자연스럽게 삶의 균형을 맞출 수 있습니다. 삶의 밸런스를 원하신다면 이 방법을 추천드립니다.

워라블 라이프의 시작

지금까지 간단하지만 효과적인 시간 관리 방법 몇 가지를 소개해 드렸습니다. 그러나 여기서 중요한 점은 이것들이 모두 '제 방법'이라는 것입니다. 100명의 사람이 있다면, 100가지 문제와 100가지 해결책이 있습니다. 결국 제가 소개해 드리는 방법들은 그저 저에게 맞는 방법이지 모두에게 맞는 방법이 아닙니다. 우리 주변에는 계획을 세우는 것은 불편해하면서도 자신의 역할을 훌륭히 해내는 선생님들도 많습니다. 하지만 이런저런 방법들을 시도해 보고 나에게 맞는 방법을 찾아 주어진 시간을 관리하는 것은 모두에게 중요한 일입니다.

지금 이 글을 읽으시는 선생님들도 내 하루의 시간을 쭉 돌이켜 보시기 바랍니다. 나는 24시간을 어떻게 사용하고 있는지 되짚어 보면서, 내가 추구하는 삶의 방향과 연결지어 보시기 바랍니다. 누군가는 건강이 중요하다고 생각하지만 운동에 쓰는 시간은 하나도 없을 수 있고, 가족이 중요하다면서 일로만 가득찬 하루를 보내고 있을지도 모를 일입니다. 먼저 나는 삶에서 무엇을 가장 가치 있게 생각하는지, 내 삶에서 중요한 사람들은 누구인지를 꼭 생각해 보셨으면 합니다. 그리고 그에 맞게 시간을 분배해 사용해 보시길 권합니다. 이렇게 나 스스로가 내 시간의 주인이 될 때, 비로소 스트레스 없이 효율적으로 일하고, 가족과 충분히 행복한 시간을 보내며, 때로는 온전한 휴식을 취하는 삶을 살 수 있을 테니까요.

이것이 요즘 이야기하는 일과 삶의 건강한 조화, 바로 워라블의 시작이 아닐까요?

워라블의 시작은 시간관리로 부터! 나에게 맞는 시간 관리로 건강한 워라블을 만들어보세요!

학습연구년
한 번에 합격하는 노하우

▎충전이 필요해

하루가 다르게 지쳐가는 요즘, 방학은 아직도 많이 남았고 계속해서 소진되어가는 삶을 살고 있는 기분이다. 나에게도 충전이 필요한데 좋은 방법이 없을까? 옆 반 선생님은 학습연구년제에 도전해 본다고 하시던데, 뭐 하나 특별히 잘하는 게 없는 나도 학습연구년제에 도전해 볼 수 있을까? 올해부터 준비하면 내년에는 도전할 수 있을까? 나도 충전이 필요해!

교사하길 잘했다

웃픈말이지만, 저는 학습연구년제를 하며 처음으로 교사하길 잘했다는 생각을 했습니다. 어느 직종이건 급여를 거의 다 유지하면서 1년을 자유롭게 연구하며 여유를 가질 수 있는 기회는 흔치 않습니다. 이렇게 좋은 제도가 유지되는 이유는 학습연구년제가 연구의 목적뿐 아니라 포상의 의미까지 함께 담고 있기 때문일 것입니다. 그간 열심히 일해 온 교사들에게 휴식의 기회를 제공하고, 자신을 돌아보며 한 단계 더 성장할 수 있는 기회를 주는 것! 이것이 바로 학습연구년제의 목적입니다.

하지만 지원자가 많은 만큼 합격의 달콤함을 누리는 일은 결코 쉽지 않습니다. 무엇보다 각종 분야에서 이름 꽤나 날린다는 선생님들이 지원한다는 소문이 나면서 '내가 써도 될까?'라는 불안감으로 지원조차 망설이게 되는 것이 현실입니다. 그럼에도 잘 준비해 합격만 한다면 그 어느 것에 비할 수 없는 큰 혜택이 바로 학습연구년제입니다. 저 역시 학습연구년제에 지원할 당시 고민이 많았지만 감사하게도 원하는 시기에 바로 합격해 뜻깊은 시간을 보냈습니다. 또 학습연구년제에 대한 선생님들의 궁금증에 답해 드리면서 나름의 합격 공식도 찾게 되었습니다. 그래서 이번 글에서는 학습연구년제를 준비하고 합격하는 노하우에 대해 구체적으로 나누어보려고 합니다. 단, 학습연구년제 선발 및 운영 방식은 지역에 따라 차이가 있으니 해당 교육청의 공문을 꼭 확인하시기 바랍니다.

연구 주제 정하기

당연한 말이지만 학습연구년제에 합격하는 가장 확실한 노하우는 평소에 열심히 잘 사는 것입니다. 하지만 그 '열심히 잘 사는 것'에도 노하우가 있습니다. 바로 객관적으로 이를 판단할 수 있어야 한다는 것입니다. 가장 쉬운 방법이 한 분야에 집중해 꾸준히 연구하고 활동하는 것입니다. 예를 들어 그림책을 좋아한다면, 관련 대학원에 진학하거나 연구회 활동에 참여하고, 이를 활용한 수업을 나누고, SNS를 활용해 이를 기록하는 것입니다. 이 경우 분명한 방향성이 있기 때문에 이와 관련된 연구를 보다 깊이 있게 진행하고 싶다는 취지로 학습연구년제에 지원하면 조금은 쉽게 합격할 수 있습니다. 저 역시 교사 교육과정과 관련된 활동을 꾸준히 해왔고, 이를 정리하여 보다 넓게 나누기 위해 학습연구년제에 지원한다는 형태로 계획서를 작성해 합격했습니다.

문제는 이렇게 집중하는 한 가지 분야가 없는 경우입니다. 어쩌면 특별히 잘하는 것이 없지만 학습연구년제에 한 번쯤 도전하고 싶은 경우가 대부분일 수도 있습니다. 이 경우 가장 먼저 자율 연구로 갈지 정책 연구(교육청에서 정하는 주제 연구와 출근 포함)로 갈지 결정해야 합니다. 대부분의 경우 정책 연구는 지원자가 적기 때문에 보다 쉽게 합격할 수 있고, 관련 분야의 경력을 만들 수도 있습니다. 하지만 평생에 한 번뿐인 연구년제를 마음껏 활용하고 싶다면 단연코 자율 연구를 추천합니다. 한 분야에서 꾸준히 활동해오지는 않았지만 자율 연구를 하고 싶다면, 두 가지 방법을 생각해 볼 수 있습니다. 자신의 활동을 하나로 묶어 주제를 정하는 방법과 요즘 핫한 교육계 이슈로 접근하는 방법입니다.

먼저 지금껏 해왔던 자신의 활동을 하나로 묶어 연구 주제를 정하는 방법입니다. 교직생활을 하면서 쌓아왔던 경험들을 쭉 나열해 보고 이것들을 묶을 수 있는 큰 범주, 기초학력이나 인성, 환경 등과 같은 것들을 떠올려봅니다. 알맞은 범주로 지금까지의 활동을 묶었다면 이제 이것을 최근의 이슈와 관련짓고 연구 주제를 설정한 뒤 지원서를 작성합니다. 일부 교육청의 경우 연구 주제를 미리 제시해놓고 연구자를 찾기도 하는데, 이럴 때에도 자신이 지금껏 활동해 온 분야와 가장 관련되는 주제를 선택하는 것이 가장 좋습니다.

이 방법도 어렵다면 최근 가장 주목받고 떠오르는 교육계의 화두를 연구의 주제로 삼고, 지금껏 열심히 살아온 자신의 삶을 연관 지어 볼 수도 있습니다. 전년도 학습연구년제 지원 현황과 연구 주제를 안내하는 공문은 선생님만의 주제를 정하는데 큰 도움이 될 것입니다. 또 이미 학습연구년제를 경험한 가까운 교사들에게 방향을 물어보는 방법도 있습니다. 이 경우 향후 발전 가능성이 크고 주목 받을 주제이지만 아직은 블루오션인 주제를 찾아야 합격할 수 있는 확률을 올릴 수 있습니다. 최근 교육부나 시·도교육청에서 큰 예산을 들이고 있는 중점사업을 찾아보고, 관련 연구 주제를 생각해 보는 것도 추천합니다.

서류전형 및 계획서 작성하기

결국은 어느 분야가 되었든 이 분야를 심도 있게 연구하여 향후 다른 선생님들과 적극적으로 나누겠다가 학습연구년제의 핵심입니다. 그리고 이러한 결론을 얼마나 설득력 있게 제시하느냐에 합격의 키가 있습니다. 교육청에서는 이를 확인하기 위해 다양한 방식을 사용합니다. 연구 점수나 학력 등으로 점수를 부여하는 정량평가와 연구계획서를 함께 평가하는 곳도 있고, 계획서만으로 평가하는 곳도 있습니다. 어느 곳이든 나름의 객관적인 심사 배점 기준이 있기 때문에 조금이라도 관련된 내용이 있다면 모두 어필하는 것이 좋습니다.

무엇보다 계획서를 작성할 때에는 교육청에서 제시하는 체크리스트의 항목이 모두 포함되도록 작성하는 것이 중요합니다. 나아가 교사로서 해야 할 사회적 요구를 이해하고 있다는 내용, 이 주제와 관련된 경험이 많고 자기 연찬을 위해 열심히 노력하고 있다는 점, 수업 나눔과 연구회 등을 통해 동료들과 함께 나누고 성장하려는 태도 등을 어필해야 합니다. 나 혼자만을 위한 연구가 아니라 더 많은 선생님들과 함께 더 깊고 크게 성장하기 위해 학습연구년제에 지원한다는 점을 강조해야 합니다.

실사와 면접

서류 전형에 합격했다면 실사와 면접을 준비합니다. 지역에 따라 실사를 하는 곳도, 생략하는 곳도 있습니다. 실사 역시 체크리스트 항목을 잘 준비하는 것이 중요합니다. 내가 서류 전형에 기록한 내용이 사실인지 확인하는 것이 실사의 핵심이기 때문에 화려하게 꾸미기보다는 심사관이 쉽게 자료를 찾을 수 있도록 영역을 나누고 자료에 마킹을 해두는 것이 중요합니다. 언제 실사를 올지 미리 알려주지 않는 경우도 있기 때문에 시간의 구애없이 사용할 수 있는 공간에 자료를 준비해두는 것이 좋습니다. 저의 경우 제가 기획에 함께 참여했던 학생 놀이 공간에 실사를 준비해두었는데, 단순히 빈 교실이 아닌 의미 있는 공간에 자료를 준비해두었기 때문에 더욱 효과적으로 저를 어필할 수 있었습니다. 최근에는 동영상 자료나 음악 등을 활용해 공감각적으로 자료를 준비하는 경우도 많습니다.

면접의 경우 OO교육청의 핵심가치와 비전을 설명하라는 암기식 질문을 하는 교육청도 있고 간단한 연구 계획만 묻는 곳도 있습니다. 방향은 있지만 면접자에 따라 다양한 질문을 하기 때문에 어떤 문항이 나올지는 아무도 알 수 없습니다. 지역의 전년도 합격자 혹은 관련 경험을 갖고 계신 동료 선생님들에게 물어보는 것이 가장 확실하고 좋은 방법입니다. 단 어느 곳이나 공통적으로 묻는 앞으로의 연구 계획에 대해서는 매끄럽게 답변을 준비해 놓는 것이 좋습니다. 경우에 따라 동료 교사 면담을 진행하기도 하는데, 이를 대비해 미리 동료들에게 협조를 부탁해 두는 것이 좋습니다.

교사라서 행복해요

지금까지 직접 학습연구년제에 도전하고, 또 이에 도전하는 많은 선생님들을 도우며 알게 된 학습연구년 합격 노하우를 나누어 보았습니다. 길게 이야기했지만 사실 답은 간단합니다.

'나는 열심히 일했고, 앞으로도 교육의 발전을 위해 열심히 일할 것이다. 그러기 위해 나에겐 지금 학습연구년이 필요하다.' 이것을 스토리텔링으로 풀어내는 것이 전부입니다.

그러다 보니 아이러니하게도 휴식을 위한 학습연구년제에 합격하려면 평소에 더 열심히 일해야 합니다. 결국 한 번에 합격하는 노하우는 결국 교사로서의 본질에 충실하는 데 있습니다. 다양한 교육활동에 두루 관심을 가지고, 한 가지 분야를 정해 깊이 연구하며 성실히 일하는 것이 핵심입니다. 아직 준비가 덜 되어 있다고 해도 괜찮습니다. 지금부터 한 분야를 정해 관련 연수를 듣고, 연구회에 참여해 보고, 관련된 수업을 시도하고 기록하고 나누면 됩니다. 나아가 나와 맞는 SNS 한 가지를 정해 그 내용을 꾸준히 기록해두면 더없이 좋은 포트폴리오가 될 수 있습니다. 그렇게 조금씩 준비하다 보면 누구에게나 기회는 열려 있습니다. 서두에도 말했듯 저는 학습연구년제를 하며 교사라는 직업이 참 좋다는 생각을 처음 했습니다. 슬프지만 현실입니다. 그리고 그 소중한 기회를 더 많은 선생님들이 누렸으면 좋겠습니다. 그런 의미에서 앞으로 이러한 정책과 문화가 더 많이 확대되어, 보다 더 많은 선생님들이 휴식과 성찰의 소중한 기회를 가질 수 있길 바랍니다.

어쩌면 열심히 일한 사람에게 주는 가장 큰 보상은 충분히 자신을 돌볼 수 있는 시간이 아닐까요?

선생님의 도전을 응원합니다.

연구대회
쓸 때마다 입상하는 비밀

▍연구대회가 뭐지?

나는 연구대회 같은 건 별로 관심을 갖지 않았는데 선생님들이 연구대회, 연구점수, 승진. 이런 말을 하네? 도대체 연구대회가 뭐지? SNS를 보니 경력이 1~2년 차인 신규 교사들도 연구대회에 나가서 입상했다는 글이 심심치 않게 보이고…. 나도 연구대회 한 번 준비해 볼까? 그런데 종류가 너무 많아서 정확히 무슨 연구대회가 있는지 잘 모르겠다. 뭘 준비하고, 어디서부터 어떻게 시작해야 하는지 알려주는 사람도 없다. 막막하다 막막해!

교사라면 반드시 해야 하는 것?

교사는 꾸준히 수업 연구를 해야 합니다. 교사 '연구'실이 있고, 수업과 학교 교육과정을 설계하는 '연구'부장님이 계시고, '연구'대회가 있는 이유는 바로 여기에 있습니다.

교사는 매일 수업을 하며 학생들을 만나고, 매일 동료 선생님들과 교육 활동을 함께 연구하고 공유하며 지냅니다. 학기 초에 학급 교육과정을 세우고 있다면, 매일 수업을 준비하고 성찰하고 있다면, 동료 선생님들과 더 좋은 교육 활동을 위해 논의하고 있다면, 학생들의 산출물을 모아 그들의 성장을 기록하고 있다면, 어차피 하는 것, 이것들을 한 데 모아서 연구대회에 나가보면 어떨까요?

우연히 참가한 연구대회

처음으로 연구대회에 참가할 당시 저는 정말 아무런 생각이 없었습니다. 몇 년 전 전북특별자치도교육청 사업인 초등영어(담당) 교사 영어능력 함양 심화연수를 6개월간 이수하고 학교로 복귀했습니다. 그때는 영어교육이 좋았고, 심화연수도 다녀왔기 때문에 계속 영어 전담을 하며 학생들에게 영어를 가르치고 싶었습니다. 영어 전담을 계속하려면 어떻게 해야 할까? 전문성을 어떻게 키울까? 고민하다 알게 된 것이 바로 연구대회였습니다. 물론 나중에 영어교과로 연구대회에 입상하는 것이 업무분장에 큰 영향을 미치지 않는다는 것을 알게 되었습니다.

어쨌든 다음 해에 원하던 영어 전담을 하게 되었고, 영어 교과서 재구성 수업사례를 엮어 연구대회에 참가하였습니다. 그런데 이게 무슨 일인가요? 운 좋게도 처음 쓴 현장연구 보고서가 지역 2등급을 받아 본선인 전국 대회에 진출하였습니다. 이어서 본선 발표대회에서는 최고상 후보(최종 5편)가 되었고, 심사 결과 국무총리상을 받았습니다. 말하자면 그 해 연구대회에서 전국 2등을 한 것입니다.

그다음 해에는 학교를 옮겨 6학년 담임을 하면서 인성 분과 현장연구에 지원했고 감사하게도 2년 연속 전국 대회 1등급을 받았습니다. 그 후로도 교육자료전, 발명품 경진대회, 학생 작품 지도논문연구대회 등에 참가했고, 4년 연속 입상을 했습니다.

매년 연구대회에 참여하고 입상을 하고 보니 이제는 연구대회를 준비하고 참여하는 나름의 노하우가 생겼습니다. 지금부터 어떻게 연구대회를 준비하고 연구를 수행해야 하는지 알려드리겠습니다.

연구대회 = 승진?

정말 큰 생각 없이 '영어를 가르치니까 영어 전문성을 좀 키워보자!' 해서 시작했던 연구대회에서 입상을 하고, 최고상 후보 현장 실사를 받게 되자 교장선생님께서는 저에게 이렇게 말씀하셨습니다. "승진에 생각 있어? 전문직 시험도 생각해 봐."

사실 저는 2년 6개월간 길고 긴 육아휴직을 끝내고 복직한 지 얼마 안 되어 영어 심화연수를 다녀왔고, 도시지역에 근무했던 터라 소속된 지역의 승진체계에 의한 승진 점수는 하나도 없었으며, 더군다나 승진 생각은 전혀 없는 사람이었습니다. 어떻게 해야 승진 점수를 받는지조차 몰랐었습니다. 그런데 연구대회에서 입상을 하고 나니 승진 점수와 지역 이동 점수를 주더군요! (연구대회 입상에 대한 혜택은 지역마다 다르니 꼭 확인하세요.) 승진 점수를 받기 위해 연구대회에 참가하는 선생님이 있다는 사실도 나중에 알았습니다.

그렇다면 왜 연구대회에 입상하면 승진 점수를 주는 것일까요? 아마도 내실 있는 수업과 양질의 교육을 위한 교사들의 '연구'를 장려하기 위해 연구대회 입상 시 승진 점수를 주게 되었을 거라 생각합니다. 그러나 주객이 전도되어 승진을 하기 위해 연구대회에 목을 매는 안 좋은 사례도 종종 있습니다. 하지만 연구대회의 본질은 교사의 수업 전문성, 교수·학습역량 향상을 위한 연구 활동 장려입니다. 저도 만약 승진 점수나 지역 이동 점수를 위해 연구대회에 참가해야 했다면 과연 얼마나 수업 연구에 집중할 수 있었을지 모르겠습니다.

연구대회를 준비하면 좋은 점

"그래도 연구대회에 나가려면 어렵지 않아요? 나는 못하겠어요."라고 말하는 동료를 많이 만났습니다. 그럴 때마다 저는 그래도 한 번 도전해 보라고 말합니다. 과정이 어렵고 힘들긴 하지만 분명 좋은 점이 있습니다.

첫째, 연구대회를 준비하면 1년의 학급살이, 혹은 교과운영을 체계적으로 할 수 있습니다. 어떤 연구대회에 나갈지에 따라 준비 시기는 달라지지만, 연구대회에 나가기로 결심하면 보통 새 학년이 시작되는 2-3월쯤 나의 연구대회의 주제와 맞는 학급, 교과 교육과정을 계획하게 됩니다. 1년 혹은 한 학기의 긴 기간 동안 연구대회 주제에 맞는 체계적인 교육과정 구성 및 실행이 가능합니다. 즉, 1년 치 학급살이를 계획적으로 할 수 있게 됩니다.

둘째, 연구주제에 맞게 연구대회를 준비하다 보면 관련 선행연구도 찾아봐야 하고, 국가수준 교육과정 및 과목별 지도서도 연구해야 하고, 수업, 교육 관련 이론, 관련 도서 등을 많이 공부해야 하므로 교사의 수업 전문성과 역량이 향상 될 수밖에 없습니다. 때때로 연구 주제에 맞는 프로젝트나 수업이 내 계획과는 다르게 잘 안되기도 하고, 연구 결과가 예상과는 전혀 다르게 나오는 경우도 있습니다. 하지만 그 속에서도 나름대로 배울 점이 있고, 얻는 바도 있다는 것을 분명하게 경험했습니다. 즉, 연구를 수행하면 연구가 성공하든 실패하든 교사는 발전을 거듭하게 됩니다.

셋째, 나의 매년의 학급살이, 교과연구, 수업 활동 등을 체계적으로 모아 포트폴리오를 만들 수 있습니다. 나의 1년의 학급살이 혹은 교과교육과정의 흐름을 가장 알기 쉽게 정리한 자료가 바로 연구대회 보고서입니다. 그렇기 때문에 혹여 나중에 학습연구년제 혹은 전문직 시험, 대학원 파견, 그 외 다양한 분야를 위해 준비를 할 때도 나의 연구 보고서는 유용한 자료로 활용될 수 있습니다.

마지막으로 연구대회에서 입상하면 승진 점수, 지역 이동 점수(지역마다 다릅니다.)가 보상으로 주어집니다. 대학원에서 석사학위를 받아야 얻을 수 있는 승진 점수를 연구대회 입상 한 두번으로 확보할 수 있습니다. 교사로서의 자존감 상승, 동료 교사의 인정은 덤이고요. 어때요? 한 번 해보고 싶지 않으세요?

연구대회 실전 노하우 part.1 어떤 연구대회에 나갈까?

이제 마음을 굳게 먹고 연구대회에 나갈 준비를 해봅시다. 가장 먼저 다양한 연구대회 중 어떤 연구대회에 참가할지 정해야 합니다. 내가 자신 있는 분야, 자신 있는 분과의 연구대회에 참가해 보세요. 연구대회의 종류는 에듀넷 티-클리어(https://www.edunet.net)에 들어가면 알아볼 수 있습니다.

◆ 연구대회 종류

다만 지역마다 승진 점수나 이동 점수가 부여되는 연구대회가 다를 수 있으니 승진 평정표 등을 미리 확인하셔야 합니다.

어떤 연구대회에 참가할지 그래도 못 정하겠다고요? 그렇다면 연구대회 별로 입상한 보고서들을 한 번 살펴보시기 바랍니다. 에듀넷 연구대회 탭에서 연구대회별 입상작을 확인할 수 있습니다. 연구대회마다 보고서 분량도 다르고, 내야 하는 형식도 다르고, 연구에서 중요하게 보는 부분이 다르기 때문에 최대한 입상작을 많이 살펴보고 읽어봐야 합니다. 입상작을 많이 살펴보다 보면 어떤 연구대회에 나갈지, 어떤 식으로 보고서를 써야 할지 대략 감을 잡을 수 있습니다.

어떤 연구대회에 나갈지 결정했다면 우선 해당 연구대회의 운영계획서를 잘 읽어야 합니다. 인쇄해서 줄도 긋고 동그라미도 해가면서 어떤 연구를 해야 연구대회의 취지와 목표에 맞을지 생각해 봅시다. 연구대회에 대한 연구를 해야 입상 확률이 높아지겠죠? 운영계획 숙지는 필수입니다.

연구대회마다 추진 일정은 제각각이지만 각각의 연구대회는 매년 비슷한 일정으로 추진되니 에듀파인에서 작년 연구대회 운영 계획을 살펴본 후 일정에 맞춰 계획을 세워보세요. 제가 나갔던 현장교육연구대회의 경우 4월 말에 연구 계획서 접수를 마감하므로 겨울방학 동안 어떤 연구 주제로 어떤 분과에 지원할지 정해야 합니다. 3월엔 새 학기 준비로 바쁘기 때문에 학년이 정해지는 2월에 대략적인 연구 주제를 정해 놓으면 좋습니다.

연구대회 실전 노하우 part.2 연구 주제 정하기

이제 연구 주제를 생각해 봅시다. 연구 주제는 내가 관심 있는 분야와 교육과정, 교육 트렌드, 현재 학생들에게 필요한 역량 등을 종합하여 정해야 합니다. 주제만 잘 잡아도 연구의 반은 성공했다고 해도 과언이 아닙니다.

연구 주제를 정하기 위해 가장 먼저 살펴봐야 할 것은 바로 국가수준 교육과정입니다. 모든 교육과정의 기본 바탕이기 때문입니다. 현재 초등학교부터 점차적으로 도입되고 있는 2022 개정 교육과정에서 강조하고 있는 핵심 역량과 이와 관련된 이론을 살펴보세요. 깊이있는 이해, 개념 기반 탐구학습, 디지털 소양, 생태전환교육, 사회정서학습, 학습자 주도성, 학습자 맞춤형 교육과정 등을 강조하고 있습니다. 2022 개정 교육과정에 대해 자세히 설명하고 있는 도서들도 참고하면 좋습니다. 2022 개정 교육과정의 큰 틀을 먼저 파악하세요.

다음으로 나의 관심 분야를 생각해 봅시다. 내가 관심 있는 분야의 연구 분과를 선택해야 연구를 할 때도 즐겁게 할 수 있습니다. 선생님은 교실에서 어떤 선생님이신가요? 학생들에게 무엇을 주로 이야기하시나요? 곰곰이 생각해 보면 선생님께서 학생들에게 주로 강조하거나, 관심이 가고 흥미를 느끼는 분야가 한 가지쯤은 있을 것입니다. 저의 경우에는 교대 영어교육과를 졸업하고 AI 융합교육 대학원을 졸업하였습니다. 지금도 영어 과목을 특히 좋아하고 AI 융합교육에 관심이 많습니다.

또, 평소에 읽었던 책을 떠올려보는 것도 도움이 됩니다. 책을 읽다 보면 고개가 절로 끄덕여지며 밑줄을 긋게 되는 문구가 있거나, '맞아! 이런 교육이 필요하지'하고 무릎을 탁 치게 하는 구절이 있는 책이 있습니다. 그런 책들에서 아이디어를 얻어 연구 주제를 정할 수도 있습니다.

2020년 코로나19가 강타했을 때 겨울방학 독서모임에서 읽은 책은 「디지털 지구, 메타버스」였습니다. 지금은 좀 식상한 소재이기도 하지만 이 책을 읽고 나서 당시에는 생소한 소재인 메타버스 공간에서 온라인 수업을 하면 좋겠다는 생각에 다양한 메타버스 플랫폼을 찾아 온라인 수업을 하고, 그 내용을 연구 주제 중 한 파트로 넣은 적이 있습니다.

연구대회의 취지와 맞으면서도 나의 관심 분야를 아우르고, 현재 교육현장에서 강조하고 있는 내용이 포함된 연구 주제, 그것이 가장 좋습니다. 주제를 정했으면 이제 제목도 정해야겠죠? 네이밍도 중요합니다. 사람에게도 첫인상이 중요하듯이 연구보고서의 제목도 연구의 특징을 잘 녹여내는 제목이어야 좋은 평가로 이어질 수 있습니다. 저는 문제해결학습(PBL)을 기반으로 한 4가지 수업 모형 단계(M.A.T.E)에 따라 나(디지털 학습), 너(다문화 이해), 우리(인권) 프로젝트를 진행했기 때문에 그 내용을 녹여 연구 제목을 PBL학습기반 나.너.우리 M.A.T.E 프로그램으로 능동적 세계 시민의식 기르기로 정했었습니다. 우리말, 한자, 영어 단어 등을 조합해서 나의 연구 주제를 잘 나타낼 수 있는 제목을 지어보시기 바랍니다.

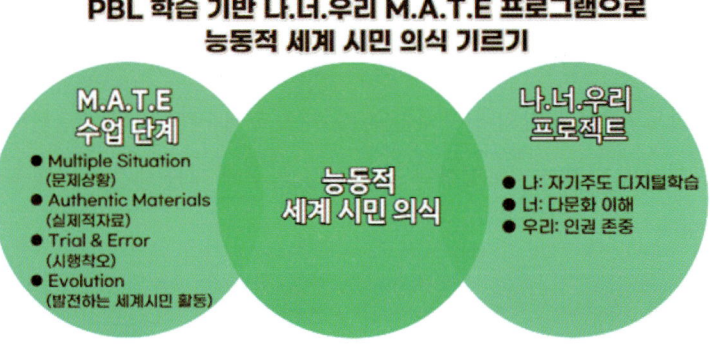

◆ 연구 주제에 맞는 연구 제목 네이밍

연구대회 실전 노하우 part.3 미리 세부 활동 정하기

3월 개학 전에는 최소한 소주제(실천 주제), 세부 활동을 정해봅시다. 새학기가 시작된 후에 하려면 정신도 없고 계획을 세우는 일이 부담스러워서 자칫 연구대회 도전을 포기할 수 있습니다. 개학 전에 미리 연구주제에 맞는 연구 과제를 정하고, 과제별로 필요한 세부 수업 활동을 대강 생각해 보세요. 그리고 학급 교육과정을 세울 때, 이렇게 떠올린 수업 활동에 따라 교육과정을 재구성 하면 됩니다.

앞서 언급했던 저의 연구대회를 예로 조금 더 자세히 말씀드리겠습니다. 그 당시 저는 우연히 책을 읽다가 메타버스에 대해 알게 되었고, 코로나19 기간 동안 학생들과 효과적인 온라인 수업을 하기 위해 메타버스에 관한 연구 과제를 선정했습니다. 과제별 세부 수업 활동으로는 '메타버스 개념 알기', '메타버스 상에서 온라인 수업 환경 조성', '메타버스로 온라인 수업하기', '증강현실 VR 체험하기', '그린 스마트 미래학교' 등을 구성하였습니다. 또, '휴먼카인드'라는 책을 읽고 '감사하는 Z세대'라는 연구과제를 선정했을 때에는, 과제별 세부 수업 활동으로 '미덕 보석 찾기', '단체 디베이트', '감사 일기' 등을 하였습니다. 연구 과제에 따른 수업 활동 자체는 사실 크게 특별할 것이 없습니다. 많은 선생님들께서 기존에 학급에서 하고 계시는 수업들을 연구 주제에 맞게 체계적으로 짜 맞추어 실행하는 것뿐입니다.

잠깐! 한 가지 팁을 더 드리자면, 새 학기 보호자에게 보내는 안내장에 현장 연구와 관련한 간단한 안내와 도움을 구하는 내용을 적고, 개인정보 동의서도 미리 받아두면 1년 동안의 연구대회 준비 및 보고서 작성이 훨씬 수월해집니다. 이를 위해서는 당연히 겨울방학에 미리 현장 연구에 대한 대강의 계획을 세워두어야겠죠?

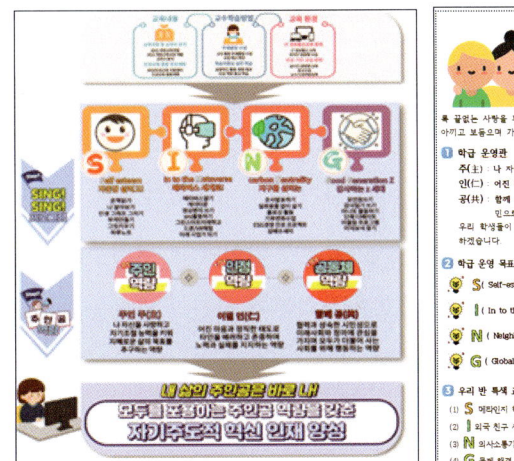

◆ 연구대회 연구 과제 흐름도

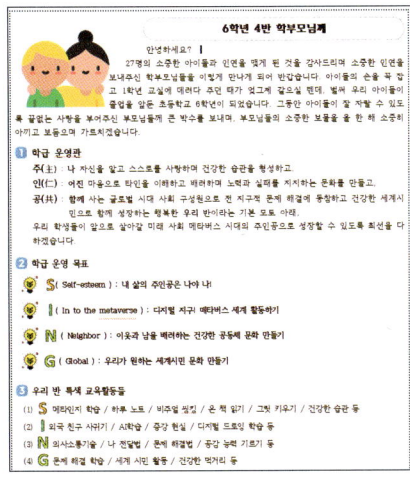

◆ 새 학기 학부모 편지

연구대회 실전 노하우 part.4 교과서, 교육과정 재구성하기

이제 교과서와 교육과정을 재구성할 차례입니다. 예를 들어 연구하고 싶은 세부과제 중 하나가 '탄소중립'이라면, 탄소중립 교육 활동과 관련이 있는 교과의 교육과정의 내용체계, 핵심아이디어, 성취기준 등을 잘 살펴보아야 합니다. 분석한 내용을 바탕으로 내가 하고 싶은 수업과 가장 관련 있는 과목을 추리고, 교과서 재구성을 합니다. 교과서 재구성을 할 때는 기존에 계획한 연구 세부 과제와 활동 이외에도 학생들의 수준과 관심, 학교의 상황에 맞는 수업 활동 및 프로젝트를 준비하는 것이 좋습니다. 2022 개정 교육과정에서는 학습자 주도성을 강조하고 있으므로 연구과제 중 1가지는 학생들이 수업의 큰 주제, 핵심 아이디어, 개념을 학습한 후에 주도성을 가지고 배우고 싶은 내용을 선정하는 형식으로 연구 과제를 설정해도 좋을 것 같습니다.

연구대회 실전 노하우 part.5 수업 기록 모아두기

연구 주제를 정하고, 세부 계획 및 수업 활동을 대략 정하고, 교육과정 재구성까지 했으면 이제 계획에 따라 수업만 잘~ 하면 됩니다! 양적 연구를 할 경우 반드시 연구주제에 맞는 설문 문항을 만들어서 사전 설문을 완료해놓는 것도 잊지 마세요. 수업을 할 때에는 사진과 동영상을 최대한 많이 찍고 남겨두는 것을 추천합니다. 귀찮더라도 매 수업마다 카테고리를 나누어 사진과 영상을 저장해 두는 것을 추천합니다. 이렇게 하면 보고서를 쓸 때 필요한 자료를 찾는 시간을 절약할 수도 있고, 써야 할 내용을 빠뜨리지 않았는지 확인할 수도 있어 보고서 작성에 큰 도움이 됩니다. 또, 각 세부과제별 학생의 소감이나, 수업 후 만족도 설문, 수업 후 교사의 성찰 등의 내용도 적어두었다가 연구 보고서를 쓸 때 활용하면 좋습니다. 단, 이때 학생의 반응이나 교사의 수업 후 성찰은 솔직해야 합니다. 무조건 좋았다, 성공적이었다, 학생들에게 이 프로그램이 효과적이다, 이런 식의 내용은 지양해야 합니다. 모든 게 완벽하고 효과적인 연구란 없습니다.

연구대회 실전 노하우 part.6 연구 결과 정리하기

연구 결과는 어떻게 정리할까요? 연구 보고서는 어떻게 쓰면 될까요? 연구 결과를 쓸 때에는 연구의 목적과, 과제, 결과의 일관성이 있어야 합니다. 아래의 예와 같이 자신의 연구제목, 연구목표, 독립변인, 종속변인, 결론을 작성해 보면서 연구의 목적, 과제, 결과의 일관성을 확인해 보시기 바랍니다.

- 연구제목 : 메타버스 시대 주인공들의 싱싱한 성장 프로그램으로 주인공 역량 기르기
- 연구목표 : 메타버스 시대 주인공들의 싱싱한 성장 프로그램으로 주인공 역량 함양
- 독립변인 : 메타버스 시대 주인공들의 싱싱한 성장 프로그램
- 종속변인 : 주인공 역량
- 연구결론 : 메타버스 시대 주인공들의 싱싱한 성장 프로그램으로 주인공 역량이 함양되었다.

연구대회 실전 노하우 part.7 양적 검증? 질적 검증?

학급 학생들을 대상으로 설문조사를 실시하고, 사전, 사후 설문 결과의 변화 정도를 측정한다면 양적 연구를, 학급의 일부 학생들을 대상으로 인터뷰를 실시하고, 학생 산출물과 관찰 결과를 연구해 본다면 질적 연구 방법을 택합니다. 양적 연구와 질적 연구 방법에 대해서는 연구 검증을 하고 싶은 방법에 따라 선행연구, 입상 보고서, 통계 이론 등을 좀 더 살펴보고 공부해야 합니다. 유레카 누리집에서 양적 통계분석에 관한 온라인 상시 교육을 하고 있고, 요즘은 유튜브, 블로그, 관련 서적을 조금만 살펴봐도 연구 검증 방법에 대해 알 수 있으므로 포기하지 마세요. 할 수 있습니다. 또, 챗GPT와 같은 생성형 AI의 도움을 받을 수도 있습니다. 연구 사전, 사후 결과를 업로드하고 분석을 요청하면 어떤 분석을 해야 하는지, 연구 결과는 유의미한지, 이해하기 쉽게 알려줍니다. 첨단 기술도 적극 활용해 보세요.

꼭 한 번 도전해 보기

제가 느낀 연구대회의 가장 큰 장점은 바로 교사로서의 성장입니다. 다양한 책과 교육과정을 읽으며 감명 깊었던 내용, 중요한 내용을 나의 연구 주제로 선정하고, 수업에 대해 한 번 더 고민해 보고, 대학시절 배웠던 교육통계 방법도 활용해 보고…. 이 모든 과정 속에서 저는 교사로서 한 단계 성장했습니다. 연구대회에 참가하기 위해 연구 주제를 정하고, 세부 계획을 짜고, 연구를 실행하고, 연구 결과를 정리해 보고서를 쓰는 과정은 분명 쉽지 않습니다. 어떤 사람은 연구 주제를 정하는 것부터 어렵고, 어떤 사람은 보고서에 글을 쓰는 게 어렵고, 어떤 사람은 매번 사진으로 자료를 남기는 게 어렵고, 어떤 사람은 통계 검증이 어렵습니다. 하지만 딱 한 번만 도전해 보세요. 첫 시도를 할 때는 모든 과정이 힘들고 어렵지만 한 번 해보고 나면 '아! 이렇게 하면 되겠구나, 이런 흐름으로 진행되는구나!'를 알 수 있습니다. 혹시 입상하지 못하더라도 일련의 과정을 경험함으로써 이전의 여러분과는 다른 모습이 되어있을 거라고 확신합니다.

교원대 석사 파견
나의 두 번째 스무 살

교사의 전문성?!

항상 열심히 가르치고 있지만 교사에 대한 사회적 시선이나 처우를 생각하면 자존감이 떨어질 때가 많다. 의사나 변호사는 전문직으로 인정받는 것 같은데 교육 전문가인 나는 제대로 인정받지 못하고 있는 느낌…. 교사로서 전문성을 키우고 자기 계발을 해서 당당한 모습으로 여러 가지 일을 해보고 싶은 마음은 있지만 무엇부터 시작해야 할지도 잘 모르겠다. 경력, 월급, 워라밸도 지키면서 미래를 위해 전문성을 키우고 자기 계발을 할 수 있는 좋은 방법은 없을까?

국가가 지원하는 교사의 자기 계발

교사로서 전문성을 키우고 자기 계발을 하고 싶지만 돈과 시간이라는 걸림돌 때문에 주저하게 될 때가 있습니다. 바로 이때, 돌파구가 될 수 있는 것이 '한국교원대학교 석사 파견'이라는 제도입니다. 일반 대학원에서 석사 공부를 하게 될 경우, 퇴근 후 저녁 시간에 대학원에 가서 공부하거나, 방학 내내 대학원 수업을 들어야 합니다. 하지만 한국교원대학교(이하 교원대) 석사 파견은 나의 근무지를 학교에서 한국교원대학교 대학원으로 2년 동안 옮기는 것이기에 학교 근무와 학업을 병행할 때 겪는 어려움이 없습니다. 국가의 지원을 받으며 대학원에서 마음껏 공부하고 자기계발을 하며 교직에서의 전문성을 키울 수 있는 기회, 그것이 바로 '한국교원대학교 석사 파견' 제도인 것입니다. 교육의 질은 교사의 질을 넘을 수 없습니다. 교원대 석사 파견은 공교육의 발전을 위해서도 꼭 필요한 제도입니다.

한국교원대학교 석사 파견의 장점

교사에게 가장 중요한 일, 교육 연구에만 집중할 수 있습니다. 학교에서 근무를 하다보면 행정업무와 학급경영, 민원처리 등 끊이지 않는 일들로 인해 막상 교수·학습을 위한 밀도 있는 연구를 할 시간은 부족하기만 합니다. 그러나 석사 파견을 가게 되면 2년의 시간 동안 교육 연구에만 집중할 수 있고, 이는 곧 교사의 자기 효능감 향상, 전인적인 발전으로 이어질 수 있습니다.

대학원 강의를 수강하는 것 외에는 공부와 자기 계발에 시간을 자유롭게 활용할 수 있다는 것 역시 이 제도의 장점입니다. 학기 중에도 전공 관련 서적 또는 교육에 관한 책을 읽고 평소 관심 있는 분야에 대한 연구를 할 수 있을 만큼의 시간적 여유가 생깁니다. 또, 대학원생의 길고 긴 방학이 석사 파견 교사에게도 똑같이 주어지기 때문에 이 기간을 잘 활용하면 더욱 의미있는 성장의 발판을 마련할 수 있습니다. 저는 이 귀중한 시간 동안 대학원생 해외 연수에 참여하게 되어 동기 선생님 두 분과 함께 영국과 프랑스에서 2주 동안 옥스퍼드 대학교와 다양한 박물관·미술관을 탐방하며 귀한 경험을 쌓았습니다. 교사가 쌓은 견문은 오롯이 학생에게 의미있는 배움으로 돌아갑니다.

전공과목의 전문성을 신장하여 학교 현장으로 돌아갈 수 있다는 것 역시 매력적인 장점입니다. 저는 미술교육 전공이기에 조소 수업을 수강하였는데, 이때 강의를 하셨던 교수님께서 '중원 조각회'라는 전시회를 정기적으로 주최하고 계셨습니다. 그 인연으로 조소 전시회에 두 번이나 참여했고, '작가'라는 타이틀을 얻었습니다. 부족한 실력이었지만 교수님, 동료 선생님들과 함께 작업을 하며 전시회를 열었던 기억은 여전히 제 마음속에 소중한 선물로 남아있습니다. 이후 전라북도교육청 창의 나래 개관 교직원 전시회와 오감만족 갤러리에도 작품을 전시할 기회가 있었는데, 이 모든 일은 한국교원대학교 석사 파견이 아니었다면 경험하지 못할 일들이었습니다.

교원대학교 석사 논문의 저자라는 자부심도 가질 수 있습니다. 저는 논문을 쓰면서 정말 많이 배웠고, 연구하는 일에 기쁨을 알게 되었습니다. 사실 제가 작성한 논문이 이 세상에 있다는 것, 그것만으로도 너무나 뿌듯했습니다. 그런데 석사 논문이 제게 새로운 길까지 열어 주었습니다. 석사 학위와 논문 덕분에 에듀테크 콘텐츠 개발과 관련된 겸직을 하게 되었고, 2024년 미술 교과 선도교사로, 학교 자율시간 미술 교과 자료 개발 위원으로 새로운 지평을 넓혀 갈 수 있었습니다.

◆ 교원대 석사 파견 전시회

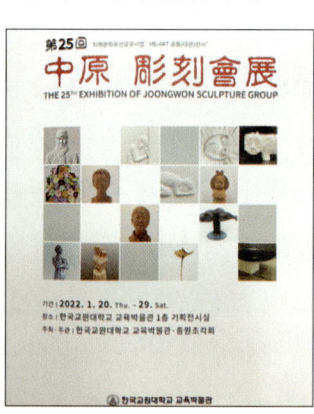
◆ 전시회 브로슈어

교원대 석사 파견에 지원한 이유

제가 신규 교사이던 시절, 동학년 선생님들께서 교원대 석사 파견이라는 제도가 있다는 걸 알려 주셨고 나중에 자녀가 초등학교 1학년이 되면 엄마의 손길이 많이 필요하니 그때 꼭 한 번 도전해 보라고 조언해 주셨었습니다. '나도 언젠가는 해봐야지'라고 생각했지만 의도치 않게 아들 셋을 이어 낳으며 육아휴직을 계속해야 하는 상황이라 거의 반포기하고 있는 상태로 시간이 흘렀습니다. 오랜 육아휴직 끝에 복직한 학교에서 감사하게도 존경할 만한 멘토 선생님을 만났고, 그 선생님 역시 교원대 석사 파견에 도전해 보라고 강력하게 권유해 주셨습니다. 교원대에서 석사 파견도 하시고 박사까지 하신 선생님이셨기에 교원대 석사 파견의 장점을 정말 많이 이야기해 주셨고요. 교사로서의 전문성을 키울 수 있는 대학원 수업과 자기 계발에 활용할 수 있는 시간들에 대한 멘토 선생님의 경험담은 저에게 한줄기 빛과도 같았습니다.

   그 즈음 저는 교사로서 여러 가지 고민들이 정말 많았습니다. '교직에서 10년 후의 내 모습은 어떠할까?', '10년 후의 나도 이 멘토 선생님처럼 전문분야를 연구하고 교과서 작업도 하며 학생들을 열정적으로 가르칠 수 있을까?'와 같은 생각들이 꼬리에 꼬리를 물고 이어졌습니다. 또 같은 시기 전북교육영상 '명화 속으로 쏙'을 촬영하며 명화와 작가에 대한 공부를 많이 했는데, 하면 할수록 미술에 대한 전문성을 갖추고 싶다는 생각이 커지기도 했습니다. 그런 저를 위해 멘토 선생님께서는 교원대 석사 파견 신청서를 직접 출력하고, 입학시험 대비 공부할 논문까지 모두 준비해 주셨습니다. 멘토 선생님이 이렇게까지 도와주시는데, 이제는 나도 진짜 한 번 도전을 해 봐야겠다고 결심했습니다. 매달 월급을 받으며 공부할 수 있고, 자녀들도 돌볼 수 있고, 전문성 신장도 가능한 교원대 석사 파견이 저에게 너무나도 절실히 필요한 시기였습니다. 중학교 3학년 때 포기했던 미술 전공의 꿈, 교대에서도 즐거웠던 미술 수업, 유럽에서 3개월 살기를 하며 알게 되었던 미술관 관람의 기쁨, 미술에 대한 목마름도 컸습니다. 그래서 한국 나이로 39살 가을, 저는 교원대 석사 파견에 지원하였습니다.

◆ 교원대 석사 파견 전시회

◆ 교원대 석사 논문

교원대 석사 파견 신청 절차

지원 요건은 학사학위 소지 후 정규 교원으로 임용되어 근무한 교육경력 3년 이상입니다. 2학기 개학하고 얼마 지나지 않아 8월 말에서 9월 초에 학국 교원대학교 석사 파견 공문이 학교로 옵니다. 이때 지역별 모집 인원을 확인해야 합니다. 각 지역마다 다르니 지역교육청의 공문을 확인하여 유·초·중등에 배정된 인원수와 지원 기준을 꼭 체크해 보세요. 지원 요건에 적합하다는 것을 확인하고 전공과목을 선택했다면 공문에 안내된 절차에 따라, 온라인 입학원서를 작성하고 전형료를 납부하면 수험번호를 부여받을 수 있습니다. 이후 수험 신청 서류를 출력하여 대학교 졸업 증명서와 성적 증명서, 각종 신청 서류 등을 작성해서 우편으로 제출하면 됩니다.

대학원 입학시험, 45일 만에 합격한 노하우

한국교원대학교 대학원 입학시험 전형방법은 전공시험, 면접 및 구술시험, 실기시험으로 총 3가지입니다. 전공에 따라서 입학 전형 방법이 다르기에 대학원 신입생 모집요강을 꼭 확인해 보셔야 합니다. 기본적으로 교육학에 대한 것과 교과 교육학과 교과 내용학에 대한 것들로 나누어집니다. 이제부터 본격적으로 그 어디에도 나와있지 않은 한 달 반 만에 교원대학교 대학원에 합격한 노하우를 알려드리겠습니다. 멘토 선생님과 저보다 먼저 교원대학교 초등미술교육과 석사 파견을 다녀온 동기에게 전수받은 꿀팁입니다.

먼저 교과 교육학입니다. 학교에 근무하며 방대한 양의 교육학 공부 전체를 하는 것은 상당히 어려우므로 임용 카페와 인터넷에서 교육학 요약본을 프린트하고 지도서 앞부분의 총론 부분을 공부하면 짧은 시간 안에 준비할 수 있습니다. 교육학을 가장 잘 꿰고 있는 사람은 현재 임용고시를 준비하는 임용고시생들이기 때문입니다. 다음으로 교과 내용학은 교원대학교 대학원 홈페이지에 탑재되어 있는 기출문제를 다운받아 출제 방향을 확인한 뒤 공부하면 됩니다.

교과 내용학에 대한 시험대비 공부방법을 예를 들어 설명해보겠습니다. 미술교육에서는 교과 내용학으로 '디자인, 서양화, 동양화, 조소' 중 에서 한 과목을 정하는데, 저는 서양화를 선택했습니다. 모든 문제는 논술형 필기고사로 키워드와 현 교육 트렌드를 확실하게 알고준비하는 것이 포인트입니다.

'키워드'는 지원 학과의 학과장님이나 시험문제를 출제하는 교수님의 최근 논문들을 통해서 추려낼 수 있습니다. 당시 제가 지원한 학과의 학과장님과 서양학과 교수님들의 논문을 프린트하여 하나의 책으로 제본했습니다. 이 논문들을 읽으며 현재 한국교원대학교 미술교육과 학과장님과 교수님들이 강조하고 연구하시는 분야의 키워드를 파악하고, 그것 위주로 노트에 정리해가며 여러번 읽었습니다.

'현 교육 트렌드'는 대학원 입학시험 당해의 교육 이슈를 살펴보고 이를 교육 현실에 적용하는 실질적인 방법까지 자신의 생각을 잘 정리해두어야합니다. 저는 2020년 코로나 시기에 미술 교과를 포함한 다양한 교과 관련 콘텐츠를 온라인 학습용으로 직접 제작하고 촬영, 편집하여 개인 유튜브에 업로드하였습니다. 또한 이를 e학습터에 링크를 걸고 줌을 통해 쌍방향 수업을 진행했습니다. 2020년 늦가을, 교과 내용학의 한 문제는 '미술 교과의 내용을 선정하고 수업을 계획하여 온라인 에듀테크 수업으로 학생들과 소통하는 방법'을 논술하는 것이었는데 1년 동안 제가 직접 경험하며 여러가지 생각을 했던 터라 어려움 없이 서술할 수 있었습니다.

'시험 교재 준비' 역시 중요합니다. 대학원 홈페이지에 교과 내용학 시험을 위한 참고도서 목록이 있습니다. 서양학과에서 미술사 흐름을 잘 살펴볼 수 있다는 '클릭, 서양 미술사'라는 책을 추천받아 구입했고, '미학'과 '현대 미술의 이해'라는 인터넷 강의 수업자료를 받아 제본했습니다. 그리고 인터넷과 임용 카페에서 요약되어 있는 파일을 다운 받고 프린트하여 초등미술교육학 교재를 준비했습니다. 더불어 미술 지도서 앞에 나와있는 총론과 교수님 논문을 여러번 반복해서 읽고 정리했습니다. 이 외에 '유럽의 시간을 걷다'라는 책을 읽었는데, 유럽의 역사와 미술·건축·문화에 대한 전반적인 이해가 넓어지게 되어 서양 미술사 공부에 큰 도움을 받았습니다.

모든 자료들을 읽고 정리하기를 두 번 정도 반복하니 조금씩 공부의 가닥이 잡혀가는 것이 느껴졌습니다. 또 미술교육 대학원 홈페이지에 있는 기출문제를 다 프린트해서 기출문제도 미리 살펴보고 나름대로 정답을 정리해가며 준비를 했습니다. 2020년 전북교육영상을 촬영하면서 르네상스 미술부터 현대미술까지 공부하고, 직접 시나리오를 쓰고 외우고 촬영했던 것들이 정말 많이 도움이 되었습니다. 실제 입학 시험에서 제가 쓴 시나리오 속 화가와 그림이 문제로 출제되어서 얼마나 놀랐었는지 모릅니다.

정리를 하자면, 교과 교육학은 임용고시 준비하는 학생들이 제일 잘 알고 있기에 임용고시 카페 교육학 요약본을 출력하여 공부하세요. 교과 내용학은 대학원 홈페이지 기출문제와 학과장님의 논문을 통해 파악한 키워드를 중심으로 공부하세요. 이 외에 추천 도서와 관련 교양서적을 읽으며 생각을 넓히고 논술 준비를 하시면 됩니다.

입학시험 당일의 모든 것

한국교원대학교에서 10월 중순 경 입학시험을 봅니다. 각 학과별로 시험을 치르는 건물과 강의실은 다릅니다. 석사 파견은 외국어 시험을 보지 않고 전공시험만 보기 때문에 10시 45분까지 정해진 교실에 입실해야 합니다. 필기시험을 먼저 보기 때문에 신분증, 수험표, 흑색 필기구를 꼭 준비하도록 합니다.

필기시험의 시험지는 A4 사이즈 문제지 1장과 B4 사이즈 답안지 2장이 있습니다. 문제지에는 수험번호와 이름만 쓰고, B4 사이즈의 답안지에 자신의 수험번호와 이름을 쓰고 바로 논술 정답을 서술하면 됩니다. 저는 공부한 내용을 잊어버리지 않기 위해 문제지를 받자마자 키워드와 초안을 문제지에 재빠르게 작성하였고, 그 후 답안지에 바른 글씨로 차분하게 답안을 작성하였습니다. 답안지는 양면으로 쓸 수 있고 요청할 경우 한 장 더 주기도 합니다. 시험이 시작되면 시험을 보는 모든 선생님이 집중하여 빠른 속도로 사각사각 열심히 적기 때문에 그 분위기에 압도당하게 됩니다. 또 그동안 공부한 내용을 최대한 담아서 조건에 맞춰 답안을 작성해야 하기 때문에 120분이라는 시간이 놀라울 정도로 짧게 느껴집니다.

필기시험이 끝나면 점심시간 60분이 주어집니다. 학생회관 식당 옆 편의점에서 식권을 사서 학생식당에서 삼계탕을 먹었는데 정말 맛있고 양도 푸짐하고 소화도 잘 되었습니다. 학생회관에 편의점, 식당, 카페가 다 열려 있으니 본인 컨디션에 맞게 드시면 좋을 것 같습니다.

면접 복장은 깔끔한 옷차림을 하시면 됩니다. 정장이 아니라도 단정하게 보이면 충분하니 본인에게 편한 복장을 선택하세요. 면접 대기 장소에는 조교 선생님들이 출석을 부르고 감독을 보고 계십니다. 늦지 않도록 제시간에 가서 출석 확인을 하셔야 합니다. 면접 장소에는 교수님 3분이 앉아 계시고, 지원자도 3명씩 함께 들어가 면접을 봅니다. 10분 정도 면접을 보는데, "석사 파견에 지원한 이유가 무엇인가?", "이 과를 지원한 이유가 있는가?", "교육에서 가장 중요하게 생각하는 것은 무엇인가?", "교사로서 어떤 역할이 중요하다고 생각하는가?" 등의 공통적인 질문에 순서대로 돌아가면서 답을 합니다. 또 각 지원자의 지원서류와 자기소개서를 바탕으로 질문을 하십니다. 면접에서는 밝은 표정으로 열심히 석사 파견에 임하겠다는 의지를 보여주는 것이 중요하다고 생각합니다. 교수님들도 편하게 대해주시고 엄청 딱딱하고 긴장된 분위기가 아니니 걱정하지 않으셔도 됩니다. 기차역인 오송역과 교원대학교 셔틀버스 시간표도 학교 홈페이지에 안내되어 있으니 확인 후 활용하세요. 이후 교원대 수업에서도 셔틀버스는 참 요긴하게 이용됩니다.

날마다 교원대에 출근해야 할까

교원대 파견 중, '매일 출근해야 하는가'의 여부는 학과마다 다릅니다. 특정 과는 날마다 연구실에 출근하여 교수님과 프로젝트를 진행하기도 한다고 들었습니다. 그래서 아예 2년 동안 기숙사에서 생활하거나 교원대 근처에 집을 구해 생활하시는 선생님들도 있다고 합니다. 하지만 이 역시 상황과 형편에 맞게 하면 됩니다. 수강신청을 지혜롭게 한다면 대학원 강의 이외의 시간에는 과제를 하거나 자기 계발을 하는 등 시간을 여유롭게 이용할 수 있습니다. 저의 경우에는 대학원 입학시험 이후 코로나로 인해 학교에는 가보지 못했었는데, 10월 13일에 직접 작품을 만들기 위해 처음으로 학교에 가니 정말 감격스럽고 기뻤습니다. 실기 수업 특성 상 2학기 말에는 교원대에 직접가서 작품을 만들고, 3학기에는 코로나 단계가 낮아져 실기수업은 모두 오프라인 수업이었습니다. 코로나 이후 현재도 이론 수업은 줌으로 많이 한다고 하니 참고하시기 바랍니다.

교원대 석사 파견! 이 2년의 모든 순간을 지나면 논문과 학위가 생기고 그것이 교사로서 생각지도 못했던 또 다른 새로운 길로 이끌어줍니다. 교사라면 누구에게나 강추강추! 이건 꼭 해야 한다고 생각합니다.

교원대 석사 파견, 교직 인생에서 가장 행복했던 2년

학교 현장에 있다 보면 날마다 처리해야 하는 업무와 공문, 수업, 민원 등이 쉴 새 없이 쏟아져서 정말 숨 가쁘게 하루가 지나갑니다. 이 과정에서 정말 많은 에너지가 소진됩니다. 그러던 중 교원대 석사 파견을 가게 되었고, 2년이라는 시간 동안 다시 거시적인 관점으로 교육에 대해 진심으로 고뇌하고 연구하는 시간을 가질 수 있었습니다. '초등 교육은 무엇인가? 초등 교사는 왜 있어야 하는가? 초등 미술 교육은 왜 필요한가? 초등 미술에서 교사의 역할은 무엇인가?'라는 근본적인 질문에 대해 고민해 보게 된 것입니다. 기술적으로는 미술학원 선생님이 초등 교사보다 그림을 더 잘 그립니다. 그렇다면 '초등 미술 교사는 왜 필요한가?'라는 생각을 해보게 됩니다. 이러한 고민을 할 즈음 대학원에서 배운 것이 '미술교육의 아비투스'였습니다. 아비투스(HABITUS)는 타인과 나를 구별 짓는 취향, 습관 아우라, 즉 사회문화적 환경에 의해 결정되는 제2의 본성이며 계층 및 사회적 지위의 결과이자 표현입니다. 아이들이 처해 있는 가정 환경에 따라 어려서부터 미술관이나 다양한 문화를 접할 기회는 달라집니다. 저는 그때 무릎을 탁 쳤습니다! 교육은 소수의 엘리트들만을 위한 것이어서는 안됩니다. 따라서 모든 학생들에게 기본 공통 소양을 길러줘야 합니다. 그렇기 때문에 우리 교사들이 있는 거라고 확신합니다.

초등 미술교육은 그래서 필요합니다. 사회적인 부모의 아비투스에 관계없이, 모두에게 필요한 미술 소양 공통 기본 교육! Great art for everyone! Great education for everyone! 학교에 있는 다양한 아이들, 소외된 계층의 아이들, 미술 학원을 다닐 수 없는 형편의 아이들에게도 미술의 소양을 길러 줄 수 있는 초등 교사가 우리에겐 꼭 필요합니다. 초등 교사로서 조금 지쳐있었는데 '아, 내가 이렇게 중요한 사람이었구나. 초등학교와 초등교육, 미술교육이 이렇게 꼭 필요한 것이구나' 라는 공교육의 당위성을 깨닫고 교사로서의 자존감도 올라갔습니다. 앞으로 내가 만나는 아이들에게 그런 소양을 길러주기 위해 고민하던 너무나 귀한 시간이었습니다.

그리고 또 한 가지, 나이가 들어서 공부하다 보니 공부가 너무 재미있었습니다. 사람은 정말 청개구리 같습니다. 공부를 할 수 없는 여건에서 공부를 하니 더 재미있었습니다. 그리고 평가와 무관하게 공부를 하니 공부가 더욱 가깝게 느껴졌고, 스스로 더 찾아서 하게 되기도 했습니다. 그래서 주교재 외에 부교재도 찾아 읽어 보고 교수님이 수업 중간에 말씀하신 책도 찾아서 읽어 보며 즐겁게 공부했습니다. 공부해야 할 목적과 이유를 뚜렷이 알고 하는 공부는 어렸을 때 무작정하던 공부와는 차원이 다르고 질도 달랐습니다. 현장에서 절실했던 연구활동을 전문적으로 할 수 있고 변화하는 시대에 발맞추어 공부를 했기에 스스로 발전하는 느낌을 받았습니다. 교사의 전문성 신장은 학생들의 잠재된 능력을 최대치로 끌어올릴 수 있는 날개가 되어줍니다. 교원대 석사 파견 기간은 앞으로의 수업과 학생들에게 배운 내용을 어떻게 적용해야 할지 끊임없는 아이디어가 떠오르고 준비하는 시간이었습니다.

교사가 거시적인 교육 이론 공부와 실질적인 현장 교육의 경험을 둘 다 가질 수 있다면 우리나라 공교육의 질은 향상될 것입니다. 교원대 석사 파견, 선생님도 꼭 도전해 보시길 바랍니다.

SNS
나만의 브랜드 만들기

▎제대로 된 SNS 하나!

오늘도 유튜브와 인스타그램, 블로그를 기웃거리며 수업자료를 찾고있는 나. 꾸준히 수업 기록과 자료를 남기는 선생님들은 참 부지런한 것 같다. 어떻게 이렇게 다들 성실하게 활동하시는지. 나도 기록 도구를 하나 정해 꾸준히 뭔가를 남기고 싶은데, 참 쉽지가 않다. 올렸다가 멈췄다 시도만 몇 번째인지…. 요즘엔 숏츠나 릴스로 공교육 인플루언서가 된 선생님들도 많던데, 도대체 어떻게 시작하고 운영하는 거지? 쉽고 꾸준하게 운영하는 방법은 없을까? 나도 제대로 된 내 SNS 계정 하나쯤은 갖고 싶은데!

황금알을 낳는 거위 SNS

지금까지 교사의 진로는 단순했습니다. 평교사와 승진. 조금 다른 직렬인 장학사가 있긴 하지만 결국은 평교사로 남느냐, 관리자로 승진하느냐 뿐이었습니다. 하지만 이제는 달라졌습니다. 꼭 승진을 꿈꾸지 않아도 교사가 꿈을 펼칠 수 있는 공간이 무한대로 확장되었기 때문입니다. 나의 경험을 살려 아이들이나 학부모를 위한 책을 쓰는 작가 교사, 유튜브 등을 활용하여 정보를 전달하는 인플루언서 교사, 자신의 이름을 건 교육 물품을 제작해 판매하는 상품개발자 교사, 강의를 통해 학부모나 동료를 만나는 강사 교사까지 참으로 다양한 진로가 펼쳐지고 있습니다. 그리고 그 확장의 시작에 바로 SNS가 있습니다.(본 글에서는 인스타그램 등의 SNS와 유튜브와 같은 콘텐츠 플랫폼을 통합해 SNS로 사용했습니다.) 이 글을 쓰는 저 역시 얼마 전에도 인스타그램으로 인연을 맺은 업체의 자문 위원으로 겸직 활동을 하고 있으며, 가끔은 디엠(DM, Direct Message)을 통해 타 지역교육청 강의 요청을 받는 등 다양한 역할을 해내고 있습니다. 정말이지 잘 키운 SNS는 그야말로 황금알을 낳는 거위와 같음을 몸소 실감하고 있습니다. 지금부터는 바로 이 SNS를 통해 자신만의 브랜드를 키우는 방법에 대해 이야기 나누어보려 합니다.

OO쌤이라는 브랜드

코로나 이후 급속히 확장된 온라인 공간은 이제 우리 삶에서 큰 부분을 차지하게 되었습니다. 특히 어린 세대일수록 가상 공간에서의 자아를 자연스럽게 받아들이며, 관대하게 인식합니다. 기성세대가 단순히 자신의 일부를 SNS에 공유하는 데 그친다면, 밀레니얼 이후 세대들은 그 안에서 자신만의 독창적인 캐릭터(페르소나)를 구축합니다. 교사 역시 마찬가지입니다. 소위 말하는 젊은 교사일수록 SNS를 활용해 자신의 새로운 페르소나를 잘 만들어 갑니다. OO쌤이라는 이름으로 자신을 브랜드화하고, 특정 자료를 꾸준히 업로드하는 것이 시작입니다. 단순히 일상의 사진을 공유하는 것이 아니라, 명확한 콘셉트를 정해 자신이 추구하는 방향을 꾸준히 보여주며 하나의 스토리 라인을 구축합니다. 그 후 채널이 커지면 이를 활용해 제품을 제작하거나 연수를 진행하는 등 다방면으로 페르소나를 확장합니다. 편집된 일상을 올릴 수 있는 SNS의 장점을 활용해 내가 만들고 싶은 나만의 브랜드를 키우고, 이를 기반으로 교사라는 단순한 페르소나를 작가, 강사, 기획자 등으로 확장시키는 것입니다.

그러니 커리어 확장용 SNS를 키우고 싶다면, 먼저 자신만의 캐릭터와 브랜드의 방향에 대해 고민해야 합니다. 장기적으로 내가 잘할 수 있는 것, 좋아하는 것을 주제로 삼고 SNS에 꾸준히 올려야 합니다. 시작이 너무 어렵다면 처음에는 비슷한 주제로 SNS를 운영하는 다른 사람들의 글 또는 영상을 참고하시기 바랍니다. 무엇이든 처음엔 모방이 필요합니다. 다른 사람들은 어떻게 운영하는지부터 적극적으로 보고 배워야 합니다. 만일 이미 개인 SNS가 있다면 깔끔한 정보 전달을 위해 새로운 계정을 만들어 시작하는 것도 괜찮은 방법입니다.

SNS와 콘텐츠 플랫폼

콘셉트 혹은 주제를 정하는 것 못지않게 중요한 것이 플랫폼 선정입니다. 국내에서 가장 많은 사용자를 보유한 SNS로는 인스타그램, 유튜브, 블로그가 있습니다. 최근에는 틱톡 역시 주목받고 있지만, 교육용 콘텐츠 시장은 아직 협소한 편입니다. 만일 한 개인이 온라인상에 무언가를 기록한다면 인스타그램, 유튜브, 블로그 이 셋 중 하나를 활용할 가능성이 큽니다. 대부분은 개인적 성향이나 주변인의 영향으로 활용할 매체를 선택하는 경우가 많습니다. 그러나 통상적으로 각각의 매체마다 분명한 특징이 있기에, 그 특징을 살려 브랜드를 키우는 것이 유리합니다. 이미지와 짧은 영상 중심의 정보 전달에 능숙하다면 인스타그램을 활용하고, 글쓰기를 활용해 작가라는 페르소나를 만들어가는 것이 목적이라면 블로그나 브런치 등의 매체를 활용하는 것이 적합합니다. 또 학부모 대상 연수나 강사로서의 페르소나를 갖고 싶다면 유튜브를 활용해 설명 영상을 남기거나 숏츠로 시선을 끄는 것이 더 효과적입니다. 저 역시 3가지를 다 활용해 보았고, 이 셋을 함께 사용할 때 가장 큰 시너지를 얻는다는 것도 실감했습니다.

왜 인스타그램인가?

하지만 한정된 시간과 에너지로 모든 것을 운영하기는 힘듭니다. 또 한 번에 다 시작할 수도 없습니다. 그래서 저는 자연스럽게 인스타그램에 집중하게 되었습니다. 인스타그램은 유튜브에 비해 편집에 대한 부담도 적을 뿐 아니라, 블로그처럼 긴 텍스트 작성이나 친절한 자료 제공에 대한 압박도 적어 개인적으로는 가장 시도하기 좋은 매체라고 생각합니다. 더욱이 이미지로 승부가 나는 매체의 특성상 캐릭터 구축이 쉽고 원하는 부분만 노출하기에도 더없이 좋습니다.

물론 인스타그램에 대한 부정적인 의견도 많이 있습니다. 보여주기식 설정 사진과 같은 허례허식이 가득한 매체다, 인스타그램은 나를 비교 지옥으로 끌어내려 자존감은 낮추는 앱에 불과하다 등으로 말입니다. 하지만 잘만 활용하면 나만의 정체성을 가장 잘 어필할 수 있는 살아있는 포트폴리오가 될 수 있습니다. 이를 활용해 수 많은 사람들이 사업을 확장하고, 또 성공을 거두는 현상이 이를 증명합니다. 부정적인 감정만으로는 앞으로 나아갈 수 없습니다. 비판하고 비난하기보다는 새롭게 도전하고, 긍정적으로 활용하기를 택해보세요.

피드의 일관성

본격적으로 인스타그램 활용 방법을 소개합니다. 앞서 말씀드렸듯, 제가 강조하는 것은 단순히 SNS를 활용해 원하는 정보를 찾거나 피드를 예쁘게 노출하는 방법이 아닙니다. 핵심은 SNS를 통해 나만의 온라인 캐릭터를 브랜드화하고, 이를 다양한 페르소나로 확장하는 데 있습니다. 그러기 위해서는 계정의 지향점을 명확히 설정해야 합니다. 나는 이곳에 ○○정보를 올리고, ○○관련 전문가가 되겠다고 마음먹었다면 꾸준히 해당 내용을 업로드하며 계정을 운영해야 합니다.

그리고 그 내용이 다른 사람에게 가치 있는 정보로 받아들여져야 합니다. 인스타그램을 활용하는 일반적인 사람들은 예쁜 장소나 감각적인 물건 등에 관한 정보를 원하는 반면, 교사들은 실제 활용할 수 있는 수업 자료나 실질적 정보를 얻는 피드를 선호하는 경향이 큽니다. 내가 가진 정보 중 나눌 수 있는 것들이 있다면 적극적으로 나누어주세요. 물론 각 교사가 가진 장점에 따라 올릴 수 있는 정보는 다 다르므로 내가 나눌 수 있는 정보의 강점을 파악하는 것이 먼저입니다. 예를 들어 저의 경우 수업이나 업무, 교사로서의 성장에 대한 문의를 주로 받지만, 그에 못지 않게 물건 구입처에 대한 문의도 많이 받는 편입니다. 이러한 요구들을 잘 파악해 적절히 공유하되 교사로서의 품위를 지키는 선을 유지히려고 노력합니다.

업로드 시각과 형식

가능하다면 몇 가지 팁을 활용해 더 빠르게 SNS를 키울 수도 있습니다. 먼저 많은 사람이 읽을 수 있는 시간에 피드를 올리는 것이 좋습니다. 저는 가급적이면 근무시간에 SNS를 열지 않습니다. 업무와 관련된 일 외에는 SNS를 사용하지 않는 것이 교사로서 지켜야 할 기본적 태도라고 생각하기 때문입니다. 교육 관련 정보를 올리는 경우에도 퇴근 시간 이후에 남깁니다. 그렇다 보니 피드를 올리는 시간은 대부분 오후 5시 이후입니다. 이 시간대는 선생님들도 SNS에 많이 접속하는 시간대이기 때문에, 이 시간에 맞춰 피드를 올리는 것만으로도 피드의 노출 빈도를 높일 수 있습니다.

많은 유튜브 채널에서 일정한 시각을 정해 영상을 업로드하는 것을 보셨을 겁니다. 다른 플랫폼도 마찬가지입니다. 자신의 게시물을 일관된 시점에 올리면 노출이 증가하는 효과가 있습니다. 특히 요즘에는 사진보다 영상을 선호하고, 매체에서도 숏폼 콘텐츠를 메인으로 삼기 때문에 가능하다면 숏츠나 릴스를 사용해 영상을 제작해야 노출 빈도가 올라갑니다. 물론, 가장 중요한 것은 자신만의 색깔과 방향이 분명히 담길 수 있는 형식을 선택하는 것입니다.

팔로워 수 늘리는 법

초반에는 보다 적극적인 방법을 활용해 팔로워 수를 늘릴 수도 있습니다. 게시물의 수가 많은 해시태그와 적은 해시태그를 적절히 섞어 올리는 방법으로 피드의 노출을 높이기도 하고, 각 시기에 적절한 게시물을 올려 팔로워를 늘릴 수도 있습니다. 3월에 교실 환경 정리 피드를 올려 관련 정보를 필요로 하는 팔로워의 유입을 늘리는 식으로 말이지요. 아주 초기에는 다른 선생님들을 먼저 많이 팔로우하고 맞팔로우를 요구해 볼 수 있습니다. 하지만 아주 일시적인 방법이라고 생각합니다. 결국 나만의 색깔과 경쟁력을 갖춘 피드를 구축해야 오래갈 수 있습니다. 무엇보다 인스타그램은 이미지가 차지하는 비중이 크기 때문에 이 부분에 신경을 써야 합니다. 가능하다면 일관된 분위기와 색감을 사용하고, 미적으로 아름답게 보일 수 있도록 신경 씁니다. 이 부분이 가장 어려운 부분이기도 한데, 처음에는 비슷한 색감의 사진들을 올리는 것만으로도 충분히 통일감을 높일 수 있습니다.

인스타를 통해 얻은 것

저도 아직 수만 명의 팔로워를 갖고 있는 것은 아니지만, 몇 년간 SNS 활동을 하며 저의 삶의 많은 부분이 변화했습니다. 무엇보다 각자의 자리에서 열심히 노력하시고 성장해 나가시는 선생님들을 알게 되어 큰 동기부여를 받고 있습니다. 멀리 있는 누군가에게 언제든 동기 부여를 받을 수 있다는 것만으로도 SNS는 해볼 가치가 있습니다. SNS를 비교의 도구가 아닌 동기부여의 도구로 사용해 보시길 권합니다. 또 가끔은 현실의 학교생활에서 오는 고단함을 이곳에서 받는 칭찬으로 치유하기도 합니다. 제 팔로워의 대부분은 따뜻하고 다정한 선생님들이십니다. 간혹 별거 아닌 사진에도 예쁘다 대단하다는 칭찬을 남겨주시곤 하는데, 그냥 으레 하시는 말씀인 걸 알면서도 힘이 날 때가 있습니다. 또 디엠으로 이런저런 고민을 나눠주시는 선생님들께 작은 도움을 드릴때면, 소박하나마 누군가에게 도움이 되는 사람이 된 것 같다는 보람을 느끼기도 합니다.

무엇보다 SNS를 통해 새로운 페르소나를 만들어 가다보면, 다양한 일의 기회가 찾아오고 삶이 크게 확장됩니다. 기존에도 교육과정 관련 업무를 해오며 강의를 해왔지만, 요즘은 인스타그램 디엠을 통해 직접 다양한 지역, 새로운 주제의 강의 요청을 받기도 합니다. 나아가 한 번도 해보지 않았던 길이 열리기도 했습니다. SNS로 저를 알게 된 업체와 함께 원격연수를 만들어 보기도 했고, 학습 교구를 제작하는 일도 시작하게 되었습니다. 교사크리에이터 협회 팀장으로 일하며 이렇게 글을 쓰고 책을 준비하게 된 것도 제가 SNS 활동을 해온 결과 중 하나입니다. 그러나 이것 역시 아마 시작에 불과할 것입니다. 앞으로도 제 SNS 속의 페르소나는 제가 지방의 소도시 학교 담임교사로서만 머물렀을 때는 감히 상상할 수 없었던 새로운 세상과 저를 만나게 해줄 것입니다.

새로운 나를 만드는 설렘

그래서 감히 말씀드립니다. 팔로워 수가 많든 적든 그보다 중요한 것은 온라인 공간 속 나만의 새로운 자아를 만들어가는 일입니다. 현실에서도 나의 모든 것을 누군가에게 보여줄 수는 없습니다. 내가 보여주고 싶은 일부의 모습도 나라는 생각으로 부담을 내려놓고 만들어야 합니다. 타인의 인정을 위해서가 아니라 나 스스로의 성장을 위해 활용해야 합니다. 요즘 시대에 맞추어 내가 꿈꾸던 나를 온라인상에서 만들어 간다고 생각해도 좋습니다. 기존의 계정도 좋고 새 계정도 좋습니다. 내가 만들고 싶은 나만의 캐릭터(페르소나)를 상상해 보세요. 그리고 그 캐릭터가 지향하는 가치를 그려보세요. 그다음 차근차근 피드를 올려가며 나만의 브랜드를 완성해 보세요. 분명 그 시작만으로도 더 많은 기회와 더 넓은 세상이 펼쳐질 것입니다.

나만의 브랜드, 그 안에서 무한히 성장해 가실 선생님의 앞날을 응원합니다.

겸직
나는 N잡러 교사

교사 월급이 너무 적다

사회 초년생들의 평균 월급이 230~290만원에 많이 분포해있다고 하는데 신규교사의 첫 월급은 최저임금과 비슷한 수준이다. 물가상승률은 갈수록 치솟는데 교사 월급상승률은 현저하게 낮은 현실이 충격적이다. 다른 직종을 선택한 내 친구들의 월급과 비교해 보면 솔직히 속상할 때도 많다. 다른 부수입도 얻으며 다가올 미래를 준비할 수 있는 방법은 없을까? 나도 내가 하는 일에 대한 정당한 대우를 받고 싶다!

두 마리 토끼 잡기

생각보다 교직은 매력적인 직업입니다. 방학과 이른 퇴근, 워라밸이 보장된 직업이기 때문입니다. 그러나 사회의 평균을 따라가지 못하는 초봉과 월급 인상률은 주변 사람들에게 말하기 민망할 정도입니다. 교사가 된 우리는 교육대학교, 사범대학교 등에서 오로지 교사가 되기 위한 공부만을 했기에 이직하는 것이 쉬운 일은 아닙니다. 100세 시대, 교사는 과연 '안정적인 직업' 일까요? 교권이 추락하고 명예퇴직,

의원면직률이 상승하고 있습니다. 이는 교직이 만만히 볼 수 있는 쉬운 직업은 아니라는 사실을 말해줍니다. 교권은 추락하고 있는데 교사에게 요구하는 것은 늘어나고 있으니 당연한 결과라고 할 수 있습니다. 이제 더 이상 교직은 사회적 존경을 받는 멋진 직업도, 매년 하던 대로 적당히 하면 되는 만만한 직업도 아닙니다. 그래서일까요? 특별한 재능을 가진 선생님들 중 몇몇은 의원면직을 하고 새로운 일을 개척하기도 합니다. 그런 선생님들을 보면 참 멋지고 부럽기도 합니다. 하지만 그래도 매달 나오는 작고 소중한 월급과 방학을 포기하기 아쉽고, 완전히 새로운 일에 도전하기에는 두려움이 앞섭니다. 뉴스에 나오는 것과 달리 바뀐 것이 없는 듯한 학교 현실 속에서도 경제적 여건, 교직에 들어오기 위해 노력했던 시간에 대한 아쉬움, 결코 쉽지 않은 이직의 길 등의 이유로 제자리에 머물러 있는 경우가 많습니다.

하지만 교사라는 직업을 유지하면서 다른 일도 함께하는 방법이 있습니다. 바로 겸직입니다. 겸직을 통해 경제적 여유를 얻고, 다양한 진로를 향해 뻗어나갈 수 있습니다. 교사도 '자아실현', '일한 만큼의 정당한 대가'라는 두 마리 토끼를 잡는 것이 가능합니다.

N잡러 교사 첫걸음

학창 시절 이후 나의 꿈과 장래희망에 대해서 생각해 본 적이 있나요? 우리는 지금 100세 시대를 살고 있습니다. 40대 초반인 '나'의 나이는 인생시계에 비추어 보았을 때 아직 오전입니다.(심지어 20~30대 선생님들은 새벽입니다!) 지금이 바로 나의 꿈과 장래희망이 무엇인지 고민해야 할 최적의 시기입니다. 이미 어른인 나, 다양한 경험치를 쌓은 나, 이런 내가 요즘 관심을 가지고 있는 분야와 열정을 가지고 하고 싶은 일은 무엇인지 생각해 보는 것입니다.

어려서부터 그림 그리기와 전시회 감상을 좋아했던 저는 '미술'을 생각하면 가슴이 뜁니다. 육아휴직 중에 남편의 장기 해외출장으로 유럽에서 3개월 살기를 하게 되었는데, 그때 유럽의 다양한 미술관에서 큰 감명을 받았고 명화를 제대로 이해하려면 작가의 삶을 알아야 한다는 사실을 깨달았습니다. 그래서 귀국한 뒤 전시회를 자주 찾아다녔습니다.

한편, 복직한 후 저는 우리 반 아이들의 복습을 돕기 위해 유튜브 채널을 운영하기 시작했습니다. 영상을 찍어 편집하고 유튜브로 학생들과 소통하면서 정말 즐거웠고 학부모님들의 좋은 피드백도 많이 받았습니다. 이런 저를 유심히 보신 교감선생님께서 전북교육영상에서 교육영상위원을 공모한다는 공문이 왔으니 한번 도전해 보는 게 어떻겠느냐고 말씀해 주셨습니다. 2020년 전북교육영상 교육위원으로 '명화 속으로 쏙!'이란 강의를 촬영할 때, 저는 참 행복했습니다. 관심 있는 분야인 미술을 제가 좋아하는 영상으로 표현해 내는 것이 참 즐거웠습니다. 이후 한국교원대 초등미술교육과 석사 파견 공부를 하면서, 미술 분야에 대한 이해와 관심은 더욱 확장되었고 다양한 전시회에 참여하는 기회를 얻게 되면서 저는 저의 관심과 열정이 미술, 유튜브, AI에 있음을 알게 되었습니다. 자신의 관심사, 열정, 행복 혹은 재능을 발견하기 위해서는 일단 도전해 보고, 시도해 보고 다양한 경험을 해보는 것이 좋다고 자신 있게 말씀드립니다.

이를 위해 '나만의 카테고리 만들어 적기'를 해보세요. 나의 꿈과 장래희망, 나의 관심사, 내가 열정을 가지고 할 수 있는 일 등을 크게 3~5개의 카테고리로 만들어 적어보는 것입니다. 종이나 태블릿에 직접 적어도 좋고 컴퓨터나 핸드폰을 이용해 타자로 써봐도 좋습니다. 각각의 카테고리 아래에 내가 하고 싶은 일을 세부적으로 쭉 써나가는 것부터 시작하면 됩니다. 이렇게 작성한 내용을 보고 관련 있는 것끼리 묶어서 '나만의 카테고리', '꿈 지도'를 완성할 수 있습니다.

나의 관심사를 찾았다면, 강의 플랫폼에서 직접 강의 등록을 해보는 것도 좋습니다. EBS, 아이스크림, 티쳐빌, 비바샘 등의 강의 플랫폼에서 강의나 연수 모집 요강을 살펴보고 지원하는 것입니다. 또한 각종 연구회에 참여해서 함께 할 일을 모색하고 추진할 수도 있습니다. 교육 외의 분야라면 그 분야의 전문가의 책을 사서 읽고 강연을 찾아다녀보세요. 강연을 수강하며 배우고 관련 자격증을 취득하는 것도 좋습니다.

전문적 학습 공동체와 함께하기

나의 관심사나 열정, 재능을 찾고 꿈을 펼칠 수 있는 방법 중 하나는 전문적 학습 공동체와 함께하는 것입니다. 나 혼자서는 무엇을 어떻게 발전시켜야 할지 막막할 때가 더 많습니다. 그러나 '함께'의 힘은 큽니다. 나와 비슷한 꿈을 가진 교사들, 혹은 내가 몰랐던 분야에서 꿈을 펼치고 있는 교사들, 다양한 분야에서 열정을 가지고 활동하고 있는 전문적인 교육 학습 공동체와 함께하게 되면 N잡러의 꿈에 한 발자국 가까이 다가갈 수 있습니다. 또한 멋진 교사 선후배와 멘토 멘디 사이가 되고 관계도 풍성해집니다. 대표적인 공동체에는 교사크리에이터 협회(이하 교크협), 참쌤스쿨, ATC 컴퓨팅교사협회(Association of Teachers for Computing), 몽당분필 등이 있습니다. 교육 콘텐츠, 디지털 콘텐츠, 컴퓨터 교육 등에 관심이 있는 교사들이 모여 열정적으로 다양한 분야에서 활동을 하고 있습니다. 이곳에 가입해, 오프라인 모임에 나가고, 단톡방에 소속되면 다양한 소식을 접하게 됩니다. 이러한 과정은 새로운 일을 할 수 있는 기회와 연결됩니다. 즉, 나의 꿈과 관심사에 부합하는 일을 시작할 수 있게 되는 것입니다.

저는 인스타 친구인 선생님께서 교크협을 추천해 주셔서 가입하게 되었습니다. 처음에는 '나 같은 사람이 이런 곳에 가입해도 될까?'라는 염려를 했지만 그것은 기우였습니다. 반짝반짝 빛나는 선생님들이 모여서 다양한 일을 시도하고 이루고 계셨습니다. 공문에서 놓친 영상 공모전 소식을 단톡방에서 알게 되어 우리 반 학생들과 함께 출품하고 수상하기도 했습니다. 그리고 교육전문 소프트웨어 회사와 함께 교육 콘텐츠를 제작하는 일도 교크협을 통해 하게 되었습니다. 저의 본격적인 N잡의 시작은 교크협이었습니다. 이렇게 여러 선생님들과 함께 책을 쓰게 된 것도 바로 이곳에서였습니다.

교사 겸직의 종류

인터넷 개인 방송인 유튜브, 네이버TV, 아프리카TV 등을 운영하며 겸직을 하고 계신 선생님을 보신 적이 있나요? 이 외에도 네이버 블로그, 티스토리, 브런치, 워드프레스, 인스타그램 등과 같은 SNS 활동으로도 겸직을 할 수 있습니다. 직무와 관련된 개인 방송의 경우 교감 선생님께 사전 보고를 하고 협의를 거치는 것이 기본 방침입니다. 만약 수익이 지속적으로 창출되는 경우라면 콘텐츠 내용과 관계없이 모두 겸직 허가를 신청해야 합니다. 또한 직접 책을 집필하고 출판·판매하거나 학습용 보드게임 또는 수업도구 창작 판매, 교과서 또는 교재, 학습지 저술, 문항 출제 등을 하여 원고료를 받는 겸직도 있습니다. 대학교, 대학원이나 국가기관 및 지자체 혹은 이 외의 다른 곳에서 강의를 하는 경우도 있습니다.

'이런 겸직도 가능하다고?' 생각하게 되는 일도 있습니다. 가장 놀라운 것이 '부동산 임대업'인데요, 교사 본연의 직무 능률을 떨어뜨릴 수 있는 경우가 아니라면 주택 및 상가 임대 역시 가능합니다. 또한 구글 애드센스(광고)를 통해 수익을 얻거나, 유료 애플리케이션과 이모티콘 제작 관리로 수익을 만드는 것 또한 겸직 허가를 받는다면 충분히 가능한 영리활동입니다.

나의 겸직 이야기

교크협을 통해 교육전문 소프트웨어 회사의 2022 개정교육과정 콘텐츠 개발 위원을 모집한다는 안내를 보게 되었고 참여하게 되었습니다. 기업에서 제공한 샘플 PPT 툴을 활용하여 내가 맡은 국어 단원의 차시 내용 콘텐츠를 제작하고, 오디오 녹음을 하여 영상으로 만드는 일이었습니다. 기업으로부터 피드백을 받으며 제가 제작해야 할 내용을 조금씩 다듬어 가며 만들었고, 요령이 생기자 개발 자료의 사진을 찾고 내용을 정리하고 한 차시의 PPT를 만드는 것, 녹음하는 것과 같은 콘텐츠 제작 능력이 단련되었습니다. 지도서에 있는 내용과 국어 교과서, 국어활동의 내용을 잘 배열하여 한 차시를 구성하는 데 익숙해진 것입니다. 그렇게 대여섯 개의 콘텐츠를 만들다 보니 어떤 차시에는 비슷한 틀을 사용할 수 있다는 것을 알게 되고, 자료를 만드는 데 속도가 붙어 나중에는 PPT 10개도 금세 만들어 낼 수 있었습니다. 만들어 둔 PPT에 하루 날 잡아서 녹음을 입히면 동영상이 뚝딱! 역시 무슨 일이든 하다 보면 요령이 생기고 편하게 할 수 있게 된다는 것을 다시금 깨닫고 교사로서 성취감과 자존감도 높아졌습니다. 학교에서 맡은 업무는 작년에 비해 빈도와 강도가 높아졌지만, 중간중간 우리 반 학생들과 함께 공모전에 나가고 공모전 심사위원도 할 수 있었습니다. 2022 개정교육과정 미술 교과 선도교원으로 1박 2일 출장도 다녀오고, 2025 학교자율시간 미술 교과 자료 개발도 하고 있는 중입니다. 이런 스케줄에도 불구하고 교육 콘텐츠를 개발할 수 있을 만큼 일하는 요령이 생겼습니다.

 교육 콘텐츠를 개발하는 일은 교사로서의 자존감을 높여주었을 뿐만 아니라, 내가 동시에 여러 가지 일들을 잘 해낼 수 있다는 유능감을 느끼게 해주었습니다. 무엇보다 교육내용을 어떻게 하면 PPT 안에 가장 적절하고 이해하기 쉽고 보기 좋게 넣을 수 있을까를 고민하는 과정을 통해 교육자료 개발 면에서도 한 단계 성장한 것이 느껴져 뿌듯했습니다. 교육의 질은 교사의 질을 넘지 못한다는 말이 있습니다. 교사가 계속해서 다양한 일에 도전하고 교육 콘텐츠를 만들기 위해 고민하고 성장하는 과정에서 우리 공교육의 질도 향상될 것입니다.

 또, 기업의 교육 콘텐츠 개발 작업은 그 일의 난이도와 수고스러움에 비해 많은 수당을 지급해 줍니다. 내가 한 일의 대가를 충분히 받을 수 있으니 더 열심히 일하게 되었습니다.

겸직 신청 절차

먼저 교감, 교장선생님을 찾아뵙고 겸직을 하려고 하는 일에 대해서 말씀드려야 합니다. 겸직이 가능할지 여쭤보고 앞으로 어떤 절차를 밟아야 할지 상의하는 것입니다. 학교 관리자에 따라 이 과정은 처음부터 쉬울 수도 있고 어려울 수도 있습니다. 다행히 제가 근무하는 학교의 교감, 교장 선생님께서는 교육은 모두를 위한 교육이어야 하고 자료 개발하는 일 역시 교사가 할 수 있는 일이라고 생각하시는 분들이셨습니다. 제가 신청한 일은 시도교육청 인공지능 맞춤형 교수학습 플랫폼 구축 사업이었기에 겸직이 가능하다는 대답을 해주셨고, 필요한 서류를 메신저로 보낼 테니 겸직 허가 신청서와 첨부자료를 준비해서 제출하라고 말씀해 주셨습니다.

기업과 교육 콘텐츠를 개발하는 일로 겸직을 허가받을 때에는, 회사에서 학교로 보내 준 콘텐츠 개발 위원 선정에 관한 공문을 활용하였습니다. '콘텐츠 개발팀 개발 회의자료', '회사 소개서', '콘텐츠 내용 전문가 운영 계획안', '사업자등록증'이 공문에 첨부되어 있었고요. 학교로 온 공문의 첨부자료를 잘 내려받아 출력하고, 겸직 허가 신청서를 작성해서 교감선생님께 제출하였습니다. 교사가 직접 작성해야 할 것은 겸직 허가 신청서뿐이고, 나머지는 겸직하게 된 기관에서 보내 준 공문과 첨부자료들을 잘 모아서 제출하기만 하면 됩니다.

이후 개최되는 겸직 심사위원회의 회의 결과에 따라 겸직 여부가 결정되며, 학교의 사정에 따라 소요 기간은 다를 수 있습니다. 겸직 심사위원회는 교감선생님과 내부위원 2명, 총 3명으로 구성되어 있습니다. 위원회에서 제출한 서류를 체크리스트에 따라 심사한 후, 최종적으로 교감선생님께서 심사에 활용된 자료와 회의록을 첨부하여 내부결재해 주셨습니다. 교감, 교장선생님의 지지, 그리고 교사를 후원하고 응원하는 학교의 분위기 속에서 교직에 들어온 이후 처음으로 N잡러 교사가 되었습니다.

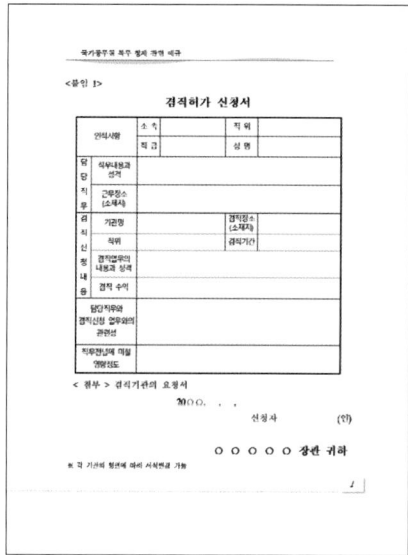

◆ 겸직 허가 신청서

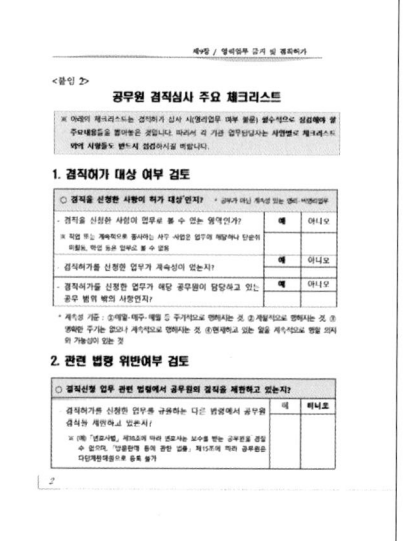

◆ 공무원 겸직 심사 주요 체크리스트 1

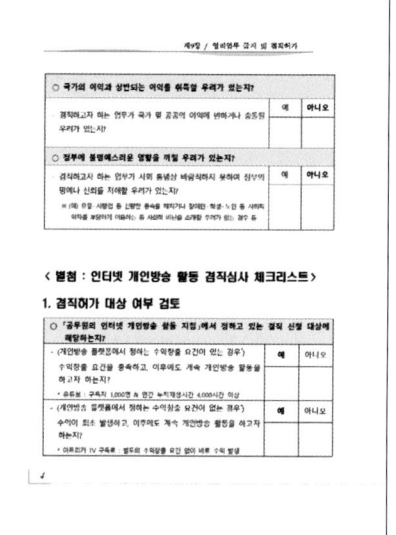

◆ 공무원 겸직 심사 주요 체크리스트 2

◆ 공무원 겸직 심사 주요 체크리스트 3

꿈꾸는 교사가 아이들을 꿈꾸게 한다

지금 이 글을 쓰고 있는 저는 또 다른 직업을 가지게 되었습니다. 늘 꿈에 그렸지만 시도하지 못했던 일. 작가! 교크협에서 열정 넘치는 선생님들 덕분에 교사로서 다양한 일들을 하고 있는 저의 이야기를 쓸 수 있게 되었습니다. 공교육을 위한 기업의 2022 개정 교육과정 콘텐츠 제작을 시작으로 본격적으로 N잡러 교사가 되면서 저는 우리 반 학생들에게 더 가슴 뛰는 이야기를 더 많이 전할 수 있었습니다. 아들 셋을 낳아 기르며 교사로 일하는 나이 많은 선생님도 이렇게 새로운 일에 도전하고 있으니 여러분도 가슴 뛰는 일에 도전하라고 그 누구보다 자신감 있는 목소리로 늘 이야기합니다. 실제로 우리 반 학생들은 각종 공모전과 학교 독서클럽 등에 도전하며 저와 함께 꿈을 꾸고 있습니다.

교사 겸직! 교사의 개인적인 발전과 자존감 향상뿐 아니라 결국 공교육의 발전에도 이바지합니다. 이는 곧 학생들을 위한 수업의 질 향상으로 이어집니다. 결국 혜택을 받는 것은 학생입니다. 우리 학생들을 위해, 우리나라 교육을 위해, 더 많은 교사들이 새로운 일에 도전하여 성취감을 맛보고 이를 학생들에게 돌려주는 선순환이 이루어지길 기대해 봅니다.

부설초등학교
더 좋은 수업을 꿈꾸는 선생님에게

▌좋은 수업을 찾아 헤매는 나

   수업을 잘하는 교사가 되고 싶은데 어떻게 해야 할까? 교사 커뮤니티와 SNS를 뒤지면서 재미있는 수업자료들을 찾아 활용하고 있긴 하지만 내 수업이 아니라는 생각이 든다. 자료를 잘 만들고 활용하는 것도 좋지만, 수업을 설계하고 깊이 있는 교육과정에 대한 연구를 해보고 싶기도 하다. 함께 이야기를 나눌 동료 교사도 있으면 좋을 텐데, 옆 반 선생님들은 다들 바쁘셔서 함께 공부를 하자고 선뜻 손을 내밀기도 어렵다. 어떻게 하면 수업과 교육과정에 대해 깊이 고민하고 연구해 볼 수 있을까?

좋은 수업을 찾아서

   좋은 교사란 어떤 교사를 뜻할까요? 맥락에 따라 다양한 답이 나올 수 있지만, 좋은 수업을 하는 교사가 좋은 교사라는 데 모두 동의할 것입니다. 그렇다면 좋은 수업이란 무엇일까요? 좋은 수업은 교사의 철학에 따라 다양한 관점으로 표현될 수 있습니다. 아이들과 눈높이를 맞추며 친구처럼 배움을 이끌어가는 수업, 즐겁게 활동하며 웃음이 넘치는 수업, 성취기준에 도달할 수 있도록 돕는 수업, 최신 에듀테크를 활용한 수업 등 좋은 수업의 모습은 다양합니다.

저에게도 좋은 수업에 대해 고민하던 시기가 있었습니다. 아이들과 다양한 활동으로 흥미진진하게 수업을 했지만 수업이 끝난 후 아이들은 수업내용이 아닌 즐거웠던 수업 분위기만을 기억하곤 했습니다. 시간이 지날수록 교사로서의 자존감도 떨어지고 있었고, '나는 무능한 교사가 아닐까?'라는 생각도 들었습니다.

그때, 교육대학교 4학년 교생실습이 떠올랐습니다. 당시에는 정말 힘들고 지치기만 했던 교생실습이었습니다. 한 차시의 수업을 준비하기 위해서 지도서와 참고자료를 샅샅이 살피고, 선생님들께 수많은 질문을 했었습니다. 그러나 졸업 후 초등학교 교사로서 근무를 시작하면서 그때와 같이 치열하게 연구하고 준비했던 수업은 없었던 것 같았습니다. 그리고 한없이 대단하게만 보였던 부설초등학교 선생님들의 모습도 생각났습니다. 예비 교사의 철없는 질문에도 친절하게 답해주시고, 교사가 가져야 할 역량과 성품을 알려주시던 든든한 선배의 모습이었습니다. 그렇게 높게만 보였던 선생님들과 함께 근무해 보고 싶다는 생각이 들었고, 부설초등학교에 근무하면 좋은 수업에 대한 갈증을 해결할 수 있겠다는 희망이 생겼습니다. 그러한 생각이 저를 부설초등학교로 이끌었습니다. 5년간의 부설초등학교 근무를 마친 지금, 저는 확신을 가지고 이야기할 수 있습니다. 부설초등학교에서의 경험은 수업과 교육과정의 희망을 꿈꾸게 하고 실현시킬 수 있었던 행복한 시간이었습니다. 여러분들도 저와 같은 경험을 꼭 해보기를 추천합니다.

부설초등학교에 지원하는 과정

부설초등학교는 국립학교입니다. 따라서 시도교육청에서 하반기에 각 초등학교로 '국립학교 전출 희망자 추천' 공문을 발송합니다. K-에듀파인의 문서등록대장에서 최근 3년간의 국립학교 전출 희망자 추천 공문을 검색하여 대략적인 일정을 확인해 보세요. 공문에서 반드시 살펴봐야 하는 부분은 자격요건과 전입 대상자 요구사항입니다. 기본 자격 요건은 지역마다 기준이 다르지만 대부분 '7년 이상의 교육경력이 있는 1급 정교사'가 기본 요건이며, 이 기간은 휴직 기간 등을 제외한 실제 근무기간을 뜻합니다. 만약 국립학교 지원 희망자가 부족하다면 최소 근무 요건이 달라질 수도 있습니다. 또한 전공 담당 교과를 요구하기도 합니다. 예를 들어 내년도 부설초등학교 합창단을 확대할 예정이라면 관련 지도 역량이 뛰어난 교사가 필요하기에 음악 교과를 지정하여 선발할 수 있습니다. 특성 과목으로 부설초등학교에 서류를 냈다고 해서 반드시 그 교과만을 지도하는 것은 아닙니다. 또한 교과 분야만 선발하는 것이 아니라 생활지도, 세계시민교육 등 부설초등학교 핵심 사업과 관련된 내용으로 모집하기도 합니다. 코로나19 시기에는 에듀테크 분야를 선발하기도 했습니다. 이처럼 자격요건과 전입 대상자 요구사항은 지역과 시기에 따라 달라지게 됩니다. 따라서 최근 3년간의 공문을 살펴보고 흐름을 파악하는 것이 중요합니다. 지역마다 필요 서류가 다른 경우가 있습니다. 제가 있는 지역은 2023년부터 자기소개서를 받고 있습니다. 교사의 성장 과정과 특기, 철학을 담은 자기소개서로 심사를 하고 있습니다.

전보 서열 평정표를 제출하기도 합니다. 전보 서열 평정표에 기록되는 가산점은 지역마다 다르기에 가산점 항목을 확인하여 기록해야 합니다. 부설초등학교에 근무를 희망하는 저경력 교사라면 미리 해당 지역의 전보 가산점 항목을 살피고 준비해두는 것이 좋습니다.

제 스펙으로 가능할까요?

'저는 교사로서 특기가 없는데… 부설초등학교에 들어갈 수 있을까요?' 주변에서 부설초등학교를 희망하시는 선생님들이 가장 많이 하는 질문입니다. 물론 실적도 중요합니다. 교사로서 어떻게 살아왔는지 실적으로 증명하는 것이 가장 객관적인 지표가 될 수 있습니다.

실적이란 무엇일까요? 연구대회나 공모전의 수상 실적, 각종 대회의 상장과 표창장, 각종 연구회와 같은 교육 학습 공동체 활동 등이 실적이 될 수 있습니다. 그러나 매해 달라지는 부설초등학교의 모집요강을 모두 대비하여 준비하기란 쉽지 않으며 권장하지도 않습니다. 제가 생각하는 가장 큰 실적, 스펙은 교실에서의 실천입니다. 교실에서 학생들과 운영한 교육과정이 바로 실적입니다. 우리 교사들은 매일 좋은 수업을 위해 고민하고 실천하고 있습니다. '2학기 사회 프로젝트 수업으로 국제기구를 준비해 볼까?', '이번 학습발표회에 영어연극을 해볼까?' 등 다양한 고민이 교육과정에 녹아 있습니다. 따라서 이와 같은 교육과정 운영 내용들을 기록하고 정리해두기를 권장합니다. 월별로 학급활동을 기록하거나 교과별 프로젝트를 정리하고 학생들의 학습지도 결과물을 정리해두는 등 교사로의 발자취를 정리해두는 것이 중요합니다. 이 모든 것들이 여러분들의 자산이자 가장 큰 실적이니까요. 그리고 관심 있는 과목 또는 주제의 연수가 있다면 적극적으로 참여해 보세요. 교육(지원)청 또는 관련 기관의 교원 동아리, 연구회와 같은 교육 학습 공동체도 찾아 활동하는 것을 추천합니다. 같은 목적으로 모여 공부하는 공동체는 여러분에게 또 다른 열정을 더해줄 것입니다. 정리하면 부설초등학교 지원을 위한 실적 준비보다는 교사로서의 종합적인 역량을 키우는 과정이 곧 선생님의 실적이 될 것입니다.

또한 서류심사 외에 중요한 것은 면접입니다. 면접에서는 본인의 의지와 열정을 잘 드러내야 합니다. 부설초등학교는 외부 공개수업 횟수가 많고, 전국 단위의 행사에서 발표하는 일도 많기 때문에, 면접에서의 자신감 있는 모습은 분명 좋은 인상을 심어줄 것입니다.

부설초등학교는 어떤 점이 다른가요?

　부설초등학교의 교육과정과 교사 문화는 어떨까요? 부설초등학교도 일반적인 학교와 다르지 않습니다. 연간 계획에 따라 학년별, 학급별 교육과정을 설계하고 수업을 준비하며, 운동회와 학습발표회 등의 교육 행사를 준비하곤 합니다. 전문적 학습 공동체가 조직되어 교사들이 모여 공부하기도 합니다.

　그렇다면 어떤 점이 다를까요? 부설초등학교마다 교육과정 운영 방식이 모두 다르기에 저의 경험이 모든 부설초등학교를 대표하는 것은 아닙니다. 하지만 저의 경험을 바탕으로 말씀드리자면, 제가 생각하는 부설초등학교의 가장 큰 장점은 협력적 소통 문화입니다. 교육과정을 함께 고민하고 성찰하는 문화가 잘 갖춰져 있는 곳이기에 동학년을 중심으로 교과연구회가 구성되어 있고, 수업을 마치고 자연스럽게 모여 교육과정과 학교생활에 대한 이야기를 나눕니다. 동학년이 모여 교육과정을 설계하다 보니 자연스럽게 학급 교육과정이 곧 학년의 교육과정이 되고, 교과별 교육자료를 함께 만들거나 서로의 개성을 살려 동학년 교과 전담제를 운영하기도 합니다. 이처럼 부설초등학교는 각자의 개성을 존중하며 창의적인 협력형 교육과정을 운영하는 곳이며, 새로운 시도를 적극 권장하는 분위기로 가득한 곳이었습니다.

　하루의 수업이 끝나고 자연스럽게 모인 선생님들은 수업과 교육과정, 아이들 모습 등 다양한 주제로 이야기꽃을 피웠습니다. 이와 같은 나눔은 전문적 학습 공동체로 이어졌고, 각자의 전문성을 공유할 수 있는 계기가 되었습니다. 교과 수업의 아이디어, 학생상담 방법 등 자신만의 교육 활동 운영 방법을 나누고 성찰하는 자리가 마련된 것이지요. 이처럼 각자 교실의 문을 열고 나와 소통하는 경험은 협력적 소통의 진정한 의미에 대해 알게 해주었습니다.

　또, 부설초등학교에서 예비 교사들과 만나 좋은 수업에 대한 이야기를 나누고, 그들의 성장을 지켜보는 것은 선배 교사이자 동료 교사로서 큰 행복이었습니다. 예비 교사들이 가지고 있는 에너지와 상상력, 최신 트렌드로 무장한 수업은 자극이 될 때가 많았습니다. 평소에 쉽게 생각하지 못했던 새로운 방법과 도구로 아이들에게 배움을 열어가는 모습은 잊고 있었던 열정을 불러일으켜 주기에 충분했기 때문입니다.

그리고 부설초등학교는 상설 연구학교입니다. 즉, 새로운 교육 정책을 일반화하기 전에 교육과정에 반영하여 운영하는 학교입니다. 제가 근무했던 부설초등학교는 코로나19 시기에 '온라인 콘텐츠를 활용한 블렌디드 수업 현장 적용 방안 연구'를 운영하였고, 그 결과 코로나19 시기를 오히려 기회로 삼아 에듀테크를 활용한 미래형 교육과정을 운영해 볼 수 있었습니다. LMS(학습관리 시스템)를 활용하여 학생들의 배움을 점검하고, 쌍방향 화상수업을 통해 학생들이 교사 실재감을 충분히 느낄 수 있도록 교육과정을 운영했습니다. 그 운영 과정과 결과를 다른 학교와 나누며 지역과 함께 성장할 수 있었습니다. 또한 '학교자율시간 개발을 통한 미래 역량 함양 연구'를 주제로 연구학교를 운영하여 새로운 교육정책인 학교자율시간을 먼저 준비하고 적용하는 기회를 얻기도 했습니다. 미래형 교육과정을 먼저 경험하고 연구하는 것, 그리고 과정과 결과를 공유하며 함께 성장하는 것. 이를 통해 교육정책의 안착을 선도하는 것. 이 모든 것이 소중한 경험이었습니다. 이와 같은 연구학교 운영은 선생님들의 협력적 소통 문화를 기반으로 운영됩니다. 제가 부설초등학교에서 근무하며 만났던 선생님들은 교육 분야의 새로운 시도를 적극 환영하고 긍정적으로 바라보는 분들이었습니다.

좋은 기억만 있나요?

부설초등학교에 대한 주변 선생님들의 이야기를 들어볼 기회가 있었는데 "야근 많이 하는 학교 아닌가요?", "복무를 마음대로 하지 못한다고 하던데요?", "강압적인 조직문화가 있는 곳으로 알고 있습니다." 등의 부정적인 이야기를 자주 하셨습니다. 물론 이 부분도 학교와 구성원의 특성에 따라 다를 것으로 생각합니다. 부설초등학교는 연구학교 업무, 교육실습, 각종 행사 등 함께 모여서 수행해야 하는 업무가 많은 편입니다. 따라서 협력적 소통 문화가 바르게 조성되는 것이 필요합니다. 가끔 안타까운 소식이 뉴스에서 전해지긴 합니다만 대부분의 부설초등학교에서는 교사들의 자율성을 믿고 존중해 주는 편입니다. 긍정적 조직문화는 소속된 구성원들이 함께 만들어 갈 수 있습니다. 저는 운이 좋았는지 5년간 의지하고 믿을 수 있는 동료들과 함께 했습니다. 여러분도 부설초등학교에 근무하게 된다면 여러분 스스로 더 나은 조직 문화를 만들기 위해 노력해 보세요.

교사로서 성장을 이끌어주는 곳, 부설초등학교

'내 수업이 좋은 수업인가?'에 대한 고민으로 부설초등학교에 발을 내디뎠고, 5년의 시간을 보냈습니다. 부설초등학교에서 온전히 수업과 교육과정에 집중할 수 있었기에 더 나은 배움을 위해 고민하고 성장할 수 있었습니다. 또한 동료 교사들과 즐겁게 공부하며 함께 성장하는 기쁨을 알게 해준 곳이었습니다. 그렇기에 저는 부설초등학교 근무를 고민하는 선생님을 만날 때마다 적극 권합니다. 물론 부설초등학교마다 문화가 다르고 교육과정 운영 방식에 차이가 있습니다. 그러나 교육을 위해 고민하고 헌신하는 교사들이 모여 있기에 자존감이 올라가는 기쁨을 누릴 수 있는 곳입니다. 교사로서 이보다 더 큰 보람과 행복이 있을까요? 부설초등학교 근무, 꼭 도전해 보시기 바랍니다.

교육전문직
더 나은 교육을 위한 빛 만들기

새로운 도전을 꿈꾸다

교사로서 수업을 준비하고 아이들과 배움을 열어가는 것, 여러 업무를 배워가는 과정은 흥미진진하고 즐겁다. 하지만 과연 이것만으로도 충분한 걸까? 가끔 업무 관련 공문을 보면 아쉬움이 들기도 한다. 개선과 변화에 대한 아이디어는 있지만 교사의 역할을 뛰어넘는 일 같아 망설여지고…. 혹시 교육정책을 기획하고 추진하는 교육전문직원에 도전해 보는 것은 어떨까? 나의 손끝에서 우리 아이들에게 더 나은 교육을 위한 빛을 만들어 낼 수 있을까? 하지만 초등 임용 고사와 다르게 교육전문직원 임용 시험에 대해서는 구체적인 정보가 없어서 막막하기만 하다. 어디에서부터 시작해야 할까?

교육전문직원이란?

교육전문직원이란 명칭이 생소한가요? 그렇다면 장학사는 어떤가요? 장학사는 교육(지원)청에 서류를 제출할 때 또는 연수를 받을 때 쉽게 만날 수 있죠? 지역의 교육연수원 또는 미래교육연구원등과 같은 직속기관의 업무를 해봤다면 교육연구사라는 호칭도 자주 들어보셨을 겁니다. 교육전문직원이란 이와 같이 교육부와 교육청 및 교육청 산하기관에 근무하는 장학관, 장학사, 교육연구관, 교육연구사를 통틀어 부르는 명칭입니다. 교육전문직원 선발 시험에 합격한 다음 발령지에 따라 장학사 또는 교육연구사가 되는 것입니다. 예를 들어 교육청과 교육지원청에 근무하게 되면 장학사가 되며, 교육연수원과 수련원, 연구원 등에 근무하게 되면 교육연구사가 됩니다. 교육전문직원은 교육 관련 정책을 기획하거나 조정하여 학교 현장을 지원하고 조력하는 역할을 하며, 주요 정책 연구에 참여하고 교사 연수를 개설·관리하는 등 행징가로시의 역할도 하게 됩니다.

교육전문직원이라고 하면 떠오르는 것은 무엇인가요? 주변의 선생님들께 여쭤보면 대부분 야근과 극심한 업무 강도, 스트레스라고 답합니다. 실제 교육부의 교육연구사 선발 공문에는 '교육부의 업무 및 근무 강도를 고려해서 지원'이라는 무시무시한 문구가 적혀있기도 했습니다.

전문직을 꿈꾸는 교사들

이처럼 고난의 길이 예상되는 교육전문직원에 왜 지원하는 걸까요? 물론 교육전문직의 꿈을 갖는 사람들은 각자의 이유를 가지고 있습니다. 다음은 교육전문직원 선발 시험에 합격한 선생님들을 대상으로 조사한 결과를 재구성한 내용입니다.

A 장학사 "교무와 연구 등 학교에서 많은 업무를 맡았어요. 그렇게 교육 정책을 학교에 적용시키는 업무를 하다 보니 자연스럽게 교육 성책과 세도에 관심을 갖게 되었어요. 현장에서 느꼈던 교육 정책의 개선을 내가 직접 이끌고 싶다는 생각을 했어요."

B 장학사 "저는 교사로서 교육과정 운영에 최선을 다하면서 살아왔어요. 아이들과 생활하는 것은 매일 즐거웠지만 어느 순간 매너리즘에 빠지게 되더라고요. 교실을 벗어나서 새로운 도전이 필요하다는 생각이 들었습니다. 그래서 응시하게 되었어요."

C 교육연구사 "솔직히 승진을 하고 싶었는데, 가산점이 많이 부족하더라고요. 교육전문직이 되면 힘들긴 하지만 나중에 교감, 교장으로 승진할 기회가 주어지니 선택하게 되었습니다."

D 교육연구사 "제가 ○○교육에 관심이 많아 오랫동안 연구를 해오고 있었어요. 그런데 올해 교육전문직원 전문분야로 ○○교육이 있어서 기쁜 마음으로 도전하게 되었습니다."

이처럼 교육전문직을 지원했던 선생님들의 동기는 모두 달랐습니다. 그러나 모두들 교육전문직원이 되겠다는 명확한 목표를 갖고 노력해서 선발 시험에 도전하여 합격했습니다. 여러분도 교육전문직원이 되겠다는 마음을 갖고 있다면, 내가 왜 교육전문직에 도전해야 하는지, 얼마나 의지가 있는지 스스로 점검하는 시간을 가져보세요. 의외로 교육전문직원 선발고사에 도전하는 선생님들의 이야기를 들어보면 주변의 권유로 시작하게 되었다고 하는 경우가 많습니다. 또한 학교폭력, 교육 활동 침해, 번아웃 등의 부정적인 감정을 겪고 난 후 탈출구로서 지원하는 선생님들도 자주 보았습니다. 그러나 교육전문직원이 되기까지의 과정은 짧게는 몇 달, 길게는 몇 년이 걸리는 장기간의 마라톤과도 같습니다. 이 과정에서 스스로에게 동기부여가 제대로 되어 있지 않다면 중간에 그만두게 될 확률이 높습니다. 그렇기에 '나는 왜 교육전문직원이 되고 싶은가?'를 막연함이 아닌 구체적인 그림으로 그릴 수 있어야 합니다.

교육전문직원 선발 전형 살펴보기

교육전문직원 선발 전형은 지역마다 다르게 시행됩니다. 예를 들어, 경기도교육청은 2025년부터 지필평가를 폐지한다고 발표했습니다. 그리고 1차 전형을 공모전형과 교육지원청 추천 전형으로 이원화하여 시행합니다. 또한 지역에 따라 AI 기반 직무적합성 검사를 보기도 하고, 현장평가에서 과거 실적들을 요구하기도 합니다. 그리고 응시 자격도 교육경력 12년 이상인 지역, 15년 이상인 지역, 보직교사 경력이 3년 이상인 지역 등 차이를 보입니다. 가산점 항목도 다릅니다. 학위에 따라 가산점이 있거나 각종 연구대회 수상 실적이 가산점으로 인정되기도 합니다. 따라서 여러분이 속한 지역의 과거 3년 정도의 교육전문직원 선발 공문을 검색하여 흐름을 살펴봐야 합니다. 특히 가장 최근의 공문에는 앞으로 몇 년간의 선발 계획이 담겨있기도 합니다. 이처럼 교육전문직원이 되기 위한 첫걸음은 해당 지역의 교육전문직원 선발 공문을 해석하는 리터러시입니다.

교육전문직원 선발 시험은 어때요?

2012년, 국가직 공무원인 교육감 소속 교육전문직이 지방직 공무원으로 전환된다는 내용을 담은 교육공무원법·지방공무원법 일부 개정안이 국회 본회의를 통과했습니다. 이에 따라 시도교육청 소속의 장학사와 교육연구사 등의 교육전문직원은 지방직 공무원으로 전환 되었습니다. 이러한 법 개정의 가장 큰 이유는 지역의 교육행정 수요에 대응하기 위해 지역별로 교육전문직원의 정원과 선발, 운영 등의 자율권을 부여하기 위함입니다. 따라시 교육전문직원 선발 시험도 지역마다 달라지게 되었습니다.

교육전문직원 선발 시험은 어떤 과정으로 진행될까요? 지역에 따라 전형이 다르지만 세 단계로 구분하여 살펴볼 수 있습니다. 편의상 1차, 2차, 3차로 구분하겠습니다.

1차 전형은 정책논술과 정책보고서(기획)의 문서 작성입니다. 시도교육청의 정책에 대한 이해를 바탕으로 문제를 분석하고 대안을 제시하거나, 주어진 자료를 바탕으로 창의적인 아이디어를 기획으로 풀어내는 평가입니다. 혹시 글짓기 실력이 부족하다고 생각하나요? 평소에 글을 잘 쓰는 사람이라면 어느 정도 유려한 한 편의 글을 쓸 수 있겠지만 정책논술은 일반적인 논술과 조금 다른 형식을 가지고 있습니다. 문제점 분석과 대안, 기대효과 제시 등 건조한 문장으로 풀어내도 괜찮습니다. 정책논술과 정책보고서(기획)의 분량은 시도교육청마다 다르게 제시됩니다.

2차 전형은 현장 근무평가입니다. 대부분의 지역에서 실시하는 것은 '동료 교직원 평가'입니다. 같은 학교에 근무하고 있는 교직원 중에서 무작위로 선별하여 온라인 또는 면담을 통해 인성적 자질 및 직무수행 역량을 묻습니다. 과거에 함께 근무했던 교원들을 대상으로 ARS 및 SNS 설문조사를 진행하기도 합니다. '교육 활동 실적 평가' 항목이 있는 지역도 있습니다. 교육 활동 실적 평가는 자기소개서를 작성하고, 자기소개서를 바탕으로 실적 포트폴리오를 준비하여 증빙자료로 제출해야 합니다. 이처럼 2차 평가는 교사로서 어떤 길을 걸어왔는지, 소통과 협업의 역량을 갖추고 있는지 등을 평가하는 전형입니다.

3차 전형은 심층 면접입니다. 시도교육청의 핵심과제 및 주요 사업을 이해하고 있는지 묻거나 학교 현장에서 마주할 수 있는 문제 상황을 분석하고 대안을 제시하는 등 문제해결력과 위기관리능력을 면접으로 대답하게 됩니다. 임용고사에서의 면접을 생각하면 어떤 분위기인지 짐작하실 수 있겠죠? 제가 근무하고 있는 지역은 집단토의도 실시합니다. 여러 명의 응시자가 학교 현장 사례 등의 주제로 합리적 대안을 모색하는 과정입니다. 집단토의는 심층 면접과 지향하는 바가 다릅니다. 심층 면접이 개인의 역량을 평가하는 분야라면, 집단토의는 동료의 의견에 공감하고 협력하여 합리적 대안을 모색할 수 있는지 등의 협력적 소통 역량을 평가하는 분야입니다.

이처럼 교육전문직 선발 전형은 필기시험과 현장평가, 면접 등의 과정을 포함하고 있고, 시험에 관한 모든 사항은 시도교육청의 요구에 따라 매년 달라지니 꼭 확인해 보셔야 합니다.

어떻게 준비해야 할까요?

1) 업무를 주체적으로 바라보기

위에서 말씀드린 대로 교육전문직원 선발에 응시하려면 대게 10년 이상의 교육경력이 필요합니다. 따라서 선생님께서는 교육전문직원을 준비할 시간이 충분히 있습니다. 그렇다면 어떤 준비가 필요할까요? 교육전문직원이 되기 위한 특별한 준비 과정은 없다고 생각합니다. 교육전문직원은 교육 현장을 지원하고 조력하는 역할이 최우선 업무입니다. 따라서 교실에서 운영하고 있는 교육과정과 학교의 업무에 주도성을 가지고 참여하는 것이 가장 중요합니다.

업무를 예로 들어볼까요? 학교폭력예방, 방과 후·늘봄 프로그램, IB 프로그램, ○○선도학교 등 여러분이 지금 맡고 있는 업무를 생각해 보세요. 해당 업무는 어떤 배경에서 시작하게 되었을까요? 그리고 어떤 목적과 효과를 기대하며 우리 교육청에서 추진되고 있는 걸까요? 교육전문직을 준비한다면 이 부분에 대해 고민하고 답을 찾는 등 성찰해야 합니다. 제가 추천하는 방법은 해당 업무와 관련한 교육(지원)청의 계획을 살펴보는 것입니다. 대부분의 업무 계획은 K-에듀파인과 교육청 홈페이지에서 검색이 가능합니다. ○○○○ 운영 계획, ○○○○ 지원 계획, ○○○○ 추진 계획, ○○○○ 진흥 계획 등 다양한 이름의 정책 계획을 찾아볼 수 있습니다. 이와 같은 계획서는 대부분 다음과 같은 흐름으로 되어 있습니다.

Ⅰ. 추진 배경(현황)
Ⅱ. 추진 목적
Ⅲ. 추진 방향(추진 방침)
Ⅳ. 세부 운영계획
Ⅴ. 기대효과

'Ⅰ. 추진 배경(현황)'은 해당 업무(정책)를 하는 이유가 무엇인지, 어떤 맥락에서 정책이 추진되었으며, 어떤 과정을 거쳐 운영이 되고 있는지 설명하는 부분입니다. 예를 들어 AIDT 등 에듀테크와 관련된 정책의 추진 배경이라면 4차 산업혁명의 흐름과 국내외 디지털 기반 맞춤형 학습 운영에 대한 필요성 등 정책의 등장 배경이 개조식으로 설명이 되어 있을 것입니다.

'Ⅱ. 추진 목적'은 해당 업무와 관련된 교육청의 비전이 제시되어 있고, 그 비전 아래 목적 또는 목표를 제시하고 있습니다.

'Ⅲ. 추진 방향(추진 방침)'은 정책을 추진하는 데 방향성을 제시하는 울타리의 역할을 합니다.

'Ⅳ. 세부 운영계획'에서 구체적인 세부 정책과 사업명, 예산 등이 제시되어 있습니다. 이 세부 계획들이 학교에 공문으로 내려오게 되고 우리가 추진하고 있는 업무가 됩니다.

'Ⅴ. 기대효과'는 해당 정책으로 학생, 교사, 학교 등 교육주체들에게 어떤 긍정적인 효과를 가져오게 될지 기술되어 있습니다. 그리고 업무계획의 뒷부분에는 업무처리 매뉴얼, 양식 등이 있는데 이 부분도 꼼꼼하게 살펴보는 것이 좋습니다. 또한 업무와 관련하여 시도교육청의 보도자료를 찾아보는 것도 추천합니다.

2) 교사로서의 성장 기록을 남기기

일부 시도교육청의 교육전문직원 응시 전형에서는 '교육 활동 실적 평가'라는 항목이 있습니다. 학교에서 교육 활동을 어떻게 운영했는지, 어떤 업무를 추진했는지 등 교사로서 어떤 길을 걸어왔는지 객관적인 사실에 근거한 증빙자료를 준비하는 것입니다.

교육전문직을 준비하는 많은 선생님들께서 가장 어려워하는 부분이 바로 실적 정리입니다. 최근 몇 년간 어떤 업무를 해왔는지 문서함을 뒤져서 정리해도 기안문이 몇 개 되지 않습니다. 그리고 교실에서 이루어지는 많은 유의미한 교육 활동들을 증빙할 사진이나 문서가 없어 애태우는 경우도 많습니다.

따라서 교육전문직원을 준비하고자 하는 여러분들에게 권하고 싶은 방법은 클라우드(원 드라이브, 구글 드라이브 등)에 연도별로 폴더를 만들어두고 실적을 정리하는 것입니다. 예를 들어 2024년 폴더 아래에 '교육 활동', '업무'를 만들어두고 실적별로 하위 폴더를 만들어 정리해 둡니다. 먼저 '교육 활동' 폴더에 담을 내용은 교실에서 운영하는 교육과정 또는 수업입니다. 내가 어떤 프로젝트 수업을 운영했다면 프로젝트 운영 계획, 활동사진, 학생 활동지 등의 자료를 포트폴리오로 모아두는 것이 좋습니다. 동학년 교사들과 함께 운영한 프로그램, 선도학교나 중점학교 등 학교 차원에서 함께 운영한 과정이 있다면 마찬가지로 기록을 남겨두기 바랍니다. 업무 담당자가 본인이 아닌 경우 나중에 실적을 검색하기란 쉽지 않기 때문에 꾸준히 실적 자료를 정리해두는 습관이 필요합니다. 두 번째로 '업무' 폴더는 교사로서 수행한 업무와 사업 등의 실적을 정리하는 폴더입니다. 업무와 관련하여 기안했던 문서들, 관련 행사 사진 등의 증빙 자료를 꾸준히 모아두세요. 특히 자신이 기안한 문서를 PDF 형태로 저장해두면 좋습니다. 물론 해당 문서가 개인정보 유출의 위험성이 없는 문서의 경우에 해당하며, 개인정보 유출의 위험이 있을 때는 암호 처리 등 개인정보 보호를 위한 가공을 마친 뒤 보관해야 합니다. 또한 연구회, 교사 동아리 등의 교육 학습공동체 활동 실적도 꾸준히 정리해두어야 합니다. 최근 교사로서 살아온 삶을 책으로 매년 펴내거나, 브이로그 등의 기록으로 남기는 교사가 많습니다. 폴더별로 연간 실적을 정리하는 것도 마찬가지라고 생각합니다. 단순히 교육전문직원 시험을 응시하는 데 필요한 것을 넘어 교사로서 자신의 삶을 되돌아보고 정리하는 유용한 도구로 활용될 수 있습니다.

3) 따뜻하고 열정 있는 교사로 성장하기

현장평가에서 가장 중요한 부분이 동료 평가입니다. 그런데 동료 평가는 단기간 이미지 관리를 해서 준비할 수 있는 부분이 아닙니다. 그렇기에 평소의 모습을 잘 가꿔나가야 합니다. 위에서 설명했듯이 교육전문직원은 학교 현장을 조력하고 지원하는 역할입니다. 따라서 동료 교사들의 어려움을 먼저 살피고 다가가는 마음, 공감을 바탕으로 따뜻하게 힘이 되어주는 배려심 가득한 마음이 꼭 필요합니다. 이런 자세는 한순간에 갖춰질 수 없습니다. 교실에서 만나는 아이들과 보호자, 동료 교사, 행정 직원 등 우리는 학교에서 수많은 구성원과 함께 생활하고 있습니다. 항상 친절한 마음으로 먼저 다가가서 이야기를 나누고 돕는 따뜻함을 보여주면 어떨까요? 자신이나 타인의 감정을 인지하고 통제하는 감정 지능은 선천적인 능력보다 일상에서의 꾸준한 노력을 통한 학습으로 함양할 수 있습니다. 또한 열정 있는 교사의 모습을 보여주세요. 여기서 말하는 열정은 단순히 목소리가 크고 활발한 겉모습을 말하는 것이 아닙니다. 자신의 교육 활동에 확신을 가지고 최선을 다하는 모습을 말하는 것입니다. 아이들에게 최선을 다하고, 동료 교사들에게 긍정적인 기운을 나눠줄 수 있는 선한 영향력 또한 열정입니다. 협력적 성장을 위해 노력하는 열정은 선생님의 성장에 밑거름이 될 것입니다.

교육전문직원이 되기 위해 준비하는 과정은 교사로서 어떤 길을 걸어왔느냐에 따라 달라지는 것 같습니다. 평소 교육과정 운영에 최선을 다하고 동료들과 협력적 소통을 촉진하는 마음으로 생활하는 교사들은 시험을 치르는 과정 역시 또 다른 성장의 기회로 여기며 즐겁게 준비합니다. 다행스럽게도 여러분에게는 많은 시간이 남았습니다. 마음의 여유를 가지고 천천히, 하지만 묵묵하게 준비하기를 바랍니다. 여러분의 멋진 미래를 응원합니다!

2장

업무효율

빠르고 편하게 잘하고 싶은
선생님을 위한

학교 업무
힘든 만큼 성장하는

교사는 어렵다

매년 새로운 학생과 보호자를 만나야 하는데다 매년 어떤 업무를 맡을지 그것 또한 미지수다. 이렇게 매년 새로운 업무를 맡아야 하는 직종이 또 있을까? 어떤 직업이든 한 해 한 해 경력이 쌓이다 보면 해당 분야의 전문성을 갖추게 되는데 교사는 조금 다르다. 작년에는 교육복지 업무, 올해는 정보 업무, 내년에는 도서 업무, 자치 업무…. 새로운 업무를 맡으면 항상 나의 업무 능력치는 다시 리셋이 된다. 학교 업무 배정은 대체 어떻게 이루어지는 것일까? 왜 기피 업무는 항상 내가 맡는 것일까? 어려운 업무를 맡았을 때 잘할 수 있는 비결이 따로 있을까?

학년말 눈치 싸움

12월이 되면 1년의 학교 교육과정 운영이 거의 마무리됩니다. 이맘때쯤이면 내년도 나의 거취에 관한 문제로 교사들 간의 팽팽한 눈치싸움이 시작됩니다. 내년에 어떤 학년, 어떤 업무를 맡을지 업무 분장 희망서를 써야 하기 때문에 "몇 학년이 몇 자리 빈다네?", "연구 부장은 누가 해?", "전담은 어떤 과목이 될까?", "내년엔 디지털 교과서가 들어와서 정보 업무가 힘들다는데?"라는 이야기가 끊이지 않습니다.

사실 모두가 조금이라도 편한 학년, 편한 업무를 하고 싶습니다. 하지만 사람들의 보는 눈은 모두 똑같기 때문에 편한 학년, 편한 업무는 항상 경쟁이 치열합니다. 그렇기 때문에 기존에 속한 학년과 업무 비중에 따라 차등 점수를 제공하여 고득점자 순으로 내년도 학년과 업무를 배정하는 학교도 있고, 동일한 학년에 2년 이상 있지 못하게 하거나, 동일한 업무를 계속할 수 없다는 규정을 정해 업무 배정 시 활용하는 학교도 있습니다.

관리자의 최대의 난제, 업무 배정

내년도 업무 배정 시즌, 가장 골치가 아픈 사람은 아마 관리자들이 아닐까 싶습니다. 아무리 학년말 워크숍이나 인사 회의를 통해 업무 분장이 이루어진다고 해도, 교사 개개인의 학년 업무 희망에 따라 어떻게 업무 분장을 해야 할지, 굵직굵직한 부장 자리엔 어떤 교사를 배정해야 하는지, 같은 업무에 희망자가 몰리면 어떤 사람을 배정해야 하는지, 혹은 부장 자리 희망자가 한 명도 없으면 누구를 설득할지, 개인적인 사정을 고려해야 하는 교사는 누구인지, 동학년은 어떤 교사들로 구성해야 학년이 잘 굴러갈지 등 고려해야 할 요소가 너무나 많습니다. 최대한 공정하게, 작년 업무 곤란도를 반영하고, 학년 업무 희망서와 배정 규정에 따라 학년과 업무를 배정해도 언제나 완벽한 업무 배정은 실현되지 않습니다.

공정하지 못한 업무 배정

저는 교육대학교 영어교육학과를 졸업했기 때문에 영어 교과에 관심이 많았습니다. 보통 영어를 전담 교사가 가르치는 경우가 많아 영어 전담을 희망했지만 웬일인지 항상 밀려 담임을 하는 경우가 많았습니다. 알고 보니 임산부 선생님의 출산으로 인한 담임의 부재를 우려하여 전담을 배정하느라 담임으로 배정된 경우였습니다. 충분히 이해할 수 있었습니다.

그러던 어느 해, 이제는 제가 임신을 하게 되었습니다. 11월에 임신 사실을 알게 되었으니 당연히 새 학기에는 전담 교사로 배치될 줄 알았습니다. 그런데 교감선생님께서는 제게 담임을 맡고, 복지 관련 업무를 담당하라고 하셨습니다. 임신을 하고 영어 전담 자리에 지원했지만 배려 받지 못한 것입니다. 결국 제가 원하는 업무를 배정받을 수 있으리란 기대는 이루어지지 않았고, 담임을 히게 되면 신경을 많이 쓰는 스타일이라 태교에 집중하고 싶어 산전 휴직을 결심했습니다.

또 학교에서 문제가 있었던 선생님이 전담이 되거나 가벼운 업무를 맡는 경우도 있습니다. 그런 선생님이 담임을 하면 보통 학급 분위기가 제대로 잡히지 않거나 민원이 들어오니 전담교사로 배치하고, 큰 업무를 맡겼다가는 업무에 차질이 있을 수도 있으니 가벼운 업무를 주는 경우입니다.

승진 점수나 근평 점수, 지역 이동 점수 때문에 원하는 보직이나 학년에서 밀리는 경우도 있습니다. 원하는 사람은 많지만 자리는 제한적이니 누군가는 항상 원하지 않는 업무와 학년을 배정받게 됩니다. 이렇게 한 학교의 많은 사람들의 요구와 복잡한 상황을 모두 고려할 수 없으니 항상 업무와 학년 배정은 불만족스럽고 억울한 경우가 생깁니다.

거절하지 못하면 바보?

저는 남한테 싫은 소리를 잘 못하고 실제로 거절을 잘 못하는 스타일입니다. 그래서 자기 생각을 확실히 표현하고 거절해야 할 때 명확히 거절하는 동료나 친구를 볼 때면 부럽기까지 합니다. 이러한 성격이 업무 배정에서 불리하게 작용한 적이 있습니다. 어떤 해는 학교를 옮겼는데 학교가 컸음에도 불구하고 담임으로 배정되었고, 모두가 기피하는 돌봄 업무, 자유수강권, 특수교육 등 굵직한 업무를 몽땅 받아 정신없는 3월 첫날을 보내고 퇴근 후 집에 가는 차 안에서 펑펑 운 적이 있습니다. 돌봄 교실 업무를 처음 맡았던 그해 갑자기 돌봄교실 리모델링 예산이 학년 말에 교부되어 돌봄교실 리모델링을 하기 위해 수많은 리스트를 살펴 가며 책상과 책장을 고르고 바닥에 온열 설비를 하면서 몇천만 원의 예산을 사용했습니다. 그 해 인사 기록 전산화 작업에도 동원되어 몇 번이나 교육청으로 일하러 가기도 했습니다. 이제 와 생각해 보니 적은 경력에 비해 너무 많은 일들을 한 것 같은데 도대체 어떻게 다 했는지 모르겠습니다.

코로나19로 갑자기 학교가 폐쇄되었던 해 담당업무는 '방과후학교 운영'이었습니다. 영어전담을 하고 싶어서 기피 업무인 방과후학교 운영을 자처했습니다. 큰 업무이긴 하지만 원하던 영어 전담을 하게 되어 만족스러운 상태였습니다. 그런데 문제가 터지고 맙니다. 그 해 학교에 돌봄교실 업무를 맡은 선생님께서 '긴급 돌봄 정책'이라는 업무를 하시다가 지병 때문에 병가에 들어가게 되신 것입니다. 코로나19 시기, 학생들이 학교에서 온라인 수업에 참여할 수 있도록 긴급 돌봄 운영 계획을 수립하고 관리하는 일은 맞벌이 등의 이유로 도저히 가정 돌봄이 안되는 학생들에게 꼭 필요한 일이었지만, 담당자에겐 상당한 업무 부담이었던 것입니다. 그 당시 교무부장 선생님께서 함께 긴급 돌봄 업무를 하자고 하셨습니다. 물론 하기 싫었습니다. 하지만 자기 일처럼 나서서 일을 맡으시는 교무부장 선생님을 보고 거절할 수가 없었습니다. (돌봄 업무는 방과후학교 업무의 하위 개념으로 포함되기도 합니다.) 그래서 방과후학교 운영 업무를 하면서 긴급 돌봄 업무를 하게 된 해도 있었습니다.

기피 업무인 이유

그 후에도 2년이나 방과후 부장을 맡았고, 학교를 옮겨서도 돌봄 업무를 맡았습니다. 해봤던 일이라 돌아가는 시스템은 어느 정도 파악한 상태였고, 기피 업무이고 부담이 가는 업무이기에 이 업무를 희망하는 선생님도 별로 없었습니다. 왜 방과후학교나, 돌봄 업무는 기피 업무일까요? 방과후학교는 보호자에게 수강료를 징수하여 운영되는 수익자부담 사업이고, 돌봄 업무는 돌봄 전담사들과 긴밀히 협력하면서 방과후 돌봄교실을 운영하는 업무입니다. 이런 업무를 하다 보면 내가 교사인지 행정 기관의 민원 업무 담당 직원인지 헷갈리기도 합니다. 수업이나 교사 본연의 역할과는 전혀 상관없는 업무이기 때문입니다. 민원은 또 어찌나 많은지 모릅니다. 긴급 돌봄 업무를 담당할 때는 맞벌이가 아닌데 긴급 돌봄을 신청하거나, 열이 나서 집으로 학생을 보내야 하는데 적반하장으로 나오는 보호자를 상대하다 기분이 상하기도 했습니다. 돌봄교실 추첨에서 떨어지고 항의하는 경우에는 어떤 해결 방법도 없어 난감합니다. 맞벌이 가정이 아니면서 허위로 서류를 제출해 돌봄 교실을 이용한 학부모를 상대해야 하기도 했습니다.

방과후 강사나 돌봄 전담사와 갈등이 생기는 경우, 기피 업무인 게 더 실감이 납니다. 저는 다행히 큰 갈등은 없었지만 갑자기 당일 방과후 수업에 오지 않고 연락이 두절되는 방과후 강사 때문에 곤욕을 치르거나 상식 밖의 행동으로 학생들을 대해 민원을 유발하는 돌봄 전담사 때문에 골치 아픈 돌봄 업무 담당 선생님의 이야기도 들어봤습니다.

저는 방과후학교 업무와 돌봄교실 업무를 주로 했지만 이 외에도 학교에는 많은 기피 업무가 있습니다. 학교를 총괄적으로 운영하는 교무 업무, 교육과정을 수립·운영하는 연구 업무, 학교 폭력 사안이 발생하면 전화기만 붙들고 있는 학교폭력 업무, 디지털 기기 보급으로 유지 보수 업체 직원인지 교사인지 헷갈리는 정보 업무, 가벼운 업무인 줄 알았는데 관리자가 유독 관심을 보이는 바람에 사업이 커지는 경우 등 많은 선생님들께서 저마다 굵직하고 힘든 업무를 맡아 매년 고생하고 계십니다.

오히려 좋아? 기피 업무를 맡아 좋은 점

기피 업무를 맡았고, 1년 동안 업무를 해내느라 너무나 힘들었는데 그럼에도 불구하고 좋은 점이 있을까요? 곰곰이 생각해 보니 3가지 정도 장점이 있는 것 같습니다.

첫째, 기피 업무를 하게 되면 경쟁자가 줄어듭니다. 기피 업무를 희망하는 사람은 당연히 많지 않겠죠? 그러다 보니 매년 기피 업무를 맡겠다고 자청하면 그 업무를 꾸준히 오래 할 수 있다는 장점이 있습니다. 실제로 방과후학교 업무를 거의 10년 가까이 꾸준히 맡아 운영하신 선생님을 본 적이 있습니다. 그분은 방과후학교 업무의 최고 전문가 수준이셨습니다.

둘째, 기피 업무를 맡음으로써 원하는 학년을 배정받을 수 있습니다. 교장, 교감선생님께 원하는 학년이나 전담 과목을 달라고 당당히 요구할 수 있습니다. 자주 교무실을 찾아가게 되니 '고생한다', '애쓴다'라는 칭찬의 말도 많이 해주십니다.

셋째, 꾸준히 하다 보면 실적과 스펙을 쌓을 수 있습니다. 저는 돌봄 교실 운영의 공로를 인정받아 돌봄교실 유공 장관 표창을 받은 적이 있습니다. 표창이 뭐 대수냐라고 생각하시는 분들도 계실 수 있지만, 이 표창 실적으로 지역을 이동할 때 가산점을 받았습니다. 그리고 무엇보다도 나름 힘들다는 업무를 한 후에 표창을 받으니 나의 노력에 대해 인정받았다는 사실에 기분이 좋았습니다. 같은 업무를 꾸준히 하니 크건 작건 보상이 따라왔습니다.

또 표창을 받은 후 도교육청에서 돌봄교실 운영 길라잡이 수정 검토 위원 활동을 제안해 주셔서 작업에 참여한 적도 있습니다. 해본 업무이고, 밑줄을 긋고 포스트잇을 붙여가며 너덜너덜해질 때까지 읽어본 길라잡이였기 때문에 수정 작업에도 어렵지 않게 참여할 수 있었습니다.

요즘은 늘봄학교가 확산되는 추세입니다. 가정교육이 가장 중요하고, 아이는 부모와 보호자가 돌볼 수 있도록 사회적 환경을 마련하는 일이 우선이라고 생각하는지라 늦게까지 학생들이 늘봄 서비스를 이용하는 늘봄학교의 확산에는 개인적으로 동의하지 않습니다. 하지만 정부에서 밀고 있는 정책이다 보니 시·도 교육청에서도 늘봄학교가 빠르게 도입되어 운영되고 있습니다. 작년에 저는 지역 교육청의 늘봄 정책 TF 팀 위원으로 활동했습니다. 시청, 사회적 기업, 교사, 돌봄 전담사, 정책 담당 공무원 등 다양한 시각을 가진 위원님들과 만나는 자리에서 다양한 의견을 교류하고, 늘봄학교 정책의 효과를 높이고 부작용을 최소화할 수 있는 의견을 개진하였습니다. 돌봄 업무를 담당했던 경험 덕분에 가능한 일이었습니다.

이렇듯 기피 업무를 맡아 하다 보면 업무에 대한 전문성이 쌓이게 되고, 표창을 받게 되거나 교육청 사업에 참여하는 기회가 생길 수 있습니다. 그럼에도 불구하고 '기피 업무 절대 싫어!'하시는 분도 분명 계실 것 같습니다. 저도 교사로서 '교사는 수업 연구와 교육에 집중해야 한다'는 생각으로 교육과 관련 없는 업무는 반드시 줄여야 한다고 생각합니다. 아직 학교에서 교사가 수업 연구와 교육에 매진할 수 있는 환경 조성은 갈 길이 멀어 보이지만요. 그러나 혹시라도 나의 의지와 상관없이 기피 업무를 덜컥 배정받게 된다면 한 번 발상의 전환을 해보면 어떨까요? "오히려 좋아! 한 해 해보고 괜찮으면 계속하지 뭐!"

업무 흐름도
만들어 두면 1년이 편한

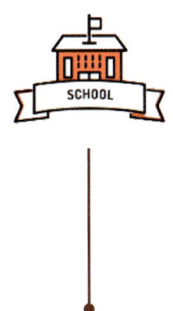

▎두근두근 업무 발표

내일은 업무 분장이 발표되는 날이다. 업무 희망서를 썼지만 어떤 업무를 맡게 되었는지는 아직 모르겠다. 1지망에는 작년에 했던 업무를 쓰고 2, 3지망에는 예전에 한번 해봤던 업무를 썼는데, 작년에 했던 업무도 처음 맡았던 업무여서 그런 지 1년이 지났지만 여전히 잘 모르겠다. 그렇다고 예전에 한번 해봤던 업무를 하기에는 그땐 어떻게 했었는지 지금은 도무지 기억이 나지 않고…. 올해는 어떤 업무를 맡게 될지 모르겠지만 잘할 수 있을지 정말 걱정이다.

이게 맞아?

업무 희망서를 제출하긴 했지만, 대부분의 선생님들은 업무 분장 발표 당일 자신의 업무를 알게 됩니다. 학교를 옮긴 선생님들은 새로운 학교에 적응하기도 바쁜데 새로운 업무까지 파악해야 하는 정신없는 상황을 겪게 되기도 합니다. 운이 좋으면 작년에 했던 업무를 이어서 하거나 예전에 한번 해봤던 업무를 맡아서 올해는 조금 수월하겠구나 생각할 수도 있지만, 대체로 그런 일은 잘 일어나지 않습니다. 어떤 상황에서 어떤 업무를 맡게 되더라도 그 업무를 좀 더 쉽게 파악할 수 있는 방법은 없을까요?

만능 간장? 만능 업무 흐름도!

요리 프로그램을 보면서 요리를 잘하는 사람들이 만능 간장을 만들어서 음식을 만들 때마다 넣는 모습을 본 적이 있습니다. 만능 간장만 있으면 그 음식이 어떤 음식이든 맛은 보장된다고 말합니다. 만능 간장만 있다고 해서 음식이 완성되는 것은 아니지만 최소한 음식 맛의 완성을 돕는 것입니다. 만능 간장과 같이 어떤 업무를 맡더라도 업무 파악을 도울 수 있는 방법이 있다면 업무도 좀 더 수월해질 수 있을 거라고 생각합니다. 이때 필요한 것이 바로 업무 흐름도입니다.

업무 흐름도를 처음 본 것은 테마식 현장체험학습 업무를 처음으로 맡게 되었을 때였습니다. 업무를 파악하기 위해 매뉴얼을 살펴보다가 흐름도를 보게 되었습니다. 흐름도에 있는 내용을 참고해서 시기별로 해야 할 내용을 정리하다 보니 업무를 쉽게 파악할 수 있었고 자연스럽게 업무 인수인계를 할 때도 수월하게 할 수 있다는 사실을 깨달았습니다. 교사는 학교를 옮기는 과정에서 필연적으로 업무 인수인계를 하게 됩니다. 학교를 옮기지 않더라도 같은 학교에서 업무가 바뀌면 업무 인수인계를 해야 합니다. 업무 흐름도를 만들어 두면 올해 업무를 한눈에 파악할 수 있고 나중에 인수인계를 할 때도 훨씬 수월하게 할 수 있습니다.

놓치지 않을 거예요

'학교 업무는 문서함을 열고 작년 문서를 찾아서 그대로 하면 되는 거 아니야?' 이렇게 생각하는 분들도 있을 겁니다. 맞습니다. 업무를 하려면 문서함에서 전년도 담당자가 작년에 생산한 기안을 참고해야 합니다. 그러나 여기서 이야기하고 싶은 부분은 업무를 파악할 때 공문 목록을 훑어보고 끝내거나 처리해야 할 일이 있을 때마다 공문을 찾아보는 것이 아니라 업무 흐름도를 만들어 활용하는 방법입니다. 업무 흐름도를 만들어 활용하면 해야 할 일을 미리 알 수 있고 그 일을 제때 처리하는 데 도움이 됩니다. 일을 할 때 전체적인 흐름을 미리 파악해두는 것은 정말 중요합니다. 앞으로 일어날 일을 알고 있는 것과 모르고 있는 것 중에서 어느 쪽이 효과적으로 준비를 할 수 있을까요? 당연히 알고 있는 것이 준비하기에 수월할 겁니다. 그렇다면 효과적인 업무 흐름도는 어떻게 만들 수 있을까요?

업무 흐름도를 만들기 전에 먼저 내가 맡은 업무의 유형을 파악해 보세요. 학교 업무를 크게 나누어 보면 매뉴얼이 있는 업무와 없는 업무로 나누어 볼 수 있습니다. 매뉴얼이 있는 업무는 공문에 매뉴얼이 첨부되어 오기도 하고 각 지역 교육청 게시판에 게시되기도 합니다. 매뉴얼이 없는 업무는 업무 담당자 연수에서 자료를 받거나 전임자가 전달해 주는 내용을 바탕으로 업무를 파악할 수 있습니다. 매뉴얼이 있는 업무와 없는 업무에 따라 업무 흐름도를 만들 수 있는 세 가지 방법을 이야기해 보려고 합니다.

매뉴얼 활용

가장 먼저 맡은 업무에 매뉴얼이 있는지 확인합니다. 매뉴얼이 있는 업무는 업무 흐름도를 만드는 것이 다른 업무에 비해 상대적으로 수월합니다. 대표적으로 테마식 현장체험학습과 같은 업무는 학기 초에 받는 매뉴얼에 흐름도가 있습니다. 첨부된 흐름도에는 추진 절차, 추진 내용이 자세하게 순서대로 제시되어 있습니다. 기본계획 수립, 학교 운영위원회 심의, 계약 시행 등 예시를 참고해서 절차에 따라 추진 일자를 추가합니다. 예시를 활용해서 기본적인 틀을 만들고 근무하고 있는 학교 일정에 따라 추진 일자를 추가하고 추진 내용을 수정해서 전체적인 업무 흐름도를 만들 수 있습니다.

순	추진 절차	추진 내용
1	현장체험학습 기본계획 수립 및 활성화위원회 구성·심의	• 현장체험학습 기본계획 수립 – 학생안전 대책, 안전교육 실시 등 • 학부모 동의 및 학생 선호도 조사 • 현장체험학습 컨설팅 • 활성화위원회 구성 및 심의 – 일정, 장소, 경비, 안전계획 등

⬇

일시	추진 내용	확인
3/15	• 현장체험학습 기본계획 수립 – 학생안전 대책, 안전교육 실시 등	
3/18	• 학부모 동의 및 학생 선호도 조사	
3/22	• 현장 체험학습 컨설팅	
4/10	• 활성화위원회 구성 및 심의 – 일정, 장소, 경비, 안전계획 등	

◆ 업무 흐름도(예시)

매뉴얼에 흐름도가 있는 업무는 어렵지 않게 업무 흐름도를 만들 수 있지만 매뉴얼이 없는 업무는 어떻게 해야 할까요?

공문 목록 활용, 과제카드

맡은 업무에 매뉴얼은 있지만 흐름도가 없거나 매뉴얼이 아예 없는 경우도 있습니다. 이런 경우에는 K-에듀파인 업무관리 시스템의 공문 목록을 활용하여 업무 흐름도를 만들 수 있습니다.

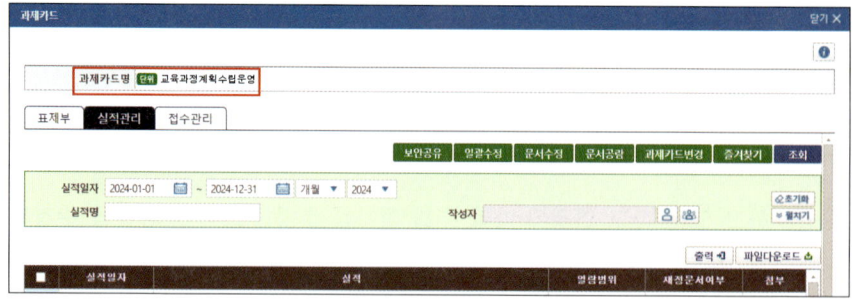

◆ 업무관리시스템 과제카드 검색

먼저, 과제카드를 활용하는 방법입니다. 과제관리 탭에 있는 과제카드를 선택하고 실적관리에서 실적 일자를 이전 연도로 설정하여 조회합니다. 이전 연도에 생산된 공문들을 모두 선택하고 목록 오른쪽 위에 있는 엑셀 파일 버튼을 눌러 파일을 내려받습니다. 실적 목록을 보면 실적 일자, 실적, 열람 범위, 재정 문서 여부, 첨부 내용이 있습니다. 엑셀 파일이라서 편집이 가능하니 필요한 부분만 남겨놓고 삭제합니다. 보통 실적 일자와 실적 정도만 남겨놓아도 됩니다. 일자별로 다운을 받으면 날짜순으로 정렬이 되기 때문에 실적 일자 왼쪽에 올해 추진 일자를 쓸 수 있는 열을 추가해서 정리합니다. 이렇게 하면 작년 추진 일정과 비교해가며 올해 업무를 추진할 수 있어서 도움이 되기 때문입니다. 오른쪽에 확인란을 추가하면 완료한 업무도 체크하며 활용할 수 있습니다.

공문 목록 활용, 전년도 담당자

K-에듀파인 업무관리 시스템에서 공문 목록을 활용해서 업무 흐름도를 만들 수 있는 방법 중 다른 하나는 전년도 담당자를 활용하는 방법입니다.

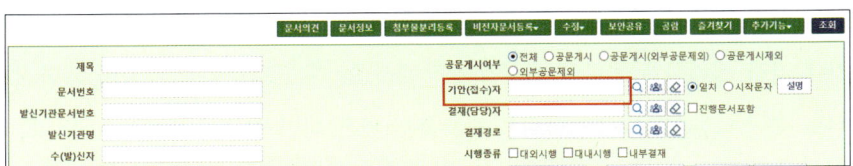

◆ 업무관리시스템 인수인계자 검색

◆ 업무관리시스템 파일 다운로드

과제카드별로 선택하여 공문을 열람할 수도 있지만, 전년도 담당자의 이름으로 검색하여 공문을 열람할 수도 있습니다. 문서 등록대장에서 기안자(접수자)에 전년도 담당자의 이름을 쓰고 일자를 설정한 뒤 선택한 파일을 내려받습니다. 내려받을 수 있는 엑셀 파일은 CVS다운(기본)과 CVS다운(과제정보추가)이 있는데 두 파일은 내용에 조금 차이가 있습니다. CVS다운(기본)은 문서번호, 결재 유형, 제목, 기안(접수), 결재권자, 등록일자, 수신(발신), 처리 상태, 게시 여부, 연계 유형, 공개 구분, 공개 제한 근거, 최초 발송 일자가 나와있습니다. CVS다운(과제정보추가)은 CVS다운(기본)에 전자 비전자 구분, 쪽수, 목록 공개 여부, 과제명, 과제카드명, 보존기한이 추가된 파일을 받을 수 있습니다.

엑셀파일을 다운로드할 때 검색 기간을 조정해서 조회해야 하는 약간의 불편함이 있지만 전년도 담당자의 지난 업무를 전체적으로 살펴보는 데 도움이 되는 방법입니다. 또한 첨부된 정보들이 많아서 필요한 정보를 선택해서 활용할 수 있다는 장점도 있습니다.

더 간편한 방법, 있을까?

매뉴얼도 없고 공문 목록도 일일이 다운로드하기 귀찮을 때 간편하게 업무 흐름도를 만들 수 있는 방법이 있습니다. 바로 달력을 활용하는 방법입니다. 아마도 이미 많은 선생님들이 하고 있는 방법일 것입니다. 업무의 흐름은 결국 시간에 따라 정리하게 됩니다. 3월에 시작해서 한 해가 마무리될 때쯤이 되면 업무도 끝이 나는 것이지요. 달력을 활용하는 것은 이런 업무의 흐름에 가장 맞는 방법이라고 할 수 있습니다. 서류로 출력하는 것보다 간편하게 매일 확인할 수 있는 방법입니다.

선생님들 책상에 탁상 달력 하나쯤은 가지고 계시지요? 업무관리 시스템에서 시간에 따라 정렬되어 있는 업무를 살펴보고 업무 추진 시기를 파악한 뒤 탁상 달력에 표시합니다. 업무에 중요도를 매겨서 색 볼펜이나 하이라이트로 표시를 해두면 더욱 좋습니다. 그러나 필요에 따라서는 다른 달력을 활용할 수도 있습니다.

바로 캘린더 앱을 활용하는 방법입니다. 캘린더 앱은 모바일에서 작성한 일정이 바로 PC에 동기화되기 때문에 학교 PC와 연동시킬 수 있어서 언제 어디서든 수정이 가능하다는 장점이 있습니다. 다양한 캘린더 앱 중에서 평소에 자주 사용하는 캘린더 앱에 개인 일정과 구분된 업무 캘린더를 만들어 활용하면 편리하게 수정하고 확인할 수 있습니다. 어떤 도구를 활용하든 중요한 것은 내가 활용하기 편한 도구를 선택하는 것입니다. 아날로그와 디지털은 취향의 차이니까요!

배턴을 잘 넘기자!

이어달리기를 할 때 배턴을 떨어뜨리지 않고 잘 넘겨주는 것은 정말 중요합니다. 배턴을 떨어뜨리게 되면 순간 허둥대다가 달리기의 흐름을 놓치게 되기 때문입니다. 교사의 인수인계서는 이어달리기의 배턴과도 같습니다. 일 년 동안 했던 업무를 잘 정리해서 이어서 업무를 맡을 사람에게 넘겨주어야 합니다.

연말에 교사들은 여러 가지 일로 매우 바쁩니다. 그 와중에 인수인계서까지 작성해달라는 요청을 받으면 머리가 복잡해지고, 도대체 언제 어떻게 이걸 다 정리할까 고민되기도 합니다. 이렇게 고민될 때 깔끔하게 정리된 업무 흐름도 하나만 있다면, 업무 인수인계의 걱정까지 사라집니다. 업무 흐름도가 인수인계서의 역할을 대신할 수 있기 때문입니다. 작년에는 없었지만 새롭게 추가된 내용이 있다면 추가해가면서 업무 흐름도를 만들면 됩니다. 내가 직접 정리해둔 업무 흐름도로 인수인계를 하면 훨씬 효과적이고 편리합니다.

말씀드린 업무 흐름도 작성법을 참고하여 업무를 파악하는 자신만의 방법을 찾아보세요. 자신만의 방법이 이미 있으신 분이라면 기존의 아이디어에 업무 흐름도라는 새로운 아이디어를 참고하여 활용해 보세요. 분명 선생님의 든든한 업무 길잡이가 되어줄 것입니다.

업무계획서
쉽고 빠른 실전 작성법

행정업무는 힘들어

　교육대학교를 다니는 4년 동안 행정 업무를 배운 적은 없는데, 교사가 되고 나니 수업 준비하는 시간보다 업무처리하는 시간이 훨씬 많다. 배운 적도 없는 행정업무를 하느라 가끔은 내가 교사인지 행정 공무원인지 헷갈릴 지경이다. 이건 이렇게 하는 거라고 속 시원하게 알려주는 사람도 없고, 그저 눈치껏 알아서 잘 처리해야 하는데 어렵기만 하다. 특히 계획서를 쓸 때! 전년도 계획서랑 비슷하게 쓰자니 젊은데 벌써부터 편하려고 요령 부린다는 소리를 들을 것 같고, 처음부터 만들려니 너무 막막하다. 도대체 어떻게 하면 좋을까?

'무엇을'과 '어떻게'에 집중하기

　업무계획서를 너무 어렵게 생각할 필요는 없습니다. 무엇을 어떻게 할 것인지를 일정한 형식에 따라 설명하는 것이 업무계획서이니까요. 처음에는 업무계획서를 쓰는 일이 누구에게나 막막합니다. 저도 업무계획서를 처음 만들 때는 정말 한숨만 나왔습니다. 전년도 계획서를 베끼기에는 뭔가 찜찜하고, 모든 것을 새롭게 만들기에는 너무 힘이 들었습니다. 그래서 저는 제 나름대로 전략을 세우기 시작했습니다. 우선 전년도 업무 계획과 교육청에서 내려온 관련 매뉴얼 또는 공문을 살펴봤습니다. 이때, 두 가지를 조금 다르게 살펴봤었는데요. 학교의 업무 계획에서는 '어떻게'에 좀 더 관심을 가지고 살펴봤고, 교육청의 문서에서는 '무엇을'과 '왜'에 집중했습니다.

이렇게 두 가지를 비교하며 살펴보다가 알게 된 사실이 하나 있습니다. 올해 교육청 문서와 작년 우리 학교의 업무 계획에 큰 차이가 없다면 굳이 많은 부분을 손댈 필요가 없다는 사실입니다. 왜냐하면 우리가 하는 많은 업무들이 교육부-교육청-교육지원청-학교로 이어지는 체제 속에서 이루어지고 있으니 상위 기관의 업무 방향이 바뀌지 않았으면 학교의 업무 방향도 바꿀 필요가 없기 때문입니다. 이럴 때는 작년 계획에서 바뀌었으면 하는 세부사항 한두 가지만 수정해도 괜찮은 업무 계획서를 만들 수 있습니다. 특히 학교라는 기관의 특성상 업무가 큰 폭으로 변하는 경우는 많지 않으므로 이 정도만 해도 충분히 괜찮은 계획서를 쓸 수 있습니다.

용어를 정확하게

경력이 어느 정도 생기고, 일을 그럭저럭 괜찮게 한다는 평판을 듣기 시작하면서부터 제가 후배 교사들에게 가장 많이 받았던 질문은 업무계획서를 쓸 때 어떤 식으로 써야 하는지에 관한 것이었습니다. 솔직히 수업이 아닌 업무에 대해 물어보는 현실이 좀 씁쓸했지만 그래도 인정받는 것 같아서 뿌듯하기도 했습니다.

후배 교사들이 가장 궁금해했던 내용은 기본 문서 체제의 각 부분에 어떤 내용을 채워 넣어야 하는가였습니다. 그럼 지금부터 각 부분에 어떤 내용을 써야 하는지에 대해 설명해 볼까 합니다. 각종 운영 계획, 행사 계획 등 다양한 학교 업무 계획서를 모두 포괄하여 '업무 계획서'라고 하도록 하겠습니다. 업무계획서의 기본적인 체계는 목적-방침-세부 추진 계획-예산 활용계획-기대효과입니다. 이 용어들의 뜻을 정확하게 아는 것이 중요합니다. 용어의 뜻 안에 어떤 내용을 써야 하는지가 나와 있기 때문입니다. 먼저 목적은 사전적 의미로 '실현하려고 하는 일이나 나아가는 방향'입니다. 즉, 이 업무를 왜 하는지에 대한 이유를 쓰는 것입니다. 여기에 대한 답은 교육청 문서를 찾아보면 쉽게 얻을 수 있습니다.

다음은 방침입니다. 방침은 앞으로 일을 치러 나갈 방향과 계획이라는 뜻으로 학교 문서에서 방침의 역할은 업무의 큰 틀을 제시하는 것입니다. 대표적으로 '교육과정과 연계하여 실시한다.'거나 '모든 학생이 참여할 수 있도록 한다.' 등의 내용을 쓸 수 있습니다. 업무의 성격에 따라 방침은 다양하게 작성될 수 있습니다. 너무 어렵게 생각하지 마시고 이 일을 할 때, 꼭 지켜야 하는 원칙이 있다면 그것들을 몇 가지 쓴다고 생각하면 됩니다. 그렇게 생각하고 접근하면 방침을 쓰는 것이 어렵게 느껴지지 않을 것입니다.

세부 추진 계획은 말 그대로 어떻게 할 것인지에 대한 세부적인 계획입니다. 업무계획서에서 제일 중요한 부분이죠. 여기에는 시간, 장소, 대상, 강사(필요한 경우), 내용 등을 구체적으로 작성하면 됩니다. 그리고 업무에서 나만의 색깔을 발휘하는 곳이 바로 이 세부 추진 계획입니다. 솔직히 말해서 목적, 방침, 기대효과는 전년도 자료나 교육청 업무 계획을 그대로 베껴와도 큰 문제가 없습니다. 그렇지만 세부 추진 계획은 정말 내가 하고 싶은 것이 무엇인지에 대해 쓰는 것이니 신중하게 작성해야 합니다.

예산 활용 계획은 예산을 어떻게 활용할 것인지에 대해 설명하는 부분입니다. 예산 활용 계획은 무슨 예산을 어떤 항목으로 얼마나 쓸 것인지에 대한 대략적인 계획이기 때문에 너무 세밀하게 짤 필요가 없습니다. 세밀한 예산 사용 계획은 품의를 올릴 때 다시 작성해야 하기도 하고, 계획을 세울 때와 실제 업무를 추진하면서 예산을 사용할 때 차이가 발생하는 경우가 많기 때문에 융통성을 발휘할 수 있도록 대강 짜두는 것이 더 효율적입니다.

마지막은 기대효과입니다. 이 역시 말 그대로 해석하면 됩니다. 이 업무를 추진 함으로써 기대되는 효과를 쓰는 곳입니다. 업무를 추진하면 어떤 긍정적인 효과를 얻을 수 있는지에 대해 쓰면 되는데 결국 업무가 잘 운영된다면 목적한 바를 이루는 것이 되기 때문에 목적에 작성한 내용을 어미만 바꾸어서 쓰는 경우가 대부분입니다.

참고 자료를 활용하자

용어를 정확하게 알았다고 해도 막상 처음부터 모든 것을 작성하려고 하면 막막합니다. 그럴 때 우리가 활용할 수 있는 곳이 있습니다. 우리 학교 업무관리 시스템, 인디스쿨, 네이버의 윤리업무 카페, 그리고 구글과 챗GPT입니다.

먼저 우리 학교 업무관리 시스템에는 우리 학교에서 해온 다양한 업무의 계획서가 수년 동안 누적되어 있습니다. 그렇기 때문에 해당되는 업무와 관련된 몇 년 동안의 계획서를 살펴볼 수도 있고, 다른 선생님들의 다양한 업무계획서를 살펴볼 수도 있습니다. 이러한 계획서들을 천천히 살펴보면 나와 가장 잘 맞는 형태를 찾을 수도 있고, 변화되는 흐름을 파악해서 어떻게 바꾸면 좋을지에 대한 아이디어를 얻을 수도 있습니다.

인디스쿨은 초등 교사 커뮤니티라는 이름에 걸맞게 여러 선생님들의 다양한 자료가 모이는 곳입니다. 다만 수업자료에 집중된 경향이 있어 업무 관련 자료는 부족한 편입니다. 그래도 여러 선생님들이 올려둔 다양한 자료를 확인할 수 있어 유용하게 활용할 수 있습니다.

사실 업무 관련 자료가 잘 갖춰진 곳은 네이버의 윤리업무 카페입니다. 카페의 이름은 윤리업무인데 자료는 학교 업무 전체를 총망라합니다. 등업을 하려면 기본적으로 학교나 자신의 자료를 올려야 하는 구조이기 때문에 다양한 학교의 자료들을 볼 수 있습니다. 전체 글 보기 메뉴를 클릭하고 원하는 업무의 이름을 쓰면 다양한 학교의 자료들을 찾아볼 수 있으니 업무 관련해서는 활용도가 매우 높습니다.

마지막으로 구글과 챗GPT입니다. 구글은 익히 알고 있듯이 방대한 데이터를 연결하고 있는 포털사이트입니다. 업무의 이름을 검색창에 입력하고 구글링을 하면 업무계획서를 찾을 수 있습니다. 이것들에서 아이디어를 얻거나 내 생각과 잘 맞는 하나를 변형해서 사용할 수도 있습니다. 챗GPT는 이제 우리 사회 전반에서 적극적으로 활용한다고 해도 과언이 아닐 만큼 활용이 일상화되었습니다. 업무계획서도 챗GPT의 도움을 받아 작성할 수 있습니다. 우선 전년도 업무계획서를 업로드하고 바꾸고 싶은 내용들을 몇 가지 바꿔달라고 할 수 있습니다. 이보다 조금 더 적극적으로 활용하는 방법으로는 계획서를 하나 업로드한 후, 자신이 원하는 업무의 방향에 대해 이야기하면서 업로드된 계획서의 양식으로 제작해달라고 하면 됩니다. 그러나 챗GPT를 활용할 때는 오류가 종종 발생하니 최종 점검을 반드시 해야 합니다.

샘플 계획서

그럼 이런 다양한 과정을 거쳐 쓴 저의 업무계획서 샘플을 하나 보여 드리겠습니다.

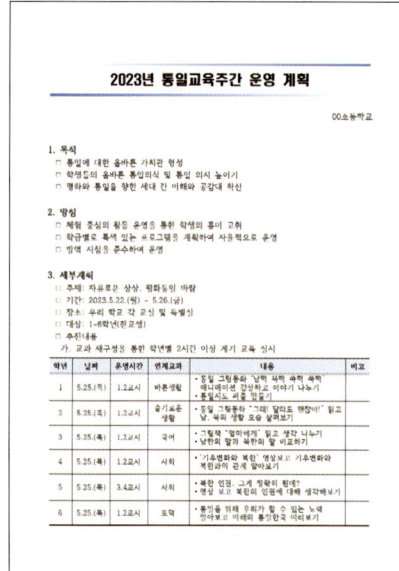

◆ 업무계획서 샘플 1   ◆ 업무계획서 샘플 2

인식을 전환하자

업무계획서를 쓰는 것을 쓸데없는 에너지 낭비라고 생각하면 스트레스만 쌓이게 됩니다. 계획서라는 것은 결국 내가 하고 싶은 일을 하기 위해 만드는 것입니다. 물론 하기 싫은 일의 계획서를 쓰게 되는 경우도 있지만 그런 경우에도 결국 계획서는 내가 쓴 나의 것이기 때문에 내가 원하는 방향으로 일을 이끌어갈 수 있습니다. 행정업무는 귀찮고, 힘들고, 잘한 것은 티 나지 않고, 실수한 건 더욱 두드러지게 보이기도 하지만 우리의 교육 활동을 이끌고 정리하는 중요한 일이기도 합니다. 한 번 인식을 전환해 보세요. 계획서를 쓰고 일을 추진하는 과정을 통해 하고 싶은 교육 활동을 내 손으로 설계할 수 있습니다. 작게는 학급 단위, 크게는 학교 단위의 활동을 내 손으로 스케치한다고 생각하면 꽤나 매력적이지 않나요. 그리고 행정업무는 처음에는 더디지만 익숙해지면 생각보다 금방 금방 할 수 있게 되실거예요. 완벽한 계획서가 아니라 내가 하고 싶은 일을 표현하는 계획서를 만들려고 한다면 더욱 그렇습니다. 계획서의 도움을 받아 더 깊이 있고, 다양한 활동을 해보자고 생각해 보세요. 그럼 계획서 쓰는 일에서도 보람을 찾을 수 있을 것입니다.

학교 예산
10000% 센스 있게 활용하기

학교는 왜 항상 돈이 없지?

1년 학급 경비 30만 원. 학급 아이들이 몇 명인데 30만 원으로 1년을 살아가라니? 너무 한 것 아닌가 싶다. 심지어 이마저도 개산급으로 안 주는 학교가 있다니…. 아이들과 무얼 해보려고 해도 늘 돈이 발목을 잡는다. 올해는 좀 올려주길 바랐는데 학교는 늘 돈이 없단다. 옆 학교는 복지 비용으로 선생님들 생일까지 챙겨준다는데 우리 학교만 왜 돈이 없는 기분일까? 학급 예산 실컷 쓰면서 마음대로 하고 싶은 것 좀 해봤으면 좋겠다.

예산이 중요한 이유

작은 학교는 예산이 넘쳐서 문제, 큰 학교는 예산이 모자라서 문제라는 말이 있습니다. 특히 과밀학급이 많은 도시의 대규모 학교일수록 예산 부족은 늘 교사의 발목을 잡습니다. 심지어 교무실에서 컬러 프린터기를 사용하는 게 눈치 보인다는 학교가 아직도 있을 정도니까요. 그렇다고 예산 때문에 하고 싶은 수업과 활동을 포기해야 할까요? 다행히 우리에겐 각종 예산을 가져올 많은 기회가 있습니다. 교육청 이곳 저곳에서 시행하는 각종 사업들이 넘쳐나기 때문이죠. 이를 잘 활용하기만 한다면, 학급에서도 업무에서도 예산에 구애받지 않고 원하는 활동을 얼마든지 할 수 있습니다.

저의 경우 혁신 학교, IB 관심 학교, 연구 학교 등에서 근무하며 넉넉한 예산이 뒷받침될 때 다양한 교육과정이 창의적으로 운영될 수 있음을 몸소 느꼈습니다. 그래서 일반 학교에서 근무할 때에도 다양한 예산을 받아와 아이들과 마음껏 활동하고, 업무 담당자로서 선생님들께 다양한 체험의 기회와 연수 프로그램을 제공해 왔습니다. 물론 아이들을 향한 열정과 사랑, 동료들을 향한 감사의 마음은 돈으로는 결코 살 수 없습니다. 하지만 그 사랑을 표현하는 방식에 조금의 예산이 추가된다면 훨씬 더 풍성하고 즐겁게 나눌 수 있습니다. 지금부터는 예산의 구애에서 벗어나 즐겁게 다양한 활동을 하고 싶은 선생님, 가져온 예산을 좀 더 편하고 유용하게 잘 쓰고 싶은 선생님을 위해 제 경험과 노하우를 나누어 보려 합니다.

예산 확보가 먼저

가장 먼저 해야할 일은 예산 확보입니다. 그러기 위해서는 연말부터 공문을 잘 확인해야합니다. 시·도 교육청과 지역교육지원청에서 공모하는 다양한 사업 공문들이 이 시기에 내려오기 때문입니다. 방학 중이긴 하지만 수시로 각종 공모 사업 공문을 확인하고, 학생과 교사 동아리 모집까지 눈여겨보아야 합니다. 그중 평소 관심을 가졌던 분야가 있다면 이 시기를 놓치지 말고 계획서를 작성해 보세요. 계획서 작성이 처음이라면 학교의 해당 업무 담당 선생님께 도움을 구해 지난해 혹은 관련된 계획서를 받아 참고할 수도 있습니다. 물론 계획서는 어디까지나 계획이므로 너무 부담 갖지 않고 작성해도 됩니다.

특별히 관심 있는 분야가 없다면, 모집 단위가 큰 공모 사업을 1순위로 고려해 보거나 요즘 가장 떠오르는 주제와 관련된 공모 사업에 도전하는 것도 추천합니다. 최근 교육과정에서 가장 이슈가 되는 학교자율시간, IB교육과정 관련 분야, 가장 많은 예산이 투입되고 있는 AI나 에듀테크 관련 사업은 늘 눈여겨보아야합니다. 특히 교육과정 관련 분야의 사업 예산은 학급 운영 전반에 활용 가능하기 때문에 일단 받아두면 매우 유용하게 쓸 수 있다는 장점이 있고, 이는 환경, 학생 인권, 그림책 등의 수업 관련 공모 사업도 마찬가지입니다.

더불어 업무와 관련된 공모 사업도 눈여겨보세요. 일부 미달이 되는 공모사업들이 존재하니 일단 부담 없이 신청해 보세요. 자신의 업무와는 특별한 관련이 없지만 한 번 해보고 싶은 사업이 있다면 도전해 보는 것도 좋습니다. 저의 경우 제가 담당하는 교육과정 업무 관련 사업과 더불어 교원 치유 프로그램 사업의 예산을 배부 받아 선생님들을 위한 프로그램을 운영하는 데 활용하고 있습니다. 이러한 교직원 복지 관련 예산은 적용 범위가 넓기때문에 각종 업무와 연계해 사용하기 좋습니다.

편성은 모으기와 나누기가 중요

예산을 받았다면 성립 전 기안을 올려 예산을 편성해야 합니다. 이때 중요한 팁이 있습니다. 바로 모으기와 나누기를 잘해야 한다는 것이지요. 예산을 너무 세부적으로 쪼개 놓으면 지출할 때 번거로울 뿐 아니라 나중에 정산할 때도 복잡합니다. 그렇다고 여럿이 같이 쓰는 예산을 덩어리로 해놓으면 누가 얼마를 썼는지 확인하기가 힘들기 때문입니다. 먼저 예산을 잘 편성하려면 원가통계비목에 대해 이해하는 것이 필수입니다. 원가통계비목이란 학교 예산을 목적에 따라 구분해놓은 것으로 일반수용비, 교육운영비, 운영수당 등이 있습니다. 기본적으로 원가통계비목이 유사하다면 덩어리로 편성하는 것을 추천합니다. 예를 들어 학생들을 위해 지출하는 교육운영비라면 물품 구입, 체험비, 간식비 등으로 너무 세세히 나누지 말고 가급적 하나로 편성하는 것이 좋습니다. 단 원가통계비목이 다른 강사료 등은 꼭 따로 편성을 해두어야 합니다. 또 지출자가 여럿이라면 같은 원가통계비목이라도 따로 편성해두는 것이 좋습니다. 예를 들어 IB교육과정 운영비를 받아 여러 학년에서 함께 사용할 거라면, 처음부터 IB교육과정(1학년), IB교육과정(2학년) 이렇게 구분해서 예산을 편성해야 각 학년에서 잔액을 확인하고 지출하기 수월합니다. 원가통계비목 기준으로 최대한 묶되 지출자가 다를 경우 따로 편성한다! 이것이 지출과 정산을 수월하게 하는 방법입니다.

수시로 정리 확인할 수 있는 장치 만들기

예산을 편성했다면 이를 한눈에 볼 수 있는 양식을 만들어두는 것을 추천합니다. 여기저기서 예산을 받아서 지출하다 보면 어디에서 얼마가 남았는지 확인하기 어렵고, 나중에 예산이 남아 계획에 없던 활동을 하거나 꼭 필요하지 않은 물건을 사는 것을 방지하기 위해서입니다. 저는 개인 예산은 노션에, 학년에서 공동으로 사용하는 예산은 구글 시트에 만들어 두고 학년 선생님들과 공유해서 봅니다. 그곳에 향후 지출 계획도 써 두고, 사용한 예산을 마이너스 해가면서 기록합니다. 써야 할 예산이 많은 경우 중간중간 잘 기록해두지 않으면 다음 업무를 추진하기도 어렵고, 나중에 예산이 많이 남아 당황스러운 경우도 생깁니다.

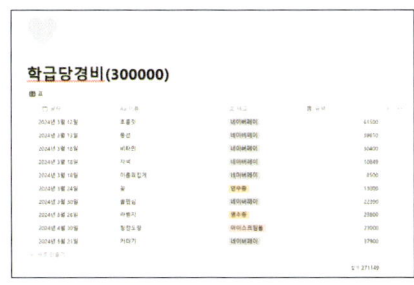

◆ 학급당 경비 노션 기록장

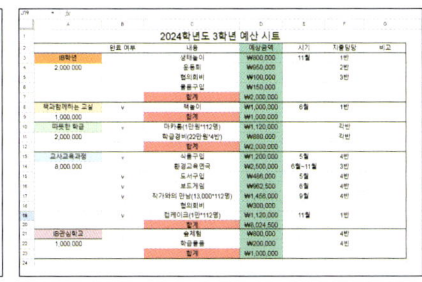

◆ 학년 예산 구글 시트

학급 운영 물품 구입 노하우

이제 예산을 써볼까요? 먼저 학급에서 예산을 잘 활용하는 방법입니다. 기본적으로 학급 교육과정에 맞추어 월별로 읽으면 좋을 그림책들을 사두는 것을 추천합니다. 그림책 관련 연수를 듣거나 관련 도서를 읽고 시기별, 주제별로 읽어

주면 좋을 그림책을 구비해둡니다. 이렇게 하면 매년 해당 시기마다 아이들과 함께 책을 읽으며 다양한 활동을 할 수 있습니다. 오래 둘 자산이다 생각하고 그림책을 구입해 보세요. 꼭 그림책 예산이 아니어도 교육과정 관련 예산으로도 구입이 가능하니 조금씩 투자해 보세요. 가능하다면 매년 읽어주는 그림책은 빅북으로 구입해두는 것이 좋습니다. 도서구입비가 아닌 교육운영비로 구입하면 도서관 바코드 작업을 하지 않고 학급에서 활용할 수 있으니 참고하세요.

학급 운영에 필요한 기본 도구들도 기회가 닿는 대로 구입해두세요. 학습준비물비가 있지만, 학년에서 이것저것 동일하게 구입하다보면 우리 학급에서만 필요한 물품 등을 살 여유가 없는 경우가 많습니다. 그러니 기회가 될 때마다 오래 쓸 수 있는 필수 물품들을 사두시기 바랍니다. 각종 바구니, 서류 정리함, 문서 재단기 등이 이런 물품에 속합니다. 구입 예산이 있다면 미리미리 사서 준비해두세요. 단 가격이 조금 비싸더라도 오래 두고 쓸 수 있는 물품으로 구입하시기 바랍니다.

무엇보다 중요한 것은 물건의 통일성입니다. 저는 가급적이면 흰색과 회색으로 통일해 물건을 구입하는 편인데, 이렇게 색을 통일하면 훨씬 안정감 있는 공간 배치가 가능합니다. 당연한 이야기지만 구입한 물건들을 잘 정리해두는 것도 중요합니다. 어디에 무엇이 있는지 찾지 못하면 자연스럽게 낭비됩니다. 학습준비물은 과목이나 시기별로 같이 보관하고, 가능하다면 박스나 정리함을 활용해 구분하여 정리해둡니다. 적절한 위치를 찾아 정리해 보관하는 것까지가 구입입니다. 괜찮은 물건을 색을 통일해 구입해 잘 정리해 두세요.

마지막으로 한 가지 팁을 더 드리자면 개산급으로 지출을 하는 예산의 경우 한 곳의 사이트에서만 계속 결제를 하는 것도 좋은 방법입니다. 예전에는 가격이 좋은 곳을 찾아 이곳저곳을 돌며 물품을 구입했는데, 정산할 때 구입처가 잘 기억나지 않아 곤란했던 경험이 있었습니다. 그 뒤 한 곳을 정해 (저의 경우 네이버페이) 사용하는데 대부분 그때그때 구입 후 영수증을 출력해 모아두고, 잃어버린 경우에도 네이버페이 구매내역만 확인하면 되기 때문에 편리합니다. 꼭 네이버페이가 아니더라도 한 곳의 업체에서 꾸준히 지출을 하면 확실히 정산 시 누락이 적어집니다.

교사들을 위한 물품 구입 노하우

다음으로 업무 담당자로서 교사들을 위한 물품을 구입할 때의 노하우입니다. 교육과정 업무를 오래 하다 보니, 수업 나눔과 각종 연수 업무를 겸할 때가 많았습니다. 그때마다 물품 구입비가 책정되는데 어떤 물건을 사야 선생님들께서 요긴하게 쓰실 수 있을지를 고민하게 되었습니다. 그렇게 15년의 노하우가 쌓이다 보니 저만의 기준이 몇 가지 생겼습니다.

첫째, 작더라도 좋은 것을 산다. 돈이 없어 물건을 구입하지 못하는 선생님은 없습니다. 이런 상황에서 포스트잇, 볼펜 등을 의미 없이 나누어 주는 것은 자칫하다간 아무런 감흥도 없이 예산만 낭비하게 될 수 있습니다. 그래서 저는 작더라도 예산이 허락하는 한 가장 좋은 물건을 삽니다. 그 좋다는 기준에는 품질뿐 아니라 디자인의 요소도 포함되어 있습니다. 내가 구입해 드리는 물건을 실제로 쓰시게 하려면 압도적으로 신선하거나 좋아야 합니다. 예를 들어 부드럽고 가볍게 눌러지는 스테이플러, 이름이 새겨진 만년 도장, 지워지는 볼펜이나 형광펜 등을 구입해 드리는 식입니다. 이미 있는 물건이라도 신선하거나 더 좋은 물건을 구입해 드리면 센스 있는 선물이 될 수 있습니다. 마음을 담아 드린 물건이기에, 받는 분들 역시 만족하고 잘 사용하십니다.

둘째, 다른 곳에서도 활용할 수 있는 물품으로 산다. 교사 연수나 워크숍에서 사용하는 물품일지라도 학급에서의 활용도를 고려하여 구입하는 편입니다. 예를 들어 이젤 패드와 매직을 사서 교사 연수에서 활용한 뒤 수업 시간, 학급에서도 활용하는 식입니다. 연수나 워크숍이 매일 있는 것이 아니고 그 형태도 자주 바뀌기 때문에 사 놓은 물건을 학급에서 함께 쓸 수 있는지를 고민해야 예산이 낭비되지 않습니다. 또 교무실 사무용품 구입 비용이 부족하다면 이러한 기회를 활용해 함께 구입해두고 필요시 나누어 사용합니다. 생각보다 사무 용품을 구입할 수 있는 학교 예산이 적기 때문에 이러한 예산을 적절히 활용하면 좋습니다.

셋째, 가능한 넓은 범위까지 챙긴다. 또 물품을 구입하거나 간식을 살 때에는 가급적 학교에 근무하고 계시는 많은 분들을 챙기려고 노력합니다. 물품 구입을 위해 애써주시는 행정실 직원분들이나 교무 실무사, 스포츠 강사 등 학교에서 함께 일하는 분들을 잊지 않고 챙기려고 노력합니다. 최근에 심리치유 예산으로 스승의 날에 카네이션을 사드렸는데, 그때 역시 교사뿐 아니라 학교에 근무하는 모든 분들을 함께 챙겨드렸었습니다. 여유가 된다면 짧아도 센스 있는 문구를 함께 넣어 선물을 준비하면 감동은 배가 됩니다. 예를 들어, 학년 말에 교직원들을 위한 보조배터리를 사드리면서, '방학 동안 방전된 배터리 잘 충전하시고, 다시 만나 행복하게 수업해요'라는 쪽지를 함께 전해드리는 식입니다. 사소한 것으로 서운하기도 하고 감동받기도 하는 것이 사람 마음입니다. 예산은 가능한 넓게 쓰세요. 감사하게도 결국 나에게 다시 복으로 돌아옵니다.

◆ 스승의 날 카네이션

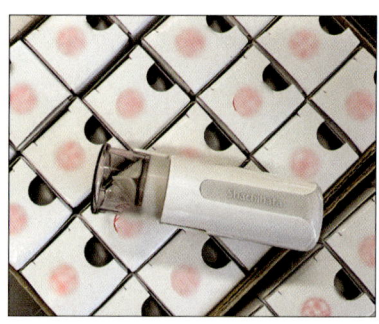
◆ 스승의 날 도장 선물

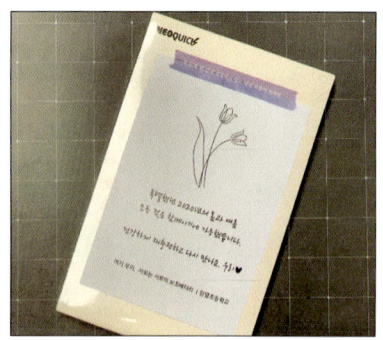
◆ 학기 말 보조 배터리 선물

◆ 퍼스널 컬러 프로그램

업무추진비 더 빛나게 사용하기

다음으로 업무추진비입니다. 사업을 공모해 예산을 받아오게 되었을 때 가장 신경 써서 지출해야 할 부분이 바로 업무추진비입니다. 업무추진비란 일반적으로 식비나 간식비로 지출하는 원가통계비목으로 사업마다 시·도교육청 지침마다 금액이 제한되어 있습니다. 매년 방침이 바뀌기도 하니 꼭 공모 사업 계획서에 있는 지침을 읽어보고 편성, 지출해야 합니다.

예산을 사용하다 보면 물가는 오르는데 업무추진비가 적어서 난감한 상황이 많이 있습니다. 예를 들어 제가 근무하는 지역의 경우 연구회는 한 끼에 15,000원을 기준으로 식사를 하라고 하는데, 요즘 어느 곳이든 이 가격으로 식사를 하기가 쉽지 않으니 말입니다. 이 경우 저는 무리하게 식사를 제공하거나, 흔한 샌드위치를 제공하기보다는 작더라도 조금 특별한 간식을 챙겨드리는 것을 선호합니다. 인스타그램에서 '지역명+도시락', '지역명+간식' 등의 해시태그를 입력하면 다양한 업체들이 검색됩니다. 이런 방법으로 저는 가능하다면 매번 새로운 곳에 디엠을 보내 가격을 확인하고, 알맞은 선에서 식사 또는 간식을 구입합니다. 또 여러 날에 걸쳐 진행해야 하는 협의회의 경우 며칠은 간단한 간식을 제공하는 대신 하루는 좋은 음식을 대접합니다. 작년 교육과정 워크숍은 삼일 정도 진행하였는데, 한 업체에 부탁해 이틀은 간단한 간식으로, 하루는 케이터링으로 화려하게 준비했습니다. 당연히 만족도는 매우 높았습니다.

특히 연수 간식의 경우 숫자가 부족하지 않도록 참여 인원보다 약간의 여유를 두어 준비하고, 해당 일에 연수에 참석하지 못하신 분들까지 챙기려고 합니다. 사소하지만 이렇게 챙겨드리면 연수에 대한 이야기도 나눌 수 있고, 다음번 연수에 참여할 확률을 더 높일 수도 있습니다. 항상 예산을 지출해 주시는 행정실 직원분들을 챙기는 것도 잊지 않으려고 노력합니다. 아무리 좋은 취지라도 외부 예산을 받아오는 것이 그분들에게는 업무이고 부담입니다. 가급적 큰 단위로 묶어 한 번에 예산을 지출해 일을 덜어드리고, 항상 감사의 마음을 표현하고 챙겨드리려고 노력해야 합니다.

◆ 워크숍 케이터링

◆ 교육과정 세움 주간 간식과 카드

◆ 교원치유 프로그램 음료와 체험권

◆ 워크숍 비타민과 간식

정산 노하우

이렇게 예산을 사용한 후에는 정산까지 마무리해야 합니다. 초반에 계획서를 잘 작성하고, 양식을 만들어 기록해 두었다면 보다 수월하게 정산할 수 있습니다. 중간중간 활동사진을 남겨두기도 해야 합니다. 정산서 양식이 예전보다 많이 간단해지고 있는 추세라 다행이지만 그래도 사용 내역과 활동사진은 필수이니 잘 기록해두세요. 정산서는 말 그대로 정산서이니 꼼꼼히 모든 항목을 전부 잘 작성할 필요는 없습니다. 단 목적 사업비 잔액이 0원이 맞는지, 또 업무추진비 지출 가능 한도를 초과하여 지출하지는 않았는지 꼼꼼히 확인해야 합니다. 개산급의 경우 마지막 지출이 끝나면 5일 이내에 바로 정산서를 제출해야 한다는 것도 잊지 마세요. 저는 미리미리 서류를 준비해두었다가 마지막 지출이 끝나면 바로 정산서를 제출합니다. 만약 이미 5일이 지났다고 해도 걱정할 필요는 없습니다. 에듀파인에서 개산급을 정산할 때, 정산 일자를 마지막 지출일 5일 이내로 지정해 상신하면 되기 때문입니다.

예산의 가치

지금까지 외부에서 예산을 가져와서 편성하고 사용하는 노하우를 나누어 보았습니다. 공모 사업에 응모하고 성립전 예산안을 올리고, 기안하고, 구입을 진행한 후 정산하는 과정은 분명 교사를 힘들게 하는 가장 큰 행정업무 중 하나입니다. 그럼에도 매년 아니 매번 이 과정을 반복하는 이유는 내가 맡은 우리 반 학생들에게 또 함께 일하는 동료 선생님들에게 조금이라도 더 좋은 수업, 좋은 환경을 만들어 주기 위한 열정 때문입니다. 그리고 이러한 열정이 제대로 빛을 발하려면, 예산이 가치 있게 사용될 수 있도록 교육과정과 실질적으로 연계되어 활용되어야 합니다. 단순히 좀 더 많은 강사를 부르거나, 좀 더 편하게 수업하기 위해 쓰이는 예산보다는 학생과 교사의 보다 의미 있는 경험과 성장을 위해 사용하는 예산이 되어야 합니다. 그것이 이 모든 과정에서 겪는 교사의 수고로움에 대한 가장 가치 있는 보상입니다.

번거로움을 무릅쓰고, 열심히 예산을 가져오시는 선생님들의 수고로움에 박수를 보냅니다.

스쿨마스터
쉽고 편하게 교육과정 만들기

▎어쩌다 팀장

두근두근, 오늘은 드디어 학년과 업무가 발표되는 날. 올 것이 왔구나. 헉! 내가 학년 팀장이라니. 어느 정도 예상은 했지만 팀장이라는 타이틀이 부담되는 건 어쩔 수가 없다. 지금까지는 항상 팀장님들의 도움을 받으며 지냈는데, 이제는 내가 그 역할을 해야 한다니, 잘할 수 있을까? 당장 학년 교육과정부터 작성해야 한다는데, 한 번도 교육과정을 짜본 적이 없어 어디서부터 손대야 할지 모르겠다. 우리 학교는 스쿨마스터를 쓰면 된다는데 어떻게 시작해야 하는 거지? 일단 연구부장 선생님께 여쭤봐야겠다!

교육과정만 10년 이상

3월이 힘든 이유 중 하나가 바로 교육과정입니다. 학년 팀장이 부담스러운 이유기도 하지요. 특히 처음 팀장을 맡았거나, 동학년이 없는 작은 학교에서 처음으로 근무한다면 정말이지 더 막막하기만 합니다. 저 역시 그랬습니다. 불행인지 다행인지 아무것도 모를 초임 때부터 8년간 동학년이 없는 작은 학교에서 근무하며 학년 교육과정을 직접 짜왔고, 그 후에는 연구(교육과정) 업무만 5년을 해왔습니다. 그러다 보니 아무것도 몰랐던 제가 이제는 교육과정을 작성하는 것에 있어서는 나름 프로가 되었습니다. 오늘은 그런 제가 너무도 잘 쓰고 있는, 진심 추천해마지않는 프로그램인 스쿨마스터를 소개해 보려고 합니다. 당연히 학교 예산으로 구입해서 사용하고 있고, 저는 해당 업체와는 아무런 이해관계가 없음을 미리 말씀드립니다.

필요한 기능이 딱! 스쿨마스터

처음에는 저도 이지에듀를 썼습니다. 교육과정 하면 떠오르는 클래식 프로그램입니다. 선배들에게 배워 당연하게 사용해 온 프로그램입니다. 그러다 몇 해 전 학교를 옮기며 스쿨마스터를 처음 접하게 되었습니다. 전입하자마자 연구부장이 된 저는 오랜만에 다시 초심으로 돌아가 새 프로그램의 버튼을 이것저것 눌러보았습니다. 스쿨마스터는 정말이지 신세계였습니다. 직관적인 학년 교육과정 작성도 매력적이었지만, 새로 바뀐 형식에 맞춘 정보공시 문서 작성, 학년별 자동 취합 버튼, 전담 및 특별실 배정 탭, 인공지능을 활용한 어울림 프로그램과 안전교육 영역별 자동 시수 찾기, 한글 문서를 불러와 편집하기 등은 정말이지 놀라움의 연속이었습니다. 그럼 지금부터 하나씩 스쿨마스터를 제대로 활용하는 방법을 소개해 드리겠습니다.

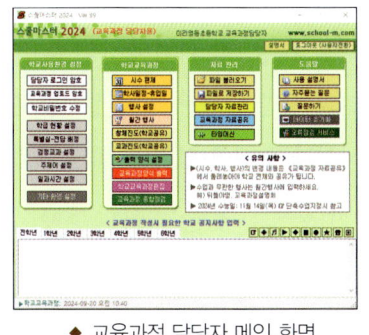

◆ 교육과정 담당자 메인 화면

◆ 담당자 정보 취합

교육과정의 기초

교육과정 총론에 따르면 교육과정은 학생이 학교에서 경험하는 모든 것을 의미 합니다. 학교의 교육공동체는 국가수준 교육과정 문해력을 바탕으로 지역 교육청의 교육과정 편성·운영 지침에 따라 학생들의 삶과 발달단계, 지역의 여건 등을 고려해 언제 무엇을 어떻게 얼마나 가르칠지 결정합니다. 그것이 바로 학교의 교육과정입니다. 그래서 학교 교육과정의 가장 앞쪽에는 국가수준이나 지역 수준의 교육 중점을 요약하거나 SWOT 분석 등을 통해 학교의 철학과 비전, 주요 중심 과제 등을 제시합니다. 그리고 이 과정을 다시 학년과 학급 교육과정을 편성할 때 반복하며 교과와 창체의 시수를 편성하고 실질적인 운영을 합니다. 이 과정에서 중요한 역할을 하는 것이 바로 시수, 진도, 평가 계획을 정확하고 효율적으로 수립하기 위한 교육과정 편성 프로그램, 스쿨마스터와 같은 도구입니다.

담당자 기본 세팅 1. 학교 사용 환경 설정

학교 교육과정 기본 세팅은 보통 연구로 불리는 교육과정 담당자가 합니다. 그러니 담당자가 아니시라면 담당자 부분은 읽지 않고 넘어가셔도 좋습니다. 그럼에도 스쿨마스터를 처음 사용하신다는 가정 하에 가장 기초적인 것부터 말씀을 드립니다. 스쿨마스터는 왼쪽에서 오른쪽으로, 위에서 아래의 순서대로 진행하다 보면 교육과정이 완성됩니다. 그래서 회원가입과 다운로드 후에는 제일 먼저 가장 왼쪽의 환경 설정 탭에 있는 내용들부터 세팅해야 합니다. 비밀번호 설정은 물론이고, 학교의 학급 현황과 전담과 특별실 배정, 각 학년의 교과별 검정교과서와 주제어(범교과 학습 이수 시간)와 일과 시간을 가장 먼저 설정합니다. 여기서 가장 유용한 기능이 특별실-전담 배정과 주제어 입력입니다. 이곳에서 전담교사를 등록해 수업 학년을 입력하면 시간표를 넣을 수 있는 공간이 나오는데, 이를 활용해 전체 모든 학급의 전담과 특별실을 조정할 수 있습니다. 문제가 될 경우 빨간색으로 표시되기 때문에 중복과 오류 없이 시간표를 짤 수 있습니다. 또 주제어 입력 탭을 활용해 국가와 시·도교육청에서 요구하는 범교과 영역별 기준 시수를 입력해 두면, 나중에 학년 교육과정에서 그 내용을 자동으로 찾아 시수를 편성할 수 있습니다.

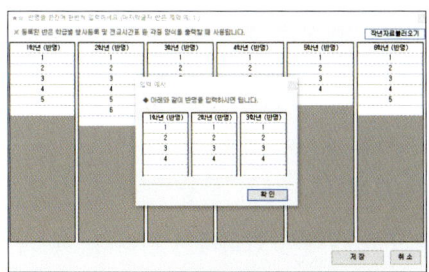

◆ 학급 배정

◆ 전담 및 특별실 배정

담당자 기본 세팅 2. **시수 편성**

이제 본격적으로 스쿨마스터를 활용해 교육과정을 편성합니다. 가장 먼저 시수 편제 탭에 들어가 시수를 편제합니다. 간혹 편제를 손대지 않고 무작정 행사를 넣으시는 분들이 있는데, 나이스에서도 그렇지만 스쿨마스터에서도 편제야말로 교육과정에서 가장 기초가 되는 부분이니 꼭 하셔야 합니다. 특히 2015-2022 교육과정이 혼재되어 있는 요즘에는 증감이 없는 경우에도 꼭 확인하셔야 합니다. 초등의 경우 교육부에서 학년 군 단위로 시수를 배정하기 때문에, 올해 1학년은 내년 2학년과 합산하여 교육부에서 제시한 시수 증감 범위에 들어가는지를 고려하여 한 번에 편제하게 됩니다. 짝수 학년은 작년 편성을 불러오고, 홀수 학년은 새롭게 입력하면서 작업합니다. 교육부 시수 증감 범위와 비교해 넘치면 파란색, 모자라면 빨간색으로 표시됩니다. 탭을 누르면 학교의 학년별 교과서 시수 분량도 보여주기 때문에 이를 고려해 편성하기 좋습니다. 마지막으로 오류 검증을 해주면 완료입니다.

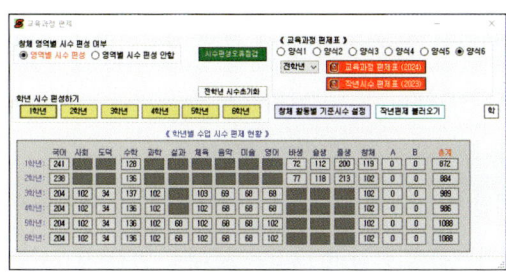

◆ 기본 시수 배정 ◆ 학년 군 시수 배정

담당자 기본 세팅 3. **학사 일정 및 행사 설정**

이렇게 시수 편제가 끝나면 학사일정으로 들어가 학년별, 요일별로 시간표 시수를 세팅해 줍니다. 입학일, 여름과 겨울 방학 시작일과 마지막일, 2학기 시작일, 종업식, 졸업식, 학교장 재량휴업일 등의 날짜를 세팅해 주면서 교육부 기준 190일 이상의 수업 일수를 확보해 날짜를 맞춥니다. 그 뒤 학교의 주요 행사일 등을 입력합니다. 수업 시간으로 잡는 행사는 '행사 설정' 탭에서, 학부모 총회처럼 수업과 무관한 학교 행사는 '월간 행사'에서 입력하면 됩니다. 행사는 이름을 쓰고 학년별, 시간별로 주제와 주제어를 입력하는데 여기서 중요한 것이 바로 주제어 입력입니다. 이곳에 안전교육이나 범교과 학습 내용을 입력하면 추후 관련 내용 시수를 집계할 때 자동으로 체크됩니다. 이렇게 행사 등을 입력하면서 계획한 시수와 편성한 시수를 일치시킵니다. 만약 시수가 넘치거나 부족하면 단축-연장 수업 탭을 활용해 시수를 맞추고, 모든 편성이 끝나면 종합 점검 탭을 눌러 오류가 없는지 확인합니다. 그 뒤 자료 공유 버튼을 눌러 원하는 선생님들께 공유합니다. 이렇게 하면 교육과정 담당자가 해야 할 일이 끝납니다.

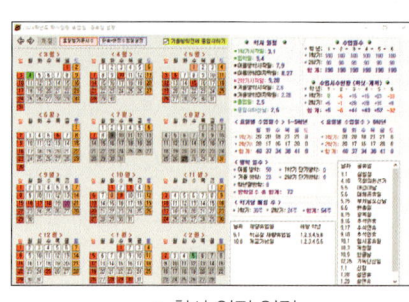
◆ 학사 일정 입력

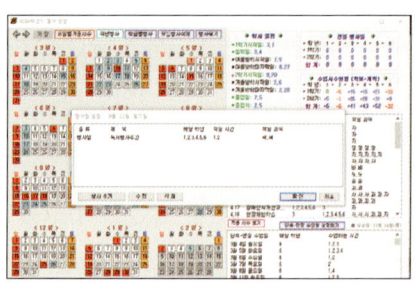
◆ 학교 행사 입력

담임 기본 세팅 1. **시간표 세팅**

이제부터는 학년의 교육과정 담당자 및 학급 담임이 하는 작업입니다. 가장 먼저 로그인을 한 후 담임 등록을 합니다. 그 뒤 담임으로 로그인하여 학년에 맞추어 검정 교과서를 확인한 뒤, 교육과정 담당자가 세팅해 둔 시수 편성, 학사 일정과 행사 일정 자료를 내려받기 합니다. 그 다음 본격적으로 시간표를 입력합니다. 먼저 1, 2학기 기초 시간표를 입력하고 그것을 토대로 연간 시간표를 작성하면 됩니다. 그 후 학교 교육과정 담당자가 편제한 학기별 교과, 창체 시수와 학급의 교육과정 편제 시수가 동일한지 확인합니다. 소위 말하는 편차 0으로 맞추기 작업을 하는 것입니다. 교육과정 담당자가 넣지 않는 학년이나 학급별 행사가 있다면 넣어주고, 그 뒤에는 자동 맞추기 기능을 활용하거나 학급의 상황에 맞추어 수작업으로 편차를 0으로 맞춥니다.

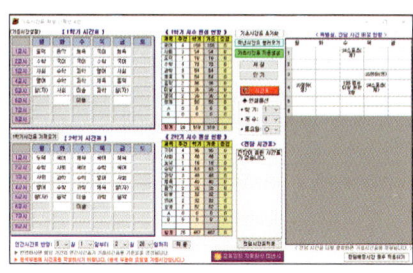

◆ 기초 시간표 입력

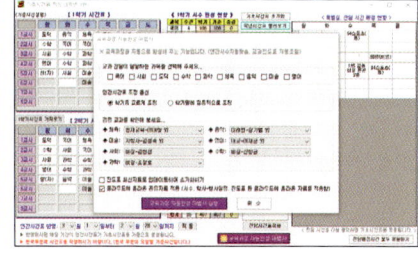

◆ 교과서 선택 후 자동완성 기능

담임 기본 세팅 2. **진도표**

시간표를 맞추면 자동으로 진도표가 작성되지만, 수동으로 입력하거나 수정하는 것도 가능합니다. 이때 꼭 해야 할 일이 관련 주제어를 넣는 것입니다. 자동으로 들어있는 것들도 있지만 교사가 내용을 읽어보고 샘플에서 골라 입력해 두면 나중에 주제어 별로 시수를 확인할 수 있습니다. 창체 진도표의 경우 예시 자료에서 골라 입력하거나 학교의 특색 있는 활동을 직접 입력할 수도 있습니다. 이때에도 가급적이면 주제어를 골라 두어 범교과 학습 활동 시수를 많이 만들어 둡니다. 이것으로 기본 진도표가 완성되었습니다. 이번엔 이것을 활용해 프로젝트 수업과 학교 자율시간도 만들어 볼까요?

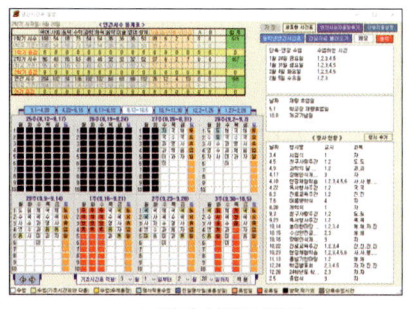

◆ 연간 시간표 입력

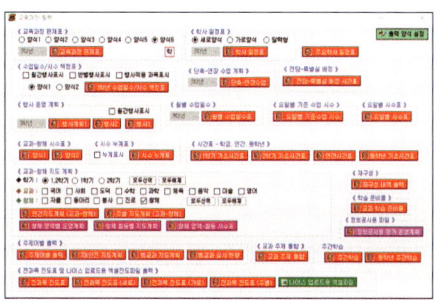

◆ 정보공시용 파일 다운로드 받기

꿀팁 1. 프로젝트 수업 만들기와 학교자율시간

스쿨마스터는 교과서 순서대로 진행하는 수업뿐 아니라 주제통합 프로젝트 수업에 맞게 교육과정을 만들 수도 있습니다. 먼저 주제통합 프로젝트 탭에 들어가서 대주제를 입력합니다. 대주제만 넣으면 관련 내용이 자동으로 뜨기 때문에 그 중 해당되는 항목을 불러와 수정하고 순서를 정해주면 됩니다. 그 뒤 주제통합 시간 모으기 버튼을 눌러 내가 선택했던 항목들을 원하는 날짜와 시간으로 모아 하나의 주제통합 시간으로 모아 줍니다. 프로젝트 수업과 교육과정이 별개로 운영된다는 단점을 보완하기 위한 탭입니다. 모든 교육 내용을 이렇게 맞춘다는 것은 불가능하고 손이 많이 가는 일이긴 하지만, 교육과정과 수업을 일치 시킬 수 있다는 점에서 의미가 크다고 할 수 있습니다. 또 내년부터 편성해야 하는 학교자율시간 역시 스쿨마스터에서 편제가 가능합니다. 먼저 시수 편제에서 학교 자율 과목이나 활동을 학년별로 최대 2개까지 편제합니다. 그 다음 학교 자율 과목명을 입력하고 성취기준을 넣습니다. 그 뒤 개별 지도 내용을 입력하고 활용할 수 있습니다.

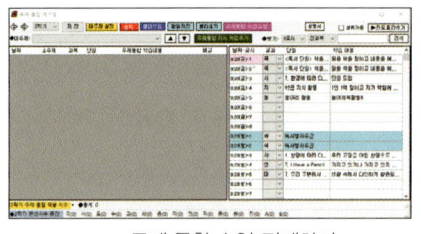
◆ 주제 통합 수업 편제하기

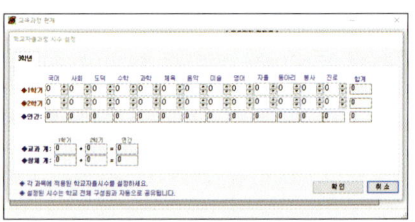
◆ 학교자율시간 편제하기

꿀팁 2. 필수로 이수해야 할 주제어 모으기

이제 주제어를 모아봅니다. 스쿨마스터를 활용하면 진도표에 입력했던 7대 안전교육 및 어울림 프로그램 등 다양한 범교과 학습을 모아 쉽게 학년별 표로 만들 수 있습니다. 이러한 내용은 매년 업무 담당자들이 정보공시로 보고하도록 되어있기 때문에 학교 및 학급 교육과정을 작성할 때 미리 주제어를 입력하여 두면 쉽게 확인할 수 있습니다. 특히 주제어 자동 입력 마법사를 활용하면 해당 주제어와 관련된 내용이 자동으로 모아지기 때문에 주제어와 관련된 시수를 쉽게 채울 수 있습니다. 이 기능을 잘 활용하면 굳이 창의적 체험활동에 주제어 관련 활동을 별도로 넣지 않고도 쉽게 교육 내용을 찾아 입력할 수 있습니다. 저는 교과 진도표에 주제어를 다 넣어 작성한 후 모으기를 해보고 없는 내용만 창의적 체험활동으로 별도 편성합니다.

◆ 교과에서 주제어 찾기

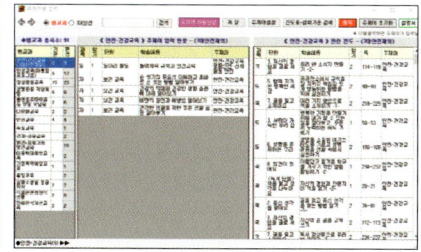
◆ 주제어별 자동완성 기능

그 외 알아두면 좋은 기능

그 외에 꼭 알아두면 좋은 기능들도 소개합니다. 첫 번째, 되돌리기 화살표 버튼을 잘 활용하는 것입니다. 모든 상황에서 오류가 있었다면 좌측 상단의 뒤로가기 화살표 버튼을 사용해서 전 화면으로 돌아갈 수 있습니다. 두 번째, 빨간 글씨가 나오면 일단 확인해 보아야 합니다. 시수는 나이스에 입력하는 자료로서 교육과정을 편성할 때 가장 중요하게 확인해야 하는 것입니다. 편제한 시수가 교육부 시수보다 부족한 경우 빨간색으로 표시되기 때문에 꼭 확인해야 합니다. 세 번째, 2년 차부터는 작년 자료 불러오기(행사는 유사한 날로 들어옴) 기능을 활용하면 좀 더 편하게 교육과정을 완성할 수 있습니다. 마지막으로 점검 버튼 잘 활용하기입니다. 각 페이지마다 오류 점검이나 종합 점검 등의 탭이 있다면 반드시 눌러 최종적으로 꼭 확인해 주어야 합니다. 그때그때 오류를 잡아야 나중에 오류를 발견하고 다시 처음부터 오류를 찾아 나서는 수고를 줄일 수 있습니다.

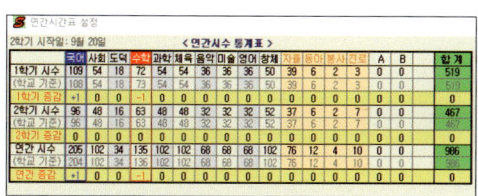
◆ 빨간 글씨와 파란 글씨

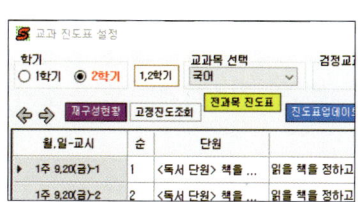
◆ 되돌리기 화살표

스쿨마스터는 교사

　지금까지 교육과정 업무 담당자를 해온 경험을 바탕으로 스쿨마스터를 쉽고 편리하게 사용하는 방법을 소개해보았습니다. 사실 글로 읽는 것보다 유튜브에 업로드된 스쿨마스터 튜토리얼을 따라하면 훨씬 더 쉽게 사용법을 익힐 수 있습니다. 다만 직접 써본 사람으로서 가장 유용했던 부분, 교육과정 담당자로서 가장 질문을 많이 받았던 부분 위주로 설명하였으니 실질적으로 사용할 때 좀 더 도움이 되실 거라고 생각합니다. 무엇보다 스쿨마스터를 써보며 분명히 느낀 장점은 교사가 교육과정의 본질에 보다 집중할 수 있도록, 시수 편제와 정보공시 등의 행정 업무를 경감하는데 큰 도움을 준다는 것입니다.

　교육과정은 단순한 시수 짜 맞추기가 아닙니다. 앞서 말했던 아이들의 경험을 조직하는 일, 교육 공동체의 철학을 담아 교육과정과 수업 및 평가 전반을 계획하는 매우 의미 있는 일입니다. 그러나 많은 교사들이 복잡한 시수 맞추기에 부담을 느껴 교육과정 업무를 기피하는 것도 사실입니다. 그런 점에서 스쿨마스터와 같은 프로그램이 있다는 것이 얼마나 다행인지 모릅니다. 많은 교사들이 이를 활용해 실제 편성하는 교육과정과 수업을 유기적으로 쉽게 연결하고, 행정 업무 부담을 조금이나마 줄일 수 있길 바랍니다.

　계속해서 개정되는 교육과정과 복잡해지기만 하는 정보공시, 자율은 사라지고 의무만 남은 학교자율시간 등으로 교육과정에 대한 교사들의 부담이 가중됨을 느끼는 요즘입니다. 이럴 때일수록 다양한 프로그램들이 나와 교사의 업무경감을 도울 수 있다면 좋지 않을까 생각해 봅니다. 교육과정이라는 이름으로 진행되는 수많은 행정절차가 간소화되어야만 교사들은 수업에 더 힘을 쏟을 수 있다는 것을 꼭 알아주셨으면 좋겠습니다.

　업무는 간소하게! 수업은 깊이있게!

온라인 교무실
구글로 쉽게 만들기

| 또 깜빡했다

　출장을 다녀온 다음 날, 메신저를 열어보니 읽지 않은 쪽지가 한가득 쌓여있다. 한숨을 쉬면서 하나씩 확인하다 평가 계획을 제출하지 않았다는 사실이 떠올랐다! 맙소사! 스마트폰의 일정 앱을 활용해서 업무 내용, 교무회의 전달사항, 학년 협의회에서 결정한 내용들을 기록하고 있지만 놓칠 때가 많다. 내일 5교시에는 강당에서 피구를 하기로 했는데…. 체육 선생님께 강당 사용이 가능한지 아직 여쭤보지도 못했다. 다른 선생님들께 피해를 주지 않기 위해 항상 긴장하고 메신저와 회의 기록을 살피지만 너무 피곤하고 지친다. 각종 회의와 일정을 한눈에 파악할 수 있는 방법은 없을까?

모두에게 어려운 일

　허둥지둥 헤매던 초임교사 시절을 돌이켜보면 매일 정신없는 하루를 보냈습니다. 물론 아이들과 함께 하는 수업은 즐겁고 보람 있는 시간이었습니다. 그러나 아이들이 하교한 뒤 메신저의 쪽지를 보면 두려움이 밀려왔습니다. 업무별로 해야 하는 일이 왜 이렇게 많은 건지… 한숨만 쉬던 때가 있었습니다. 쪽지함의

페이지를 뒤적이며 지난 메시지를 힘들게 찾기도 했습니다. 공문서, 메신저, 회의를 통해서 전달되는 수많은 내용들을 다 기억하고 조율하기란 초임교사에게 큰 부담이었습니다.

고민을 거듭하다가 학년부장 선생님께 상담을 요청드렸습니다. 업무 파악과 정리에 어려움을 겪고 있다고 말씀드리면서 어떻게 하면 능력 있는 선배 교사들처럼 일을 빠르고 깔끔하게 할 수 있는지 여쭤봤습니다. 그러자 부장님 역시 경력이 꽤 되는 지금까지도 어려움을 계속 겪고 있다고 하시면서 온라인으로 모두가 업무 현황을 살펴볼 수 있고 의견을 나눌 수 있는 게시판이 있으면 좋겠다고 한탄하셨습니다.

시간이 흘러 코로나19가 기승을 부리자, 학교 내 거리 두기로 인해 교직원 회의는 물론 동학년 선생님들과의 협의도 어려워졌습니다. 소통이 줄어들자 자연스럽게 업무 협조가 제대로 되지 않았고, 그때 초임 시절 학년부장 선생님께서 말씀하셨던 '온라인 게시판'이 떠올랐습니다. 제 생각을 교감선생님과 교장선생님께 말씀드리자 온라인 교무실을 만들면 좋겠다고 적극 지지해 주셨습니다. 그렇게 뜻이 맞는 선생님들과 구글 사이트 도구를 활용해 온라인 교무실을 만들게 되었고, 온라인 교무실이 안정적으로 운영되자 지역 내에서 업무 효율화의 대표 사례로 소문나기도 했습니다.

그래서 온라인 교무실이 뭔가요?

온라인 교무실은 기본적으로 네이버와 다음 등의 포털사이트와 비슷합니다. 월간/주중/일일 업무계획, 체험학습대장, 특별실 사용 시간표, 비상 연락망, 협의록 등 여러 하위 페이지로 연결할 수 있는 메인 페이지가 온라인 교무실이며 종합포털의 역할을 합니다. 세부 주제 및 메뉴 구성은 학교의 필요와 상황에 따라 다양하게 구성할 수 있습니다.

온라인 교무실을 만들 수 있는 여러 제작 도구들이 있지만 저는 그중에서도 구글 사이트 도구(https://sites.google.com/)를 추천합니다. 구글 사이트 도구를 활용하면 버튼, 메뉴, 사진과 영상 같은 매체들을 직관적으로 배치하여 홈페이지를 쉽게 제작할 수 있습니다. 또, 구글 시트(Sheets), 구글 슬라이드(Slides), 구글 문서(Docs), 구글 설문(Forms) 등의 구글 워크스페이스 도구들도 자유롭게 활용할 수 있고, 각 페이지에 접근을 허용할 수 있는 액세스 권한을 계정별로 다르게 부여할 수도 있습니다.

이를 위해 교직원 구글 계정을 발급해 사용하는 것을 추천합니다. 최근 여러 교육청에서 구글 워크스페이스❶를 구축하여 사용할 수 있도록 공문 및 연수를 통해 안내하고 있습니다. 학교마다 구글 워크스페이스 관리자 계정이 발급되어 있기 때문에, 그 계정을 통해서 교직원 및 학생들의 구글 계정을 생성하면 됩니다. 구글 워크스페이스 계정을 활용하면 구글 드라이브를 활용한 공유 폴더를 사용할 수 있기 때문에 온라인 교무실 활용은 더욱 편리해집니다. 이 글에서는 지면의 관계상 구글 사이트 도구를 활용한 페이지 제작법과 같은 세부내용은 소개해 드리지 못하지만 관련 영상 또는 온무실 사이트❷를 참고하셔서 꼭 제작해 보시기 바랍니다.

다음 그림은 학교별 온라인 교무실 예시이며, 디자인은 제작자의 의도에 따라 다양하게 꾸밀 수 있습니다.

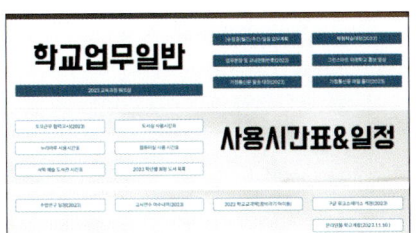

◆ 전주A초등학교 사례

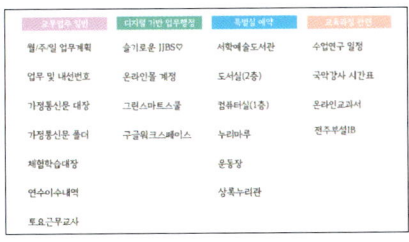

◆ 전주B초등학교 사례

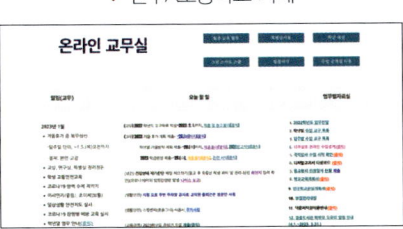

◆ 경북C초등학교 사례

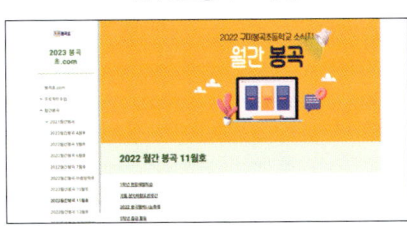

◆ 경북D초등학교 사례

❶ 구글 문서, 시트, 슬라이드 등의 저작도구를 활용하여 협업할 수 있는 클라우드 기반 컴퓨팅 생산성 소프트웨어를 뜻한다. 유료로 사용할 수 있으며, 교육청과 연계한 교육용 계정을 사용하면 별도의 결제 없이 저작도구 및 공유드라이브 등 대부분의 기능을 무료로 사용할 수 있다.
❷ 경상북도교육청에서 제작한 학교 업무 디지털 전환 사례 모음 홈페이지로 온라인 교무실 제작 방법과 사례가 상세하게 안내되어 있다.
https://onmusil.gyo6.net

온라인 교무실에 무엇을 넣어야 할까요?

온라인 교무실은 효율적인 업무 운영과 소통을 위한 종합 포털의 역할을 한다고 말씀드렸죠? 그렇다면 어떤 항목이 들어가야 할까요?

1) 월간/주간/일일 업무계획

가장 추천하는 항목은 학년별, 업무별 추진 현황을 기록하는 페이지입니다. 보통 교감선생님 또는 교무 선생님께서 월별 업무 일정 및 학년별 행사 등을 취합하여 월 중 계획을 안내하곤 합니다. 그러나 한번 안내된 월 중 계획의 내용이 변경되거나 새롭게 추가되는 경우엔 알기 어렵습니다. 따라서 실시간으로 월별, 주별, 일일 현황을 살펴볼 수 있는 게시판이 필요합니다. 저는 구글 시트로 만들어서 관리하는 것을 추천하며 예시는 다음과 같습니다.

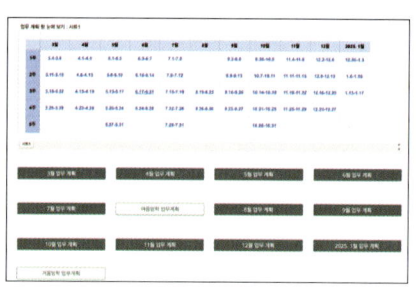

◆ 업무계획 메인 페이지　　◆ 월별 행사 및 업무 현황 페이지

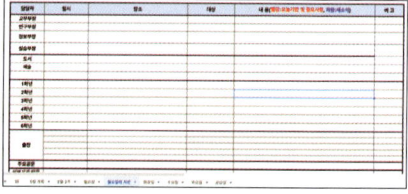

◆ 주별 행사 및 업무 현황 페이지　　◆ 일일 행사 및 업무 현황 페이지

이처럼 기간별 업무계획을 살펴보는 것만으로도 불필요한 쪽지와 통화를 줄여 효율적으로 업무를 파악하고 처리할 수 있었습니다. 온라인 교무실이 활성화된 다음부터 선생님들께서는 업무를 할 때 자연스럽게 온라인 교무실에 들어가서 일정을 확인하고 의견을 취합하고 작성하게 되었습니다. 이와 같이 '월간/주간/일일 업무계획' 페이지는 온라인 교무실의 알파이자 오메가라고 생각합니다!

또한 외부강사 수업, 보건교육 등 특정 업무별 일정을 만들어 공유하는 것도 좋습니다.

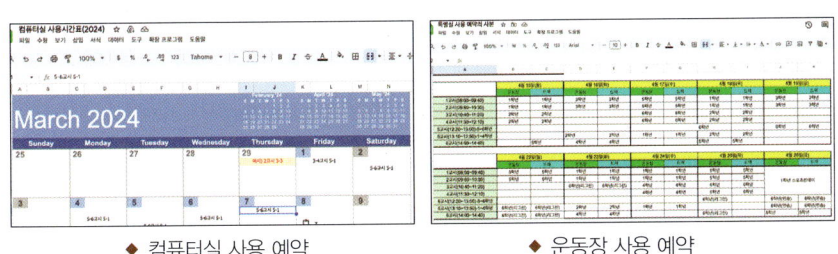

◆ 외부강사 일정   ◆ 토요일 행사 담당교사 안내

2) 특별실 사용 예약 페이지

아이들과 운동장을 사용하고 싶은데 어느 반이 사용할지 몰라서 전체 쪽지를 보내거나 전화로 물어봤던 경험, 다들 한 번씩 있으시죠? 규모가 큰 초등학교의 경우 운동장, 컴퓨터실 등 특별실 사용 일정을 조정하는 일은 정말 생각만 해도 피곤합니다. 특별실 사용 예약 페이지를 만들어 온라인 교무실에 연결해두면 이 모든 고민이 간편하게 해결됩니다.

◆ 컴퓨터실 사용 예약   ◆ 운동장 사용 예약

이 밖에도 온라인 교무실에 적합한 항목은 다음과 같습니다.

- **공유 드라이브 연결** : 학교에서 구글 워크스페이스를 활용한다면 구글 공유 드라이브로 연결된 업무별 자료실, 사진 폴더 등에 접속할 수 있습니다.
- **공용 안내자료** : 당해 연도 교육과정, 인사규정, 비상 연락망, 친목회 규정, 교직원 내선번호, 온라인몰 학교 계정 등의 안내자료를 게시합니다.
- **회의록** : 교직원 회의, 부장회의 등 교내 회의, 전문적 학습 공동체 회의, 업무 TF 회의 등 각종 회의 기록을 남깁니다.

온라인 교무실은 안전한가요?

온라인 교무실을 사용하다 보면 개인정보, 예산 사용 계획 등 주의가 필요한 내용을 공유하게 됩니다. 따라서 학교 내부 교직원만 접속할 수 있는 보안장치가 필요합니다. 위에서 말씀드렸듯이 교육용 구글 워크스페이스 계정을 발급하고, 교직원 계정에만 접속 권한을 제공해야 합니다. 구글 드라이브를 활용한 공유 드라이브 사용 역시 마찬가지입니다. 권한이 부여된 계정만 접속할 수 있도록 한다면 보다 안전하게 사용할 수 있습니다.

◆ 액세스 권한 부여 사례

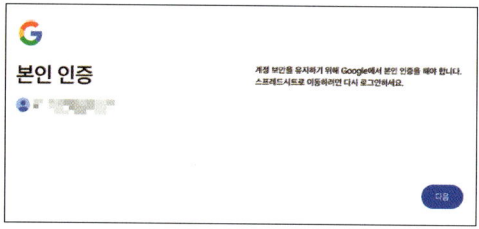
◆ 미승인 계정의 접속 사례

어떤 점이 달라졌나요?

온라인 교무실을 사용하기 전과 후, 가장 달라진 점은 여유 있는 아침 시간입니다. 예전에는 허겁지겁 메신저를 켜고 쪽지를 하나씩 확인하며 일정을 확인했습니다. 놓치면 안 되는 일정이 있는지 긴장하며 하루를 시작하곤 했습니다. 그러나 이제는 온라인 교무실 덕분에 한눈에 해야 할 일과 업무별 현황을 파악할 수 있어 여유롭게 하루를 시작할 수 있게 되었습니다. 불필요한 쪽지와 대화방, 통화 역시 줄일 수 있었기에 교사들 간의 갈등도 줄어들었습니다. 그리고 구글 계정으로 접속이 가능하니 학교 밖에서도 접속하여 업무를 처리할 수 있습니다. 이처럼 업무의 효율성과 삶의 질을 올려주는 온라인 교무실, 한번 만들어 보면 어떨까요? 보다 더 즐거운 학교생활이 될 것입니다.

K-에듀파인과 나이스
알아두면 쓸 데 있는 기능

어색하고 불편하기만 한 K-에듀파인과 나이스

나이스(NEIS)와 K-에듀파인은 매일 쓰지만 익숙해지지 않는다. 업무를 처리할 때마다 답답하기는 한데 어디 물어볼 곳도 마땅치 않고…. 어쨌든 그냥저냥 주어진 일은 처리할 수 있긴 하다. 그래도 가끔씩은 정말 짜증이 난다. 매번 같은 사람을 하나하나 지정해서 공람하거나, 정산서를 쓰려고 공문함을 전부 뒤지다가 하루가 다 지나갈 때 특히 그렇다. 이런 것들을 금방 처리할 수 있는 방법은 없을까? 나이스와 K-에듀파인을 조금 더 똑똑하게 쓸 수 있는 방법, 나도 알고 싶다!

결재선을 미리 만들어서 사용하기

불편한 K-에듀파인과 나이스 시스템이지만 잘 찾아보면 선생님의 업무 시간을 줄일 수 있는 기능들이 있습니다. 업무 시간을 줄일 수 있는 기능을 몇 가지 소개해 드리겠습니다. 제일 먼저 소개해 드릴 기능은 결재선 기능입니다. 이 기능을 사용하기 위해서는 ❶[설정]-❷[나의결재선관리] 메뉴에 들어가서 ❸[추가] 버튼을 눌러 결재선을 만들어야 합니다.

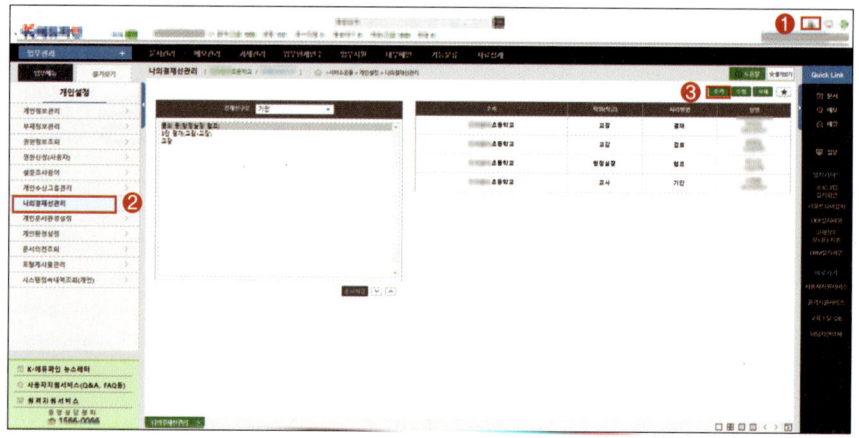

우선 ❹**결재선의 이름**을 지정하고 ❺**결재선에 추가**할 사용자를 더블클릭하거나 사용자를 지정한 후 ❻아래 **화살표** 버튼을 누릅니다. 사용자별로 ❼결재, 검토, 협조 등을 알맞게 지정하고 ❽**저장** 버튼을 클릭하여 결재선을 **저장**하면 결재선이 만들어집니다. 저의 경우에는 [교감]-[교장], [행정실장]-[교감]-[교장], [행정실장]-[교감], [교장] 이렇게 4가지 결재선을 만들어서 사용하고 있습니다. 그리고 이 중에서도 [교감]-[교장] 결재선을 가장 위에 올려두었습니다.

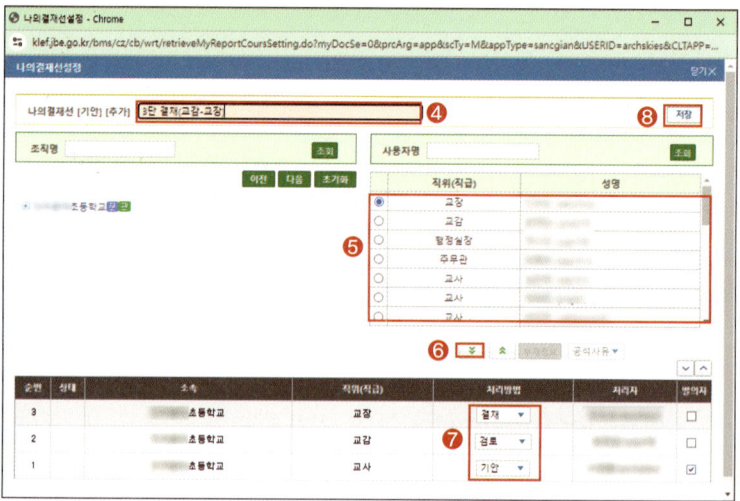

이렇게 하면 공문을 생성할 때 결재 경로 지정에 들어가서 결재 경로를 일일이 지정하는 번거로움 대신 ❾**나의결재선 중 하나를 선택**하면 되기 때문에 공문 작성 시간을 줄일 수 있습니다.

공람그룹 지정하기

공문을 접수할 때, 공람을 전체 교사 또는 전체 교원에게 지정해야 하는 경우가 종종 있었습니다. 그때마다 한 명씩 클릭해서 공람을 지정하려면 시간도 많이 걸리고 너무나 번거로웠습니다. 그러던 어느 날 K-에듀파인을 여기저기 뒤지다가 공람 그룹을 지정하는 기능이 있다는 사실을 알게 되었고, 공람그룹을 지정하자 모든 교사들을 클릭하는 번거로움이 사라지게 되었습니다. 공람그룹을 지정하는 방법을 소개하면 다음과 같습니다.

❶**[설정]**-❷**[개인수신그룹관리]** 메뉴에서 ❸**[신규]** 버튼을 클릭하고 수신그룹유형에서 ❹**공람**을 선택합니다.

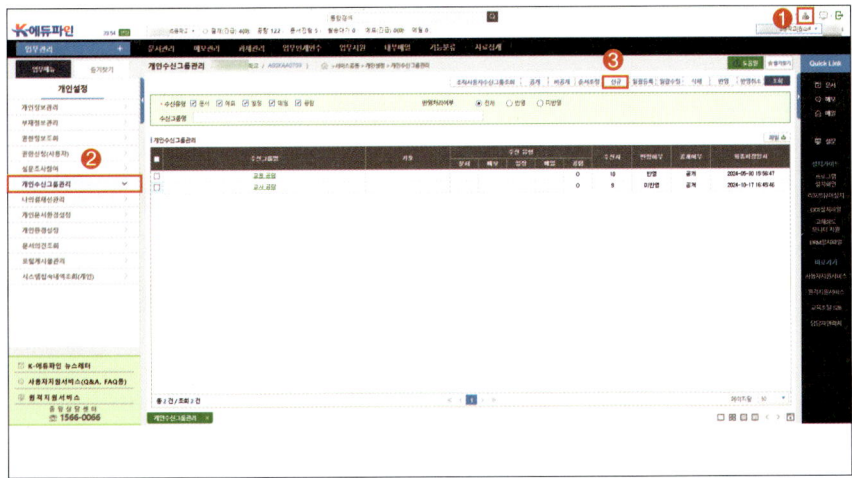

다음으로 ❺적절한 **이름**을 쓰고 ❻**조직도**에서 그룹에 추가할 ❼**사용자를 선택**한 후 ❽**화살표를 클릭**하고 ❾**저장**하면 됩니다.

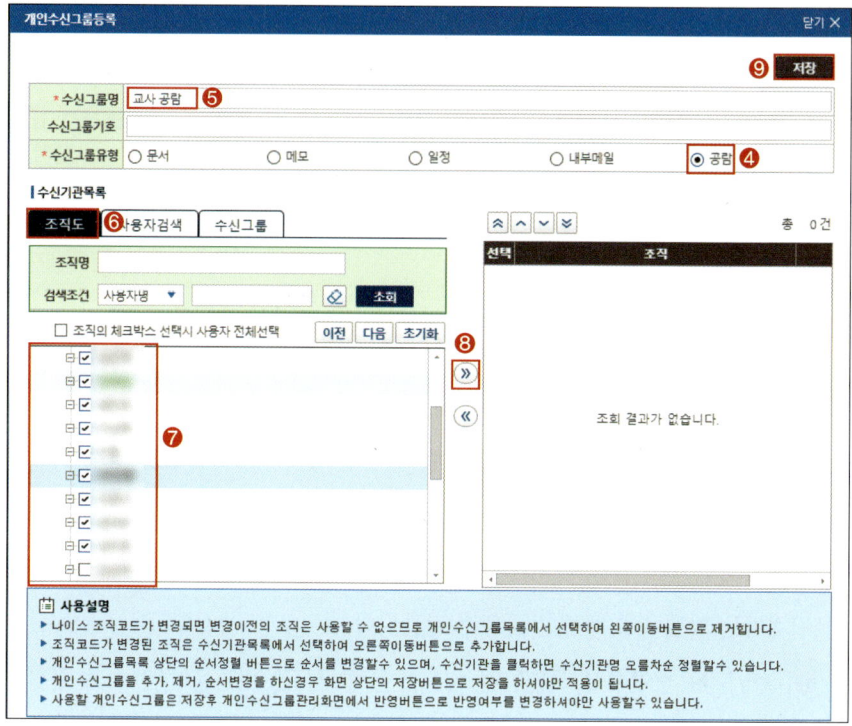

이렇게 만들어진 공람그룹을 기안 혹은 결재 시에 활용하려면 ❿**공람 탭**에서 ⓫**공람지정**을 클릭하고 ⓬**공람그룹**에 들어가서 원하는 **공람그룹**을 ⓭**선택**한 뒤 ⓮**화살표**를 누른 후 ⓯**확인**을 누르면 됩니다. 이렇게 공람그룹을 지정해두면 공람 대상자를 한 명씩 클릭하는 번거로움을 줄일 수 있습니다. 저는 공람그룹으로 보통 전체 교원과 전체 교사를 만들어 둡니다. 학교가 클 경우에는 학년, 부장교사 그룹까지 추가하기도 합니다.

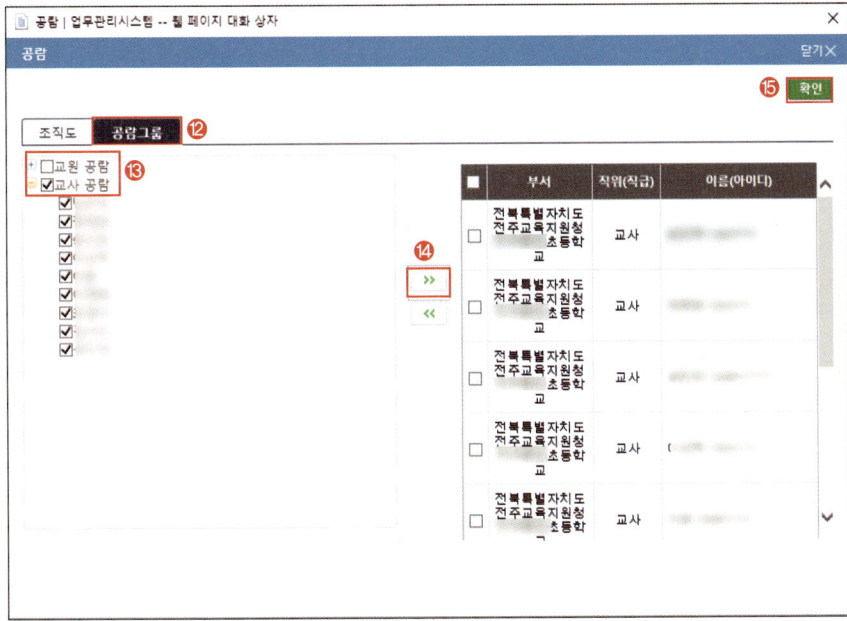

정산서 작성을 더욱 쉽게

K-에듀파인에는 세부항목별로 품의, 원인행위, 지출결의 문서를 따로 모아 볼 수 있는 기능이 있습니다. 이 기능을 이용하면 목적사업비를 사용한 후 정산서를 작성하기 위해 공문함을 뒤지며 시간을 낭비할 필요가 없습니다. 이 기능을 활용하기 위해서는 우선 사업관리카드(전체)라는 메뉴를 가지고 있어야 합니다. 혹시 가지고 있지 않다면 행정실장에게 메뉴 권한을 요청하면 됩니다. 권한을 받았으면 ❶**사업관리카드(전체)** 메뉴에 들어갑니다. ❷**모든 사업**을 체크한 후 ❸**조회** 버튼을 누르면 사업별 예산과 지출품의액, 원인행위액, 집행률 등이 화면에 표시됩니다. 여기서 원인행위액이 실제로 지출하기로 결정된 금액을 뜻하는 말입니다. 우리가 확인하고 싶은 실제 사용금액이죠. 지출결의액이 실제 나간 금액이기는 하지만 카드 결제일 등으로 인해 반영이 늦게 될 수 있어 원인행위액을 조회하는 것을 추천합니다. 화면에서 내가 확인하고 싶은 세부사업의 ❹**원인행위액**을 클릭해 보면 하단에 세부항목을 선택할 수 있는 메뉴창이 생기는 것을 확인할 수 있습니다.

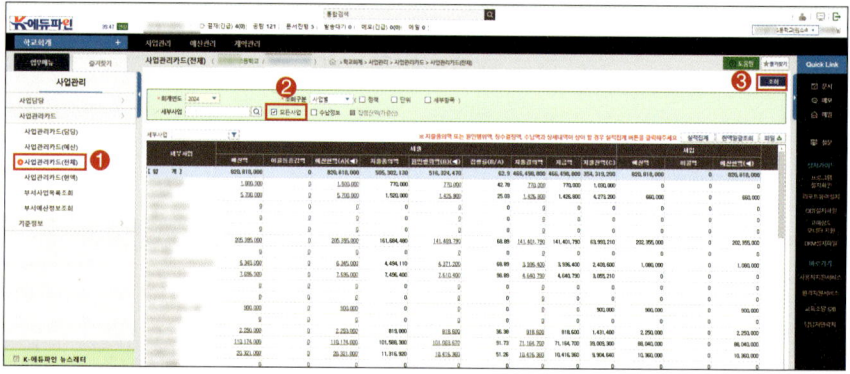

여기서 ❺**원인행위 기간을 지정**(일반적으로 해당 학년도 시작일부터 오늘까지)하고 ❻**세부항목**(정산할 목적사업)을 선택한 후 ❼**조회**를 누르면 실제 지출된 항목들이 나옵니다.

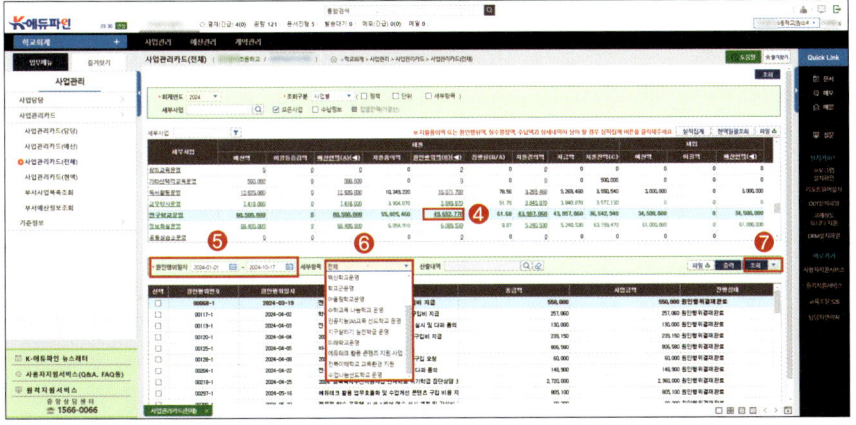

이제 모든 항목들을 ❽**선택**한 후 ❾**출력** 버튼을 누르면 원인행위결의서가 출력되고 각 ❿**원인행위결의서를 선택**하여 사용한 예산의 세부내용을 확인할 수 있습니다.

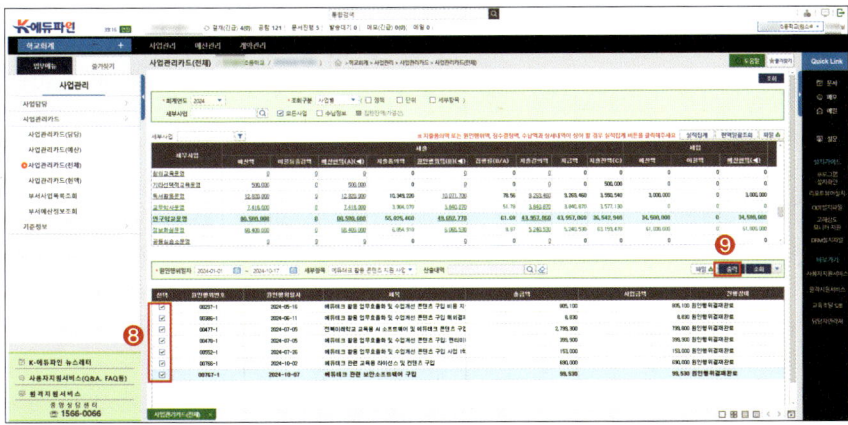

2장_업무효율 129

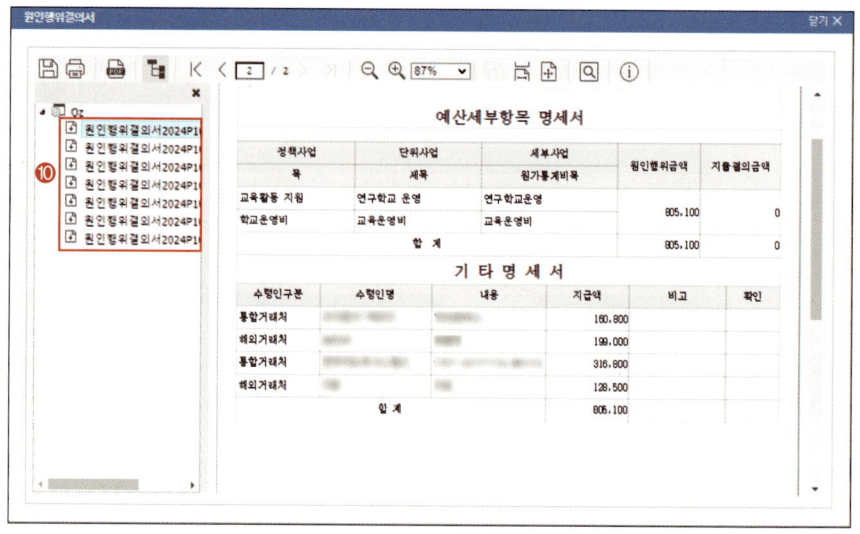

나이스의 설정 (⚙) 버튼 활용하기

나이스 화면에서 설정(⚙) 버튼을 종종 볼 수 있습니다. 대부분 이 버튼이 있는지조차 인식하지 못할 만큼 거의 사용되지 않는 버튼입니다. 그런데 이 버튼 하나로 나이스 사용이 꽤나 편리해질 수 있습니다. 설정 버튼에서 필터 기능을 제공하기 때문입니다. 저는 이 필터 기능을 기본 검색창이 제공되지 않는 행사 처리, 국가교육과정성취기준 가져오기 등에서 검색용으로 적극적으로 활용합니다. 설정(⚙) 버튼을 이용해서 검색을 하는 방법은 간단합니다. 먼저 ❶설정(⚙) 버튼을 누르면 나오는 팝업메뉴에서 ❷**필터**를 누릅니다.

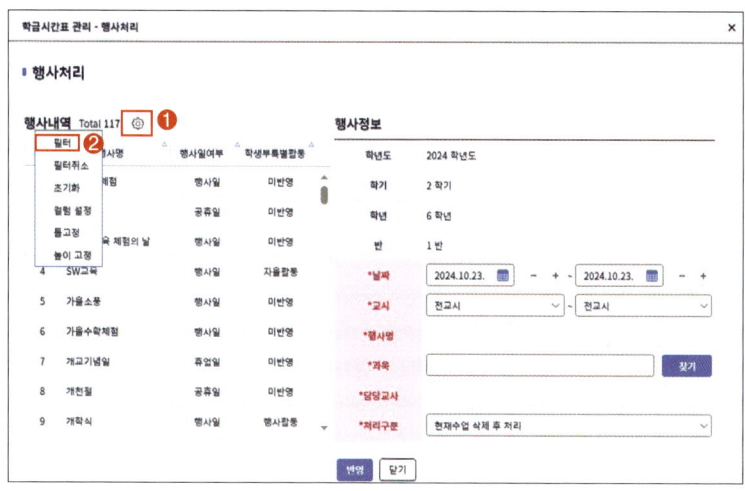

이후에 조회할 내용이 있는 열에서 ❸드롭(∨) 버튼을 클릭하면 바로 ❹필터 설정 창이 나옵니다. 이렇게 생성된 설정 창에 ❺검색할(필터링할) 내용을 입력하고 ❻확인을 누르면 검색(필터링)이 됩니다.

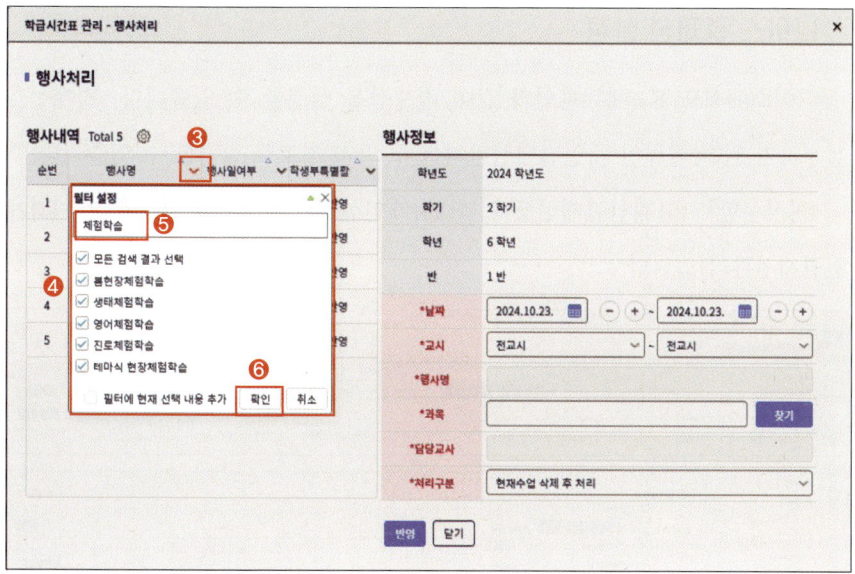

국가교육과정 성취기준 가져오기

1년에 두 번 나이스에 평가계획을 입력합니다. 입력할 때 작년도 자료를 그대로 가져오는 경우도 있지만 새롭게 입력해야 할 때는 정말 번거롭습니다. 영역을 만들고, 성취기준과 평가요소를 입력한 후에 평가단계와 단계별 평가 기준까지 입력하려면 시간이 많이 걸립니다. 그래서 저는 국가교육과정 성취기준 가져오기를 이용합니다. 이 기능을 이용하면 이 모든 단계가 성취기준 선택으로 해결됩니다. 다만 가져오는 자료와 내 평가계획이 일치해야 한다는 조건이 붙습니다. 그래서 평가계획을 세울 때 KICE 학생 평가 지원포털(https://stas.moe.go.kr)에서 평가 기준을 검색하여 성취 수준(평가 기준)을 입력합니다. 나이스에 평가계획을 입력하는 시간을 절약하고 싶다면 학생 평가 지원포털의 자료를 활용하여 평가계획을 세워 보시기 바랍니다.

나이스 결재선 설정

나이스에서도 K-에듀파인과 같이 결재선을 설정할 수 있습니다. 결재선을 설정하기 위한 메뉴인 개인결재선관리는 두 가지 경로로 접근할 수 있습니다.

❶[상신함]-❷[개인결재선등록]과 ❸[개인설정]-❹[업무승인자관리]-❺[개인결재선관리]입니다.

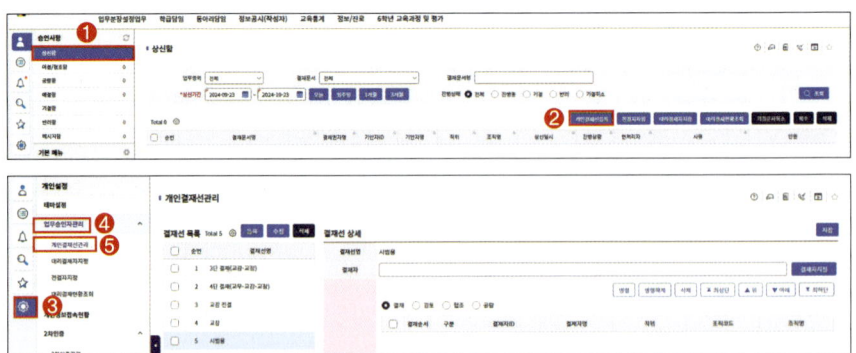

개인결재선관리 화면에서 ❻[등록] 버튼을 클릭하면 ❼개인 결재선 등록이라는 **팝업창**이 뜨는데 이 창은 결재선의 이름만 지정한 후 저장하는 화면입니다. ❽결재선의 이름을 **입력**하고 ❾**저장** 버튼을 누르면 저장할 것인지를 묻는 팝업창이 뜨고 확인을 누르면 저장이 됩니다.

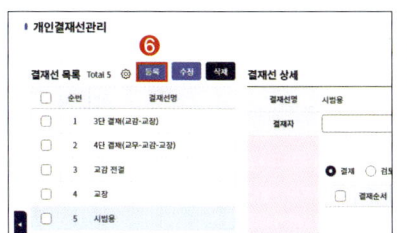 

이렇게 저장된 결재선은 결재선 목록에 표시되는데 아직 결재선에 등록된 사용자는 없는 상태입니다. 따라서 ❿만든 결재선을 **선택**한 후 결재자를 **등록**해야 합니다. 결재자를 등록하는 방법은 다음과 같습니다. 먼저 ⓫결재선 상세 화면에서 ⓬[결재자 지정] 버튼을 클릭합니다.

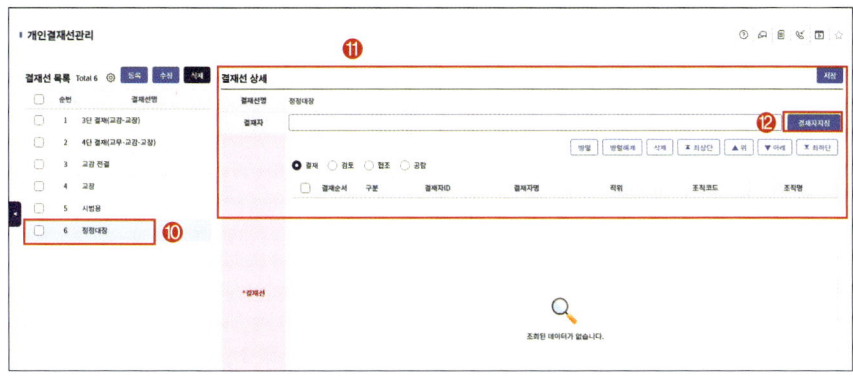

그러면 ⓭**결재자 지정 화면**이 나오는데 여기서 ⓮결재, 검토, 협조, 공람 중 해당되는 **항목**을 선택하고 ⓯결재자를 사용자 목록에서 **더블클릭**하거나 **선택**한 후 ⓰[선택] 버튼을 클릭하면 결재자를 추가할 수 있습니다. 이렇게 원하는 결재자를 모두 추가하여 ⓱**결재자 목록**을 만들고 난 후 ⓲[저장] 버튼을 누르면

결재선이 만들어집니다. 저의 경우 나이스 결재선은 K-에듀파인과 다르게 [교감]-[교장], [교감], [교장], [교무부장]-[교감]-[교장]의 4가지 결재선을 만들어서 활용하고 있습니다. 나이스에서는 K-에듀파인과 다르게 행정실장의 협조를 구할 일이 거의 없고, 학교생활기록부 정정대장 기안을 할 때 4단 결재(담임-교무-교감-교장)를 꼭 해야 하기 때문입니다.

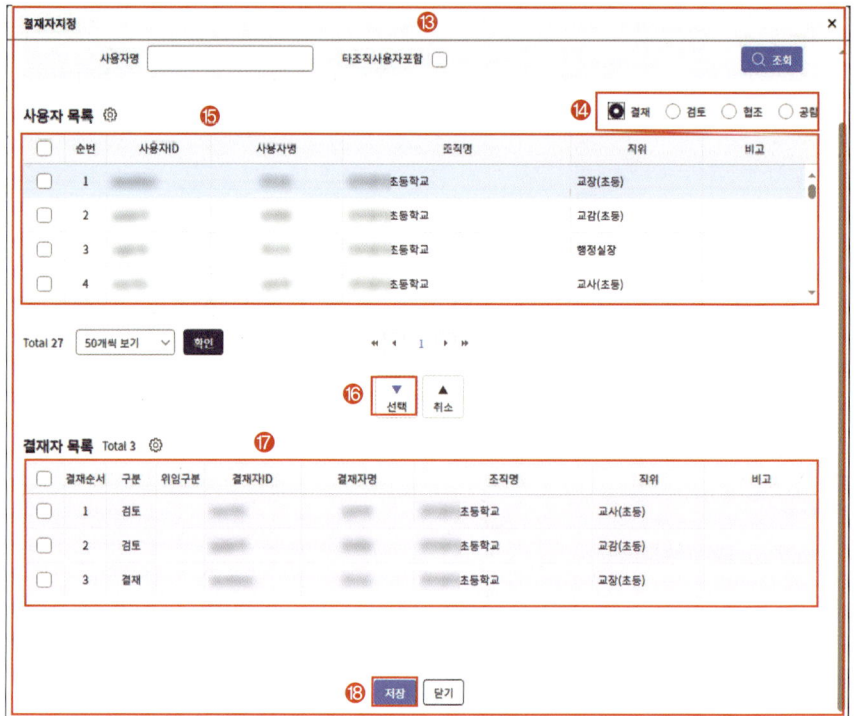

나이스에서 학교생활기록부 기재요령 바로 가기

나이스에서 마우스 커서를 내용 입력창에 놓고 오른쪽 버튼을 클릭하면 훈령정보조회, 기록 및 이력조회, 맞춤법 검사라는 팝업 메뉴가 나옵니다. 여기서 ❶**훈령정보조회**를 클릭하면 지금 사용하고 있는 메뉴와 관련된 해당 학년도의 ❷**학교생활기록부 기재요령**이 **팝업창**으로 생성됩니다. 팝업창에서 바로 저장이나 인쇄도 가능하니 필요하면 바로 저장이나 인쇄를 해도 되고, 기재요령의 다른 페이지로의 이동도 가능합니다. 이 기능을 이용하면 기재요령이 필요할 때 책을 찾거나 파일을 찾는 수고를 덜 수 있습니다.

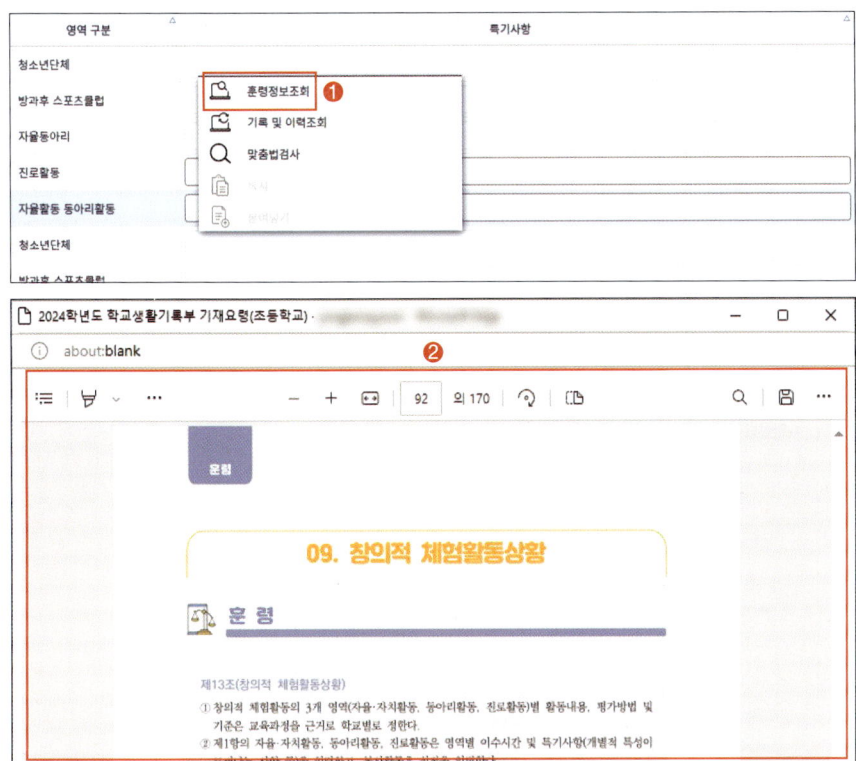

기간제 교사가 왔을 때는 교사 교체로 시간표 바꾸기

가끔 기간제 교사가 오면 학급 시간표를 하나하나 바꿔야 하는지 고민하는 경우가 있습니다. 이럴 때는 고민할 필요 없이 교사 교체를 하면 됩니다. 교사 교체를 하는 방법은 먼저 ❶**학급시간표관리** 메뉴에서 ❷**[일괄변경]** 버튼을 누릅니다. 그러면 일괄변경 ❸**팝업창**이 나옵니다. 여기서 ❹**교사 교체를 선택**한 후에 ❺**적용 범위**(반 또는 학년)를 선택하고 ❻**기간**을 지정한 후 대상 교사와 기존 교사의 ❼**[찾기]** 버튼을 각각 클릭하여 대상 교사에 기존 선생님, 교체 교사에 기간제 선생님을 입력한 후 ❽[**저장**] 버튼을 클릭하면 금세 시간표가 바뀌어 있는 것을 확인할 수 있습니다.

학교일지로 학생 수 확인하기

한 번씩 공문으로 ○월○일을 기준으로 학생 수를 입력하라는 내용이 학교로 전달됩니다. 이럴 때 참 답답합니다. 도대체 이걸 어디서 알 수 있는지 몰라 결국 교감선생님이나 교무부장 선생님께 물어보곤 하죠. 그런데 해당 날짜의 학생 수를 바로 확인할 수 있는 메뉴를 모든 교사가 가지고 있다는 사실 알고 계셨나요? 그 메뉴의 이름은 바로 [학교일지관리]입니다. 담임 업무의 [교육과정]-[학교일지관리] 메뉴에 들어가면 일자별 학교일지를 조회할 수 있는데요. 학생 수를 확인하고 싶은 날짜를 클릭하고 조회된 학교일지의 학생 현황 내용을 확인하면 원하는 날짜의 학생 수를 바로 확인할 수 있습니다.

투덜이는 되지 말자

K-에듀파인과 나이스는 분명 불편한 시스템입니다. 보안상 불가피한 부분도 있었을 테고, 개발과정에서 사용자인 교사와의 소통이 부족했던 문제도 있었을 것입니다. 사실 이것은 K-에듀파인과 나이스에만 해당하는 문제는 아닙니다. 교사의 업무 환경은 여러모로 불편한 점이 많습니다. 그런데 그중 우리가 바꿀 수 있는 것은 거의 없습니다. 이런 상황에서 우리는 어떻게 해야 할까요? 계속 불평만 해야 할까요? 물론, 불평하는 것 자체가 잘못된 것은 아닙니다. 잘못된 점이 있다면 지적하고 개선을 요구할 필요가 있습니다. 하지만 바꿀 수 없는 부분에 대해 계속 불평만 하는 것은 바람직하지 않습니다. 지나친 불평은 주변 사람들에게 피로감을 주고, 자신에게도 부정적인 영향을 미칩니다. 반면 불만이 있더라도 주어진 환경에서 최선의 방법을 찾고 개선 방안을 마련하려는 태도를 가진 사람은 신뢰와 존경을 받습니다. 현재 상황에서 무엇을 할 수 있는지에 집중하는 태도를 가져 보시길 바랍니다. 불평만 하는 것보다 훨씬 나은 상황을 맞이할 수 있을 것입니다.

3장

학급운영

행복한 수업을 꿈꾸는
선생님을 위한

교실 공간
나 너 우리를 품다

❙ 개성 넘치는 아이들이 살기엔 너무 반듯한 교실

"선생님, 우리 노는 데 쟤들이 자꾸 넘어와서 방해해요!", "선생님, 이거 다 했는데 어디에 붙여요?", "선생님, 춤 연습하고 싶은데 어디서 해요?", "선생님, 우리는 언제 자리 바꿔요? 옆 반처럼 저런 모양으로 바꾸면 안 돼요?"

하루에도 몇 번씩 듣게되는 이야기들이다. 한정된 공간을 여러 사람이 나누어 쓰다 보니 매일 수많은 불만이 생기는 것은 어쩔 수 없는 것일까.

앎과 삶의 공간 속으로

교실에서 생활하다 보면 아이들의 성향이나 학습 활동의 유형, 쉬는 시간 활용에 따라 공간을 달리 구성해야 할 필요성을 절실히 느끼게 됩니다. 집만큼 어쩌면 그보다 많은 시간을 보내는 학교, 교실에 대한 학생들의 요구 사항은 꽤나 구체적입니다. 이런 아이들의 의견을 반영하여 교실을 꾸민다면 어떨까요? 공동체 역량과 태도를 기르는데 의미가 있지 않을까요?

초등학교 교실 공간에 학생들이 주도성을 발휘하는 사례는 최근 교육 현장에서 더욱 주목받고 있습니다. 이러한 기회는 학생들에게 창의성을 발휘할 수 있는 시간이 되며 협동심과 책임감을 높이고 교실을 보다 학생 중심적인 학습 환경으로 만드는 데 중요한 역할을 합니다. 학생들이 교실 공간을 주도적으로 구성하고 활용하는 것은 교실이 단순한 학습 공간을 넘어 다른 친구들과 함께 생활하면서 터득한 앎을 삶으로 연결할 수 있는 공간이라는 것을 몸소 체험하게 합니다.

지금부터 학생들이 자신의 학습 환경을 스스로 결정하고 책임지는 자치 공간으로 만들어 가는 과정을 한 번 따라가 볼까요?

터놓고 이야기하기

교실 공간 구성 첫 단계는 학생들의 의견을 적극적으로 수렴하고 반영하는 것입니다. 예를 들어, 교실에서 어떤 활동을 하고 싶은지, 어떤 종류의 학습 공간이 필요한지에 대해 학생들이 직접 제안할 수 있도록 합니다. 학생들은 소그룹 토론을 통해 자신들이 원하는 교실 배치, 학습 공간, 휴식 공간 등을 상상할 수 있습니다.

새 학년이 되면 우리 반 친구들은 커다란 종이를 가운데 두고 '교실 공간'을 주제로 브레인스토밍을 합니다. 있는 것, 없는 것, 있어야 하는 것, 없어도 되는 것의 네 범주로 구분하여 현재 공간을 탐색하고 앞으로의 공간을 구상하는 시간을 갖지요. 1년 동안 함께 생활할 공간에 대한 소통은 자연스럽게 학급 규칙과 분위기를 만드는 데 바탕이 됩니다. 공동생활을 위해 가장 많은 친구들이 동의하는 공간의 형태를 만들고, 그곳을 원활하게 사용하기 위해 지켜야 할 약속을 정하는 것은 학생 중심 자치 활동의 출발점이 됩니다.

학생들이 자유롭게 내놓은 아이디어를 바탕으로 책상, 의자, 책장 등 가구 위치의 큰 틀을 스스로 정하고 직접 배치합니다. 이 과정에서 학생들은 서로 협력하고, 소통하며 공간 활용에 대한 책임감을 가지고, 적극적으로 참여하게 됩니다.

취향을 인정하고 거리를 존중하기

　교실 공간의 굵직한 영역이 나누어졌다면 구체적으로 어떻게 활용할지에 대한 논의도 이어져야 합니다. 특히 휴식 시간에 자율적인 공간 활용을 어떻게 할지에 관한 이야기를 함께 나누어 보면 좋습니다. 쉬는 시간에 공간을 어떻게 사용하는지 학급 구성원 모두의 의견을 들어봅니다. 크게 서너 유형으로 묶어서 교실 내 어떤 곳을 사용할지 조정하는 과정이 선행되어야 합니다. 어떤 활동을 하면서 휴식을 취하고 어떻게 대화하며 교우 관계를 형성해 나가는지 충분히 이야기할 수 있는 시간을 마련하면 좋습니다.

　우리 학급에는 '공사관(공간을 사이좋게 관리하는 부서)'이 있습니다. 이와 같은 학생 자치 조직은 교실 공간의 관리와 사용 방법을 학생들이 분담하여 운영하는 기회가 됩니다. 이 부서는 교실 공간 사용 규칙을 만들고, 사용 계획, 정리 정돈 등을 서로 도와 실천할 수 있는 방안을 마련합니다. 교실의 특정 구역을 책임지고 관리하는 역할 분담 체계에 관해 고민하고 친구들의 의견을 구할 수도 있습니다.

　'공사관' 부서 학생들은 우리 반 학생 전체의 취향을 알아보려고 노력합니다. 정적인 활동을 좋아하는 친구들이 있고 동적인 활동을 좋아하는 하는 친구들이 있으므로 이에 대한 사전 조사를 충분히 하고 취향을 반영하여 공간 배분을 시도합니다. 대강의 밑그림이 나오면 전체 회의 시간을 가져 친구들의 활동 반경을 상의합니다. 움직임과 소음 등을 고려하여 교실 내에 보이지 않는 테두리를 설정하고 서로의 거리를 존중할 수 있도록 관리하며 갈등 상황을 예방·해결하는 데 앞장서기도 합니다.

머리는 반짝이고, 마음은 숨 쉬는 놀이터 만들기

교실의 가장 넓은 공간을 차지하고 있는 것은 학생 개인의 책상과 의자, 사물함 등입니다. 학생들은 쉬는 시간 종이 울리면 수업 시간 내내 앉아 있던 이 공간을 탈출하고 싶어 합니다. 더없이 짧은 10분이라도 알뜰살뜰 쪼개서 긴장했던 머리와 마음을 풀어둘 곳을 찾습니다. 학급 대부분의 학생들이 자기 자리를 벗어나므로 휴식 공간은 매우 제한적입니다. 짧은 시간, 좁은 공간은 아이들의 마음을 조급하게 만들고요. 그래서 쉬는 시간이 되면 난처하고 위험한 갈등 상황이 자주 발생합니다.

이러한 문제를 해결하려면 교실의 여유 공간을 고정하지 않고 이용 대상과 상황에 맞추어 융통성 있게 활용할 수 있도록 해야 합니다. 유연한 교실 공간 확보를 위해 전통적인 책상 배치를 탈피하고, 학생들 스스로 틈새 시간을 누릴 수 있는 휴식 공간을 상상해 볼 수 있도록 합니다. 친구 몇 명과 어떤 놀이를 할지 간단한 계획을 세우는 것부터 시작할 수 있는데 공간을 마련하려는 시도가 창의적인 놀이를 만들고 새로운 교우 관계를 형성해 가는 효과를 가져오기도 합니다. 이를 위해 우리 반에는 크기와 모양이 다양하고 조립이 가능한 '모듈형 가구'(리빙 박스 등)를 넉넉하게 준비해 두었습니다. 이는 학생들이 필요에 따라 공간을 재배치하고 새로운 놀이 구조를 만들 수 있도록 도와줍니다. 이러한 가구를 구비해 두면 놀이에 알맞은 공간의 크기와 구조 탐색, 역할 놀이, 그룹 활동 등에 유용하게 활용할 수 있습니다.

또한 학생들이 다양한 놀이 활동을 즐길 수 있도록 구역을 나누어 구성합니다. 예를 들어, 역할 놀이를 할 수 있는 '상상 놀이 구역', 몸을 움직일 수 있는 '활동 구역', 집중력을 요하는 '퍼즐 구역' 등으로 나눌 수도 있습니다. 활동에 방해받는 것을 싫어하는 학생들에게 구역을 나누어 거리를 확보해주면 갈등 상황도 방지할 수 있고, 만족도도 높아질 수 있습니다. 더불어 창의적인 놀이 공간에 반드시 필요한 것은 휴식과 재충전을 위한 편안한 공간입니다. 빈백, 쿠션,

러그 등을 배치해 학생들이 놀이와 학습 사이에 휴식을 취할 수 있는 장소를 마련하면 삭막한 교실에서 다정함과 따뜻함을 느낄 수 있을 것입니다.

이러한 창의적 놀이 공간은 학생들이 스스로 배우고, 문제를 해결하며, 팀워크를 기를 수 있는 환경을 조성하는 데 중요한 역할을 합니다. 아이들의 상상력을 자극하고, 놀이를 통해 자연스럽게 학습이 이루어지도록 도와주는 효과까지. 일석 몇 조의 마법을 부립니다.

배움의 공간을 배움으로 채우기

쉬는 시간을 보내는 공간으로서의 교실뿐만 아니라, 특정 학습 주제나 프로젝트를 중심으로 교실 공간을 재구성할 수도 있습니다. 예를 들어, 우리 반에서는 과학 교과를 중심으로 지구 프로젝트를 진행한 기간이 있었는데 이때 탐구의 시작을 '관찰과 조사'로 하였습니다. 우선 학습에 대한 동기 유발을 스스로 할 수 있도록 관찰을 위한 실험 도구와 조사를 도와줄 자료를 배치한 '무지개(학급명) 랩(lab)' 공간을 만들었습니다. 알게 된 내용을 삶으로 실천하기 위해 생태 전환 프로젝트로 확장하는 과정에서 '무지개 랩'을 '무지개 생(生)존(zone)'으로 변경하였고, 재활용 재료로 칸막이를 꾸미거나 환경 보호 관련 자료를 전시하는 공간으로 활용하였습니다. 학생들은 무지개 생존의 공간 문제(예: 재료 부족, 공간 협소 등)를 협력하여 해결하는 과정에서 문제 해결 능력과 협동심을 기를 수 있었다고 목소리를 모아 이야기하였습니다.

특별한 수업 상황이 아니더라도 가변적 공간 활용을 위해 교실의 가구와 학습 도구를 유동적으로 배치하면 수업 내용이나 학습 방법에 따라 교실 공간을 유연하게 재구성할 수 있습니다. 이를 위해 평소에 짝, 모둠 등의 학습 조직이나 여러 가지 사물의 이동에 관한 약속이 학생 모두에게 공유될 수 있도록 익숙하게 연습해 보는 것도 도움이 됩니다. 짝이나 모둠 활동을 할 때 어느 책상을 기준으로 모일 것인지 약속하고, 책가방이나 의자의 위치 또는 공통의 준비물

등은 어느 곳에 배치할 것인지 정해두면 본시 활동을 위한 준비 시간을 줄일 수 있습니다. 예를 들어 얼굴짝(앞뒤)은 앞 친구가 책상을 뒤로 돌린 후 붙여 활동하고, 어깨짝(좌우)은 왼쪽 친구가 오른쪽으로 옮겨서 함께 공부할 수 있게 규칙을 정해두는 것입니다. 또한 모둠은 책상마다 번호를 붙여 학습 순서와 활동상의 역할(진행, 배부, 기록, 성찰 등)을 부여하면 소외되는 학생 없이 배움의 기회를 가질 수 있습니다. 학습 주제를 제시하고 이를 가장 효율적으로 공부할 수 있는 배치에는 어떤 것이 있는지 찾아보고, 직접 적용하여 좋은 점과 개선할 점을 찾아가며 공간에 대한 인식을 확장해 나가는 방법 또한 실행에 옮겨 볼 만합니다.

새로움을 시도하고 성장을 확인하기

교실 내에서 학생들은 전시 및 감상 공간도 필요로 합니다. 직접 제작한 작품, 포스터, 프로젝트 결과물 등을 전시할 수 있는 공간이 마련되길 원하는 것입니다. 그러나 우리 반에서는 학습 활동의 말미에 다른 친구의 산출물을 충분히 감상할 시간이 부족하다는 의견이 많았습니다. 시간 여유를 두고 다른 사람의 배움 과정을 관찰하고 좋은 점을 자신의 것으로 받아들여 성장하고 싶지만, 충분히 나눌 공간 역시 항상 부족하다고요. 이러한 학생들의 의견에 따라 작품을 전시하고 감상한 후 다른 것으로 교체할 수 있는 공간을 학생들이 직접 구성하도록 하였고, 그 결과 학생들이 정기적으로 전시 내용을 변경하거나 새로운 아이디어를 적용하는 주도적 공간 관리가 가능해졌습니다.

이와 더불어 학생들이 자유롭게 아이디어를 공유하고 표현할 수 있는 '표현 공간'을 구성하는 것도 바람직합니다. 자신에게 필요한 도구와 자료에 쉽게 접근할 수 있게 하는 장소입니다. 예를 들어, 학습 활동 중 어떤 학생은 추가적인 수학 입체물 학습 자료를 필요로 하고 다른 학생은 예술 활동을 위한 다양한 공예 재료를 필요로 할 수 있습니다. 이곳에는 재료가 풍부하게 갖춰져 있어, 학생들이 자신의 창작물을 스스로 만들고 다양한 시도를 할 수 있습니다. 눈에 보이는 유형의 표현 이외에도 춤이나 랩 등을 창작, 연습할 수 있는 간이 무대, 거울 등을 설치하는 것도 아이들이 열광하는 사례입니다.

또한 에듀테크가 학교 전반에 영향을 미치면서 디지털 학습 공간 역시 중요도가 높아졌습니다. 교실 내에 디지털 도구와 인터넷을 활용한 학습을 위한 구역을 조성하는 것 역시 필요해진 것입니다. 이곳에서 학생들은 주도적으로 자료를 조사하고, 멀티미디어를 활용한 발표 자료를 제작하는 등의 활동을 할 수 있습니다. 영상 촬영 및 편집 등에 집중할 수 있는 공간이 마련된다면 학생들이 만들어 내는 산출물은 질적 성장을 더하리라 생각합니다.

간단한 코딩 활동을 통해 학생들이 프로그래밍 기초를 배우고, 로봇을 활용해 문제 해결 능력과 논리적 사고를 기를 수 있는 코딩 및 로봇 학습 공간도 학생들이 꿈꾸는 공간입니다. 더 나아가 최신 기술을 활용한 디지털 놀이 공간도 마련할 수 있습니다. 예를 들어, 증강현실(AR)이나 가상현실(VR)을 활용한 놀이 콘텐츠, 벽면 스크린 등 학생들의 학습과 놀이를 융합한 경험을 제공할 수 있는 공간이 마련된다면 학생들은 교실을 자연스럽게 디지털 공간으로 인식하여 무한한 상상력을 발휘할 수 있겠죠?

함께 만들고 같이 가꾸기

우리가 사용할 공간을 우리 스스로 만드는 경험은 자연스럽게 서로 소통하는 학급 분위기를 형성합니다. 학생들은 교실 사용에 관한 규칙을 스스로 정하고, 필요에 따라 이를 수정, 보완하기 위해 끊임없이 상호 작용할 수밖에 없습니다. 예를 들어, 특정 시간에만 사용 가능한 공간이나 해당 공간에서 할 수 있는 활동에 대한 규칙을 정할 수 있습니다. 소음 관리, 청소 순서, 휴식 공간 이용 규칙 등을 학생들이 논의하여 결정해야 갈등이 줄어듭니다. 인기 많은 공간은 어떤 순서로 이용할 것인지, 규칙을 잘 지키기 위해 서로 노력할 점은 무엇인지 구체화하면서 학급 구성원들의 협조를 받아야 합니다. 학생들이 주도성을 발휘하여 스스로 정한 규칙을 지키려는 노력은 자신의 역할에 대한 책임감을 가지며, 교실의 질서를 유지하는 데 이바지합니다. 서로의 성향을 존중하고 학급 생활 활동 반경을 인정하는 것은 물리적 공간뿐만 아니라 심리적 공간에까지 안정감을 줄 수 있습니다.

우리 반에는 '반대로 하면 정답!'이라는 규칙으로 교실 공간을 활용합니다. 시끄럽다고 느껴지면 조용히, 지저분하다고 느껴지면 깨끗하게, 이번 시간에 제일 먼저 사용했다면 다음 차례는 맨 마지막으로 등 반대의 경우를 생각하며 맞닥뜨린 문제를 해결합니다. 단순하지만 상황과 상대의 입장을 가장 직관적으로 파악할 수 있는 방법이라 자주 사용합니다.

위와 같이 학생이 주도하는 교실 공간 혁신은 학습 환경을 학생 중심으로 변화시킵니다. 학생들의 개별적인 학습 요구와 성향을 존중하며, 교실을 보다 창의적이고 역동적인 공간으로 만들어 갈 수 있습니다. 학생 주도의 교실 구성은 학생들이 학습 환경을 스스로 만들고 이를 사용하면서 개선, 조정하는 경험의 기회가 되며 함께 쓰는 공간에 존중을 더하는 인권 친화적 교실 문화의 바탕이 됩니다.

학생 참여와 자치, 주도성을 바탕으로 하는 교실 공간의 변화는 학생들의 전인적 성장에 크게 기여할 수 있습니다. 따라서 학생들이 자신의 학습 환경을 직접 디자인하고, 우리 반의 특성과 삶의 맥락을 반영하는 공간을 만들도록 지원하여야 합니다. 지금, 이 순간 교실을 오고 가며 채우고 있는 우리 아이들은 각각 어떤 공간을 꿈꾸고 있을까요?

교실 필수템
옆 반 선생님의 장바구니

필요한 것은 왜 항상 나중에 생각나는 걸까?

새 학년, 학습 준비물 업무 담당 선생님의 메시지가 왔다. 아직 끈으로 꽁꽁 묶인 박스에서 꺼내 온 교과서가 따끈따끈 한데, 당장 학습 준비물도 구입해야 한다니 3월은 언제나 잔인하다. 한 학기 수업 밑천을 대충 아무렇게나 구입할 수도 없고, 꼼꼼히 따져보고 학습 준비물을 구입하기엔 정신없이 바쁘고…. 항상 시간이 지나고 나서야 왜 필요한 준비물을 신중히 구입하지 않았을까 후회하곤 한다. 옆 반 선생님은 어떤 준비물을 구입하실까? 일단 그것부터 알아봐야겠다!

언제나 궁금한 옆 반 선생님의 장바구니

학년 초 들이닥치는 업무에 쫓겨 부랴부랴 주문한 수업 준비물, 학기 중 수업에 충분히 활용하셨나요? '이거 왜 샀더라, 이건 왜 안 샀지?' 하며 후회한 적은 없으신가요? 고스란히 다음 학기로 넘기거나, 주변 선생님들께 나누어 주거나, 학생들에게 알뜰 장터 상품으로 인심 쓴 분도 아마 있으실 것입니다. 혹시 옆 반의 수업 활동이나 동료 장학 수업, 작품 게시판에 사용한 재료가 궁금해서 힐끔 보신 적은 없으신가요? 지금부터는 바로 그 옆 반 선생님이 어떤 수업 준비물을 주문하셨는지 하나하나 살펴보도록 하겠습니다.

우리 반 하루 루틴 도우미

가장 먼저 준비해 놓을 것은 '매일 또는 자주' 쓰는 물품입니다. 우리 반 학생들과 1년을 살면서 제일 많이, 자주 사용하는 물건은 무엇일까요? 바로 하루 습관과 학급 규칙을 형성하는데 필요한 물품들입니다. 많은 선생님들께서 이미 다양한 방법을 활용하고 계시겠지만, 여러 자료를 활용하여 시각화하면 잊지 않고 지속적으로 상기할 수 있습니다. 선생님의 철학과 학생들의 실천이 꾸준히 습관으로 이어져 미래 역량을 기르는 데 도움을 줄 수 있는 준비물을 학급 루틴과 함께 소개합니다.

우리 반 학생들은 매일 아침 등교한 후 간단히 주변을 정리하고 '하루 하나 매일 하나' 일력을 활용한 활동을 합니다. 원래 아침 활동은 온전히 책 읽는 시간으로 채웠었는데 "~이 무슨 말이에요?"라며 단어 뜻을 묻는 불쑥이들 때문에 자주 몰입이 깨지곤 했습니다. 이를 계기로 단어의 의미와 활용에 관한 공부를 부담되지 않는 선에서 꾸준히 하였으면 좋겠다는 생각을 하게 되었고, 이때 제가 발견한 자료는 바로 '일력'이었습니다. 매일 아침 한 문장을 쓰고, 읽고, 친구와 경험을 나누면서 언어 사용 범위와 사고의 바탕이 한층 풍부해졌습니다. 요즘 일력은 국어·영어 단어, 사자성어, 속담, 과학 상식 등 그 종류도 매우 다양해져서 학생들의 흥미와 수준에 맞는 것을 활용하면 가랑비에 옷 젖듯 문해력을 향상시킬 수 있습니다.

일력을 활용한 활동이 끝나면 자유로운 독서 시간입니다. 자신이 읽고 싶은 책을 스스로 읽기도 하지만 사제동행 독서 시간을 마련하여 교사나 친구가 책을 읽어주기도 합니다. 이때 읽을 책은 자석 책 받침대를 사용하여 칠판 모퉁이에 미리 공지합니다. 집이나 도서관에서 미리 읽어볼 친구들은 빌려서 읽기도 하고 게

시된 책 앞을 오가며 표지를 관찰하고 어떤 내용일지 미리 짐작해 보며 책에 대한 호기심을 한층 끌어올리기에 좋습니다.

이제 아침 활동이 끝났으니, 수업을 해볼까요? 학생들은 자신의 생각이나 느낌을 정리해서 발표할 때 충분한 묘사나 설명을 하지 않고 단답형으로 이야기하는 경우가 많습니다. 그래서 학습 활동의 성격에 따라 1분 말하기를 종종 활용합니다. 발표를 희망하는 학생의 이름을 빈 종이에 칸을 나누어 쓴 뒤, 가운데 미니 돌림판을 올려 화살표를 튕깁니다. 대표 말하기에 대한 긴장도 낮출 수 있고, 미니 돌림판이 주는 의외성과 재미는 말하기를 주저하는 학생을 움직이게 하는 동력이 되기도 합니다.

또한 모둠 활동 시 필요한 물품을 컬러 박스에 모아두면 공용 물품 사용 및 정리에 대한 태도를 기를 수 있고, 자기주도적으로 활동에 몰입할 수 있는 도구를 선택할 수도 있습니다. 육각 미니 보드와 마커, 모래시계, 스티커, 집게, 포스트잇 등을 컬러 박스에 담고 활용 방법과 규칙을 정해두면 수업 중 바로 사용할 수 있어 편리합니다.

다른 교실의 상황도 비슷하겠지만, 우리 반에는 늘 질문이 넘쳐납니다. 수업 중 질문은 그때그때 해결하는 편이지만 그 외의 궁금증은 물음표 주머니를 활용합니다. 친구들에게 답을 듣고 싶은 문제부터 소소한 퀴즈까지 질문의 유형은 매우 다양합니다. 하교할 때 전체 인사 직전, 물음표 주머니의 질문 종이를 뽑아 '오늘의 질문'으로 선정하고 간단히 답을 찾아봅니다. 재미와 의미가 있는 질문을 만들기 위해 일상을 관찰하고 깊이 있게 사고하는 효과가 있으며 항상 호기심을 품고 다른 사람의 시선도 존중할 줄 아는 학급 분위기를 만들 수 있습니다.

활동명	하루 하나 매일 하나	아침을 여는 책	1분 말하기	서로 도와 공부해요	질문하는 교실
준비물	일력	자석 책 받침대	미니 돌림판	모둠 활동 컬러박스	물음표 주머니

공통 물품은 품앗이

학생 1인당 주어지는 학습 준비물 비용은 생각보다 넉넉하지 않습니다. 어떻게든 알뜰하게 사용하려 고심해도 부족한 건 어쩔 수 없습니다. 이때 다른 반과 예산을 품앗이하면 우리 반 학생들이 보다 많은 혜택을 누릴 수 있습니다. 우선 학습 활동의 기본 재료, 지류는 그 수요를 예측하기 쉽지 않으므로 종류별로 대용량 구입합니다. 특히 A4 사이즈의 지류는 프린트하여 활용하기 쉽고, 포트폴리오 파일에 정리가 용이하며 전시 및 공유할 때 적합합니다. 수성 채색도구 활용에 효과적인 수채화 용지(도화지), 입체 활동지 제작에 좋은 복사용지(120g 이상), 붓 펜을 이용한 작품에 잘 어울리는 화선지 등은 A4 사이즈로 넉넉하게 준비하여 학년 자료실에 두고 다양한 수업 활동에 사용하면 든든합니다. 채색도구 역시 공용으로 마련해 두면 다방면으로 활용하기 좋습니다. 색연필, 사인펜은 학생 개인이 준비하는 경우도 많지만 부족한 것은 학교 공용 준비물로 제공하기도 하므로 일부라도 준비해 두는 것이 좋습니다. 또한 학생들이 개별 준비하기 어려운 패브릭 마카(섬유용), 아크릴 마카(플라스틱, 금속용) 등은 모둠별로 준비하여 다양한 재료를 경험해 볼 수 있도록 하면 수업이 더욱 풍성해집니다.

또, 교육과정을 운영하거나 행사나 프로젝트 활동 시 필요한 자료도 함께 준비해 두면 효율이 높아집니다. 독서 말판 놀이, 캠페인 활동 어깨 띠나 피켓, 알뜰 시장이나 학교 텃밭 팻말 등을 구비해두면 활동의 성격에 맞게 변형해서 다양하게 사용할 수 있습니다.

학년 상관없는 과목별, 영역별 치트키

◆ 토킹칩(EVA원단)

토킹칩은 영어 교과에서 말하기·듣기 훈련을 위해 활용하던 교구로 많이 활용하였지만 국어과 토의 토론 학습 활동에도 매우 효율적입니다. 칩의 개수만큼 발언권이 주어져서 민주적인 토론 문화와 기회균 등을 학습할 수 있습니다. 연필이나 볼펜 등으로 잘 써지는 재질이라서 경제 교육 시 화폐, 감정 표현 카드 등으로도 자유롭게 만들 수 있어서 각 과목 활용도가 매우 높습니다.

◆ 스탠딩 보드

스탠딩보드는 두꺼운 종이판 위 시트지와 집게로 구성되어 있으며 뒤쪽 판을 절반 꺾어 접으면 세울 수 있습니다. 각종 작품 전시, 발표 작품 게시 등으로 다양하게 활용할 수 있습니다. 집게 이용이 쉬워서 학생에게 개별 지급하면 각자의 작품을 쉽게 포트폴리오로 정리할 수 있습니다.

◆ 말풍선 머리띠

말풍선 머리띠는 썼다 지울 수 있는 미니 화이트보드가 머리띠에 달린 형태의 자료입니다. 역할극을 할 때 맡은 역할을 알아보기 쉽게 표시할 수 있어 학습 활동에 대한 흥미와 관심을 높일 수 있습니다. 주어진 문제에 대한 답이나 학생 각자의 생각이나 느낌을 간단하게 적어 표현할 때도 두루두루 사용하기 좋은 자료입니다.

◆ 롤 스케치북

롤 스케치북은 용지가 두루마리 형식으로 말려 있는 자료입니다. 두께와 크기는 다양하며 종이를 이어 붙이지 않아도 긴 형태의 작품을 제작할 수 있습니다. 여러 가지 유형의 협동화, 시간의 흐름에 따른 사건이나 그래프 정리, 역사 연표 등 활용 예시는 무궁무진합니다.

◆ 빈 칸 메모리 카드

빈 칸 메모리 카드는 영어 수업을 할 때 품사를 분류하여 단어 연습을 하는 자료입니다. 사회, 과학 수업에서 개념을 공부하고 이를 설명하는 간단한 문장을 적어 뒤집어 놓은 후 일치하는 내용이 나오면 점수를 얻는 메모리 게임에도 사용할 수 있습니다. 문제를 만들면서 학습 내용을 심화할 수 있어서 다양한 문답 형식의 수업을 진행할 때 다방면으로 사용하기 좋습니다.

 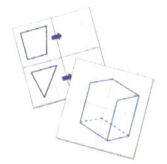

◆ 세로셈 연습 ◆ 모눈 점착 메모지

수학 메모지는 수학 시간에 반복 연습이 필요한 내용을 공부하기에 효과적입니다. 세로 셈을 비롯한 연산뿐만 아니라 나눗셈, 소수점 학습까지 확장할 수 있으며 모눈종이는 도형 그리기 활동을 도울 수 있습니다. 퀴즈 형식으로 수업 입장권 게임에 적용하여 본 차시 출발점 진단에 이용하기에도 적합한 자료입니다.

◆ 유토 ◆ 투명 보관 상자

유토는 여러 번 사용해도 굳지 않는 성질을 가진 재료입니다. 음식 모형, 동물이나 인물의 모습 등을 자유롭게 만들 수 있고 여러 모양으로 변형할 수 있습니다. 부조와 환조의 비교 수업을 할 수도 있습니다. 투명한 보관 상자가 있으면 전시와 보관을 동시에 해결할 수 있어서 더욱 효율적입니다.

선생님에겐 뭔가 특별한 것이 있다?

◆ 목각 나무 인형 1 ◆ 목각 나무 인형 2

목각 나무 인형은 크기와 연결 부분이 다양한 형태로 제작됩니다. 대부분 연결 부분은 고무줄로 묶여 있습니다. 탄력이 좋아 동세를 표현하는 활동에 사용할 수 있으며 캐릭터 디자인, 역할놀이 등에 사용해도 수업 흥미를 높입니다.

◆ 종이 원형 액자 1 ◆ 종이 원형 액자 2

종이 원형 액자는 종이로 만들어진 원형 판과 받침대가 함께 구성된 자료입니다. 시화 작품이나 자화상, 생활 계획표 등을 만드는 활동에 사용하기에 좋고 전시의 효과가 높아 다양한 행사에 어울리는 게시물을 제작하여 전달 효과를 더할 수도 있습니다.

◆ 포켓 주사위

포켓 주사위는 각 면을 투명창으로 만들고 이를 벨크로로 떼었다 붙였다 할 수 있는 형태의 자료입니다. 학습 주제에 맞는 내용으로 구성하여 창의적으로 활용할 수 있다는 것이 큰 장점입니다.

◆ 나무 블록 1   ◆ 나무 블록 1

나무 블록은 나무로 만든 정육면체 블록으로 각 면이 빈칸으로 이루어져 있습니다. 간단히 주사위로 만들 수도 있지만 학습 주제와 관련된 내용을 적어서 활용하기도 합니다. 나무 블록을 던진 후 나온 단어나 그림을 이용하여 단원 정리 한 문장을 만들기도 하고, 관련 없는 것들을 연결하여 반짝이는 아이디어를 만들어 낼 수도 있습니다.

◆ 핑퐁 배틀(탁구공 넣기 게임)

마지막으로 '핑퐁 배틀'이라는 이름으로 소개되고 있는 자료입니다. 컵 안에 같은 색의 탁구공을 넣어서 점수를 획득하는 게임이지만 컵 안에 각종 질문 카드를 넣어 사용하면 재미있습니다. 공이 컵에 들어가면 그 컵의 질문 카드를 꺼내 답하고, 정답이면 점수를 얻으며 학습 내용을 정리하는 방법으로 활용하기 좋습니다.

소개해 드린 옆 반 선생님의 장바구니에서 쓸만한 것을 찾아내셨나요? 수업 준비물은 학습 내용 연구를 기반으로 계속해서 새로운 것을 더해가며 지속적으로 마련해야 합니다. 지금부터라도 간단한 양식(학급일지, 엑셀 등)에 우리 교실 장바구니를 마련하여 차곡차곡 필요한 것을 담아 보시기 바랍니다. 그리고 다음 학기 학급 준비물을 구입할 때 선생님의 장바구니를 슬쩍 소개해 보시면 어떨까요? 서로의 장바구니 구경만큼 재미있는 일이 없으니까요.

학급 보상
아이들의 마음을 사로잡는 아이디어

어떻게 아이들의 마음을 훔칠까?

설렘 가득 소개팅도 아니고 썸타는 사이도 아닌데, 연애보다 어려운 게 학생들의 마음을 사로잡는 일이다. 그것도 한 명도 아닌 다수의 마음이라니, 대략 난감하다. 설상가상 눈코 뜰 새 없이 바쁜 새 학기에는 할 일이 산더미라 하루, 일주일, 한 달이 빛의 속도로 지나간다. 첫눈에 반하거나 1초 만에 결정되는 첫 인상처럼 아무리 바빠도 하루라도 빨리 아이들의 환심을 사야 1년 학급 관리가 편하다는 건 불변의 법칙인데. 과연 아이들의 마음을 훔칠 수 있는 비장의 학급 보상 아이템은 무엇일까?

학급 보상 필요할까?

학급 보상은 학생들의 긍정적인 행동은 격려하고 더욱 이끌어내며 반대로 부정적인 행동은 줄이고 궁극적으로 없애는데 목적이 있습니다. 매년 새 학기 많은 교사들이 고민하게 된다는 학급 보상 제도. 무조건 접어두고 좋다, 나쁘다로 나누기보다는 각자의 스타일과 그해 학생, 학급 특성에 맞게 사용하는 것이 좋습니다. 다만 본격적으로 학급 보상 제도를 결정하기 전 '왜 학급 보상을 하는가'에 대해 스스로 고민하는 시간을 가져보면 어떨까요? 무엇보다 과연 내가 일관성 있게 학년 말까지 학급 보상 제도를 끌고 갈 수 있을지, 우리 학급과 학생들에게 도움이 되는 것이 맞는지, 나의 교육 목표에 맞는 것인지를 고민해 보는 것입니다. 만약 학급 보상을 하기로 결정했다면 이제 학급 보상 꿀템, 비장의 아이템을 고를 시간입니다.

스크래치 복권 / 행운카드

불확실한 결과에 대한 기대감은 사람이라면 누구나 가지게 되는 마음, 당첨되지 않을 것을 알면서도 매번 로또를 사게 되는 마음과 같을 것입니다. 그런 맥락에서 스크래치 복권 또는 행운카드야말로 아이들을 혹하게 할 수 있는 아이템임이 틀림없습니다. 교사 입장에서는 과도한 비용을 부담하지 않고도 충분히 학생들을 만족시킬 수 있다는 매력이 있습니다. 게다가 시중에 판매 중인 스크래치 스티커만 구입하면 바로 학급에서 활용할 수 있습니다.

여기서 잠깐! 스크래치 복권 또는 행운카드의 활용 가이드를 소개합니다.

첫째, 칭찬 보상 항목을 미리 안내하세요. 본격적인 학급 보상 제도를 시작하기 전, 칭찬 보상 항목을 명확히 안내하거나 학생들과 함께 정하는 것이 좋습니다. 예를 들어 책을 몇 권 이상 읽었을 경우, 일주일 동안 1인 1역 청소를 했을 경우, 매일 발표를 두 번 이상 했을 경우처럼 결과를 확실히 확인할 수 있는 명확한 항목 제시가 필요합니다. 특히, 교사가 학급 생활 중 중요하게 여기는 항목에 학생들이 스스로 필요하다고 생각하는 항목을 적절히 포함 시키면 큰 동기 유발이 될 수 있습니다.

둘째, 보상 지급 기준도 안내해야 합니다. 학생들을 칭찬해야 하는 순간마다 매번 보상을 지급할 수도 있겠지만 다수를 대상으로 하기에는 번거롭고 부담스럽습니다. 그렇기 때문에 '10개의 칭찬 도장을 모으면 스크래치 쿠폰 한 장과 교환할 수 있다'와 같은 보상 지급 기준도 사전에 안내해야 합니다.

셋째, 스크래치 복권 또는 행운 카드에 들어갈 보상 내용을 정합니다. 발달단계에 따라 학생들이 원하는 보상 내용이 다를 수 있기에 학생의 입장에서 생각해 보아야 합니다. 일반적으로 학생들이 하고 싶지 않은 것을 제거해 주는 방식의 보상 내용을 정해 두면 좋습니다. 1회 숙제 또는 청소 면제권과 같은 형태입니다. 또, 급식 일등권이나 1일 짝꿍 바꾸기, 일주일 자리 선점권처럼 칭찬의 혜택을 누릴 수 있게 해주는 것도 좋습니다.

◆ 스크래치 복권 / 행운카드

메달 초콜릿

영광의 1등에게만 주어지는 금메달. 금메달은 상징적인 보상 물품으로 아이들의 마음을 사로잡을 수 있는 빅 아이템입니다. 귀하디 귀한 금메달 모형의 초콜릿은 최대의 칭찬을 할 때 사용하고 있습니다. 요즘은 디테일에 더욱 신경 쓴 금메달 초콜릿이 시중에 많습니다. CHAMPION 또는 No.1 로고가 새겨져있거나 퀄리티 높은 목걸이 띠를 부착한 초콜릿은 실제 메달처럼 보이기도 합니다. 주먹보다 크고 반짝반짝 화려한 금메달을 목에 걸며 아이들이 느낄 뿌듯함은 상상 그 이상입니다. 하루 종일 금메달을 목에 걸고 벗지 않는 모습을 보면 다른 학생들에게 자동으로 동기유발이 될 수 있어 칭찬과 독려, 일석이조의 효과를 얻을 수 있습니다.

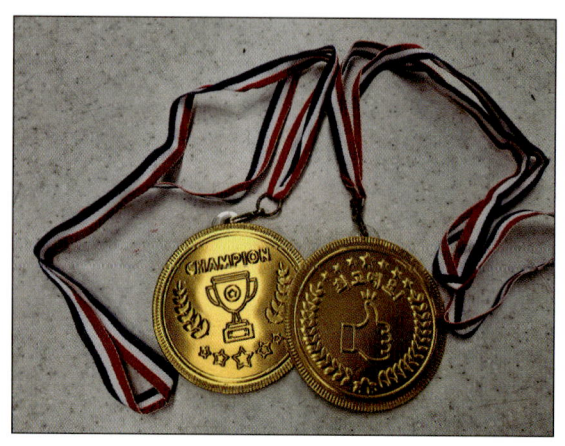

◆ 메달 초콜릿

칭찬 미니 트로피 / 상장

메달 초콜릿과 함께 상징성 있는 칭찬 보상을 꼽자면 미니 트로피가 있습니다. 트로피 역시 아무나, 아무 때나 받을 수 있는 것이 아니기에 최대의 칭찬을 할 때 증정하고 있습니다. 물론 메달 초콜릿처럼 간식으로 먹을 순 없지만 난생처음 트로피를 받은 아이의 행복지수는 최대치가 될 수 있습니다. 그게 아쉽다면 트로피 컵 안에 간단한 간식을 넣어 수여하면 두 마리 토끼를 모두 잡을 수 있습니다. 또한 칭찬과 격려의 아이템으로 선생님이 수여하는 상장도 교사의 노력 대비 높은 효과를 가져옵니다. 과거에는 흔하디흔했던 개근상조차 이제는 사라져 사실상 아이들이 상장을 받을 일이 별로 없습니다. 물론 담임교사가 주는 상장이라 특별한 효력은 없겠지만 그게 뭐 중요할까요? 학생들에게 자존감을 선물한다는 느낌으로 활용하면 됩니다.

◆ 칭찬 미니 트로피

원형 캡슐 / 캡슐 뽑기 기계 / 추억의 종이 뽑기 판

예나 지금이나, 애나 어른이나 불확실한 상황에서 행운을 빌며 뽑기를 뽑는 재미는 타의 추종을 불허합니다. 90년대 이전에 동네 슈퍼나 문방구 앞에 자리 잡았던 원형 캡슐 뽑기가 요즘 일본에서 유행하는 가챠숍으로 청소년들에게 핫한 유행이 되는 것만 봐도 알 수 있습니다. 어디 그 뿐일까요? 학교 앞 문방구 앞에서 작은 고사리 손으로 캡슐 뽑기 기계의 손잡이를 뱅글뱅글 돌리며 입구에서 떨어질 캡슐을 기대하는 아이들의 눈빛만 봐도 바로 알 수 있습니다.

학급에서도 이 원형 캡슐을 보상으로 사용할 수 있습니다. 캡슐 안에 사탕, 젤리와 같은 작은 보상 물품을 직접 넣어도 되고 다양한 혜택(칭찬 쿠폰)을 적은 문구를 넣어도 좋습니다. 또한 원형 캡슐을 뽑는 방식 역시 직접 상자에 손을 넣어 꺼내는 방법, 캡슐 뽑기 기계를 활용하여 돌리는 손맛을 느끼게 해주는 방법 등 각양각색 활용도가 높습니다.

레트로 감성이 물씬 나는 추억의 종이 뽑기 판은 어떨까요? 유행은 돌고 돈다고 어릴 적 문방구에서 소원을 빌며 하나하나 손으로 뜯었던 추억의 종이 뽑기 판이 다시 유행하고 있습니다. 판마다 뽑기 개수가 백 개 단위로 넉넉하고 '일등', '이등', '오등'처럼 직관적으로 결과를 확인할 수 있다는 점에서 어린아이들에게 안성맞춤인 보상이 될 수 있습니다. 각 등수마다 선생님 마음대로 상품만 결정하면 끝입니다. 정말 손쉽고 간편하지만 만족도는 최상입니다.

◆ 캡슐 뽑기 기계   ◆ 추억의 종이 뽑기 판

대나무 칫솔, 캠페인 연필

아이들의 마음을 사로잡을 흥미 위주의 보상도 좋지만 그 안에 교훈적인 메시지까지 담고 싶은 욕심이 나는 건 교사들의 직업병이자 숙명입니다. 이런 경우, 친환경 대나무 칫솔은 어떨까요? 일단, 칫솔은 개인 사물함에 필수로 있어야만 하는 준비물입니다. 대나무 칫솔은 몸체가 플라스틱이 아닌 대나무로 되어 있어 그립감이 좋은 데다 친환경 제품이기 때문에 폐기 후 자연으로 돌아갈 수 있다는 점도 매력적입니다. 보상 전 학생들에게 상품의 의미와 더불어 제로 웨이스트 운동을 몸소 실천할 수 있는 좋은 기회라고 설명해 주니 아이들도 솔깃해했습니다. 자연스러운 환경교육은 덤이 됩니다. 대나무 칫솔을 보상 물품으로 받은 후 아이들은 점심시간마다 친구들 앞에서 자신 있게 칫솔을 꺼내 들면서 어깨도 으쓱 올라갔습니다. 친구들이 알아봐 주면 금상첨화겠지만 꼭 누가 알아봐 주지 않아도 스스로 느끼는 뿌듯함과 만족감만으로도 충분히 행복해 보였습니다.

교사 나름대로 학급 학생들에게 교육하고 싶은 테마를 담은 캠페인 연필도 좋습니다. 인성교육을 테마로 '바른 말 고운 말로 행복한 교실', '서로 존중하고 아끼는 우리', '느려도 괜찮아. 지금처럼 열심히'와 같은 문구를 연필에 새겨 보상한 적이 있습니다. 물론 문구 한두 개로 당장 아이들의 행동이 변화하진 않았지만 지속적으로 테마를 가진 메시지를 전달하다 보니 진심은 닿았는지 아이들의 행동이 조금씩 변화하기 시작했습니다. 아이들은 스스로 느끼고 변화할 수 있습니다. 연필 한 자루가 그 변화의 시작을 만들어주었습니다. 참! 가능하다면 연필에 학생의 이름까지 새겨주면 어떨까요? 교실 바닥에 소중한 보상 물품이 굴러다니는 것을 보게 되는 불상사까지 사전에 예방할 수 있습니다.

◆ 대나무 칫솔

◆ 캠페인 연필

먹거리 - 비타민, 미니 단백질바, 곤약 쫀드기, 견과류

먹는 것이 남는 것, 가장 원초적인 보상은 역시 간식입니다. 그만큼 아이들의 호응도 매우 높고 특별한 고민 없이 바로 투입할 수 있기 때문에 가장 쉽게 접근할 수 있는 아이템이기도 합니다. 특히 저학년일수록 친구가 먹을 것을 보상으로 받으면 부러워 미칠 지경입니다. 아니, 다시 생각해 보면 간식은 고학년도 앞뒤 안 재고 좋아했던 것 같습니다. 그만큼 효과 보장은 확실합니다.

단, 내 아이 입에 들어가는 것만큼은 좋은 것을 먹이고 싶은 엄마의 마음을 반영한 보상은 어떨까요? 물론 사탕, 초콜릿, 젤리가 아이들의 기호를 반영하기도, 보상 구입의 접근성도 좋긴 하지만 그래도 선생님이 수여하는 보상인 만큼 건강도 함께 선물하면 어떨까요? 그런 의미에서 가장 좋은 건 비타민입니다. 비타민C 한 알은 작지만 짧은 시간 아이들을 집중시키기 좋은 아이템입니다. 인기 있는 캐릭터 비타민이라면 더욱 반응이 좋습니다. 다음은 미니 단백질바입니다. 일을 많이 하거나 에너지를 많이 쓰면 당이 떨어지기 마련이기에 학교에서 모든 에너지를 쏟아내는 아이들이 간단히 허기를 달랠 수도 있고, 맛과 영양을 고루 갖추었으니 좋은 보상 아이템이 될 수 있습니다. 곤약 쫀드기도 괜찮습니다. 쫀드기 하면 학교 앞 불량식품이 떠오를 텐데 맛은 쫀드기와 흡사하지만 곤약으로 만들어 건강까지 챙길 수 있고 쭉쭉 길게 찢어가며 오물오물 씹어 먹는 재미가 있어 아이들이 좋아합니다. 건강을 최우선으로 생각하는 선생님이시라면 견과류도 좋습니다. 요즘은 하루 한 봉을 콘셉트로 만든 견과류 상품이 워낙 다양하기 때문에 원하는 견과류로 구성된 세트를 구입하면 개개인에게 나누어 보상하기 편리합니다.

선생님과 데이트

조금은 유니크한 보상을 원한다면 아이들에게 내 시간을 선물할 수 있습니다. 이름하여 선생님과의 데이트. 데이트 방식은 취향껏 고르면 됩니다. 예를 들어 '선생님과 분식집 데이트', '선생님과 편의점 데이트', '선생님과 베라 데이트'처럼 학교 앞 상권을 활용해 한 시간 이내로 아이들과 시간을 보내는 것입니다. 조금 더 큰 보상이라면 '선생님과 인생 네 컷 데이트', '선생님과 영화 데이트', '선생님과 대형 서점 데이트'를 추천합니다. 멀고 어려운 관계라 여겼던 선생님과 조금은 은밀하게 둘만의 비밀스러운 시간을 보내게 된다면 학생들에게 정말 특별한 보상이 되지 않을까요? 또한 보상도 보상이지만 교사와 학생 간 관계 형성에도 도움이 될 수 있습니다. 만약, 학생 한 명과 시간을 보내는 것이 조금 부담스럽다면 '친구와 함께 선생님과 데이트'처럼 친구 찬스를 쓸 수 있게 해

줘도 좋습니다. 보상을 받은 것만으로도 좋은데 내 친구에게 인심까지 쓸 수 있으니 일석이조입니다. 하지만 그것 역시 부담된다면 모둠의 여러 학생들을 함께 보상하면 일대일로 오롯이 시간을 이끌어 가야 한다는 부담을 줄일 수 있습니다.

진심은 통하기 마련

모든 선생님들의 마음이겠지만 학생들의 마음을 사로잡고 싶다는 의지, 그 자체가 사랑이고 진정한 교육이라고 생각합니다. 보상이 학생들 간의 경쟁을 부추기고 서열화 시킬 수 있기도 합니다. 이로 인해 부정적인 시선과 평가를 받기도 합니다. 하지만 아무것도 하지 않는 것보다 뭐라도 시도하는 게 의미 있지 않을까요? 학생 보상의 출발은 '인정'이라고 생각합니다. 작은 일이라도 선생님이 인정하고 의미를 부여하면 학생들에게는 무궁무진한 추진력이 될 수 있습니다. 그런 의미에서 조금의 노력을 더한 각양각색의 학급 보상으로 학생들에게 동기를 부여해 보시기 바랍니다.

그림책
쉽게 떠먹여드립니다

▎점점 작아지는 내가 보일 때

교직 생활의 위기가 찾아왔다. 아이들 앞에 서는 것이 더는 즐겁지 않다. 수업에 대한 자신감도 서서히 사라지고…. 아이들을 꾸준히 가르치면 수업의 전문가가 될 줄 알았는데 그렇지 않은 것 같다. 다른 선생님들은 각자의 위치에서 잘하고 있는 것 같은데 나만 제자리걸음을 걷는 기분. 정신적으로, 육체적으로 조금씩 무너져 간다. 이런 나에게 터닝 포인트가 되어 줄 수 있는 것이 없을까? 정말 정말 꼭 필요하다.

첫 그림책 수업 이야기

예전의 제 모습을 떠올려 봅니다. 더 이상 일어날 힘도 없어지기 전에 스스로 만든 구덩이에서 빠져나와야 한다고 생각했습니다. 다른 선생님과 비교하지 말고 스스로에 대해 생각하는 시간을 갖기로 했습니다. 내가 잘할 수 있고 좋아하는 게 무엇인지 찾아보자는 생각이 들었습니다. 10년의 교직 생활을 하면서도 '나'에 대해 돌아보는 시간은 없었거든요. 나는 무엇을 좋아하는 아이였는지, 어떤 것을 할 때 즐거움을 느꼈는지 곰곰이 생각해 봤습니다. 그러다 문득 초등학생 때 밤늦게까지 엄마가 사다 준 세계 명작 동화를 읽던 기억이 떠올랐습니다. 기암성에서 셜록 홈즈와 괴도 루팡의 대결이 궁금해 단숨에 읽어 내려갔던 기억, 톰 소여의 모험과 허클베리 핀의 모험을 몇 번이고 읽었던 기억이 났습니다. 중학생 때는 만화책에 빠져서 하루에 몇 권씩 읽었습니다. 책을 읽을 때면 누가 옆에서 말을 시키는 것도 귀찮았고, 밥상에서도 퇴마록을 붙잡고 있었습니다.

'내가 질리지 않고 학급에서 아이들과 지속적으로 할 수 있는 것이 무엇이 있을까?' 오랜 고민 끝에 내린 결정은 '책'이었습니다. 다음 날 무작정 학교 도서관에서 눈에 들어온 한 권의 그림책(선생님은 몬스터, 피터 브라운 지음, 사계절)을 꺼내 아이들에게 읽어주며 저의 첫 그림책 수업은 시작되었습니다. 교사로서 살아남기 위해 들었던 그림책을 통해 지금도 여전히 아이들과 그림책으로 만나는 교사로 살고 있습니다.

그림책의 좋은 점은 뭘까

글을 읽어서 정보를 얻기보다는 영상을 통해 정보를 얻는 시대, 앞으로도 그런 현상은 더욱 가속화될 것으로 예측됩니다. 김상욱 교수는 알쓸별잡이라는 프로그램에서 사람들이 책과 문자를 통하지 않고 영상을 통해 지식을 습득하는 현상에 대해 걱정합니다. 책과 문자는 문어체로 되어 있지만 영상은 구어체를 바탕으로 하기 때문이죠. 글을 쓸 때는 내가 지금 쓰는 문장이 논리적인지, 사고 체계는 잘 구축하고 있는지를 끊임없이 생각하며 쓰게 됩니다. 하지만 말로 할 때는 논리력과 사고 체계가 흔들릴 확률이 높다는 겁니다.

그림책은 그림이 주를 이루고 글이 보조하는 역할을 합니다. 그림책은 글이 길지 않기 때문에 초등학교 저학년 아이들에게도 효과적인 도구입니다. 선생님도 부담이 없기에 언제든 꺼내서 아이들에게 읽어주고 내용을 나눌 수 있습니다. 저는 한글이 어려운 아이를 지도할 때 유아들이 보는 보드북을 가지고 가르친 적도 많습니다. 그림책에는 그림만 있는 작품도 있습니다. 사일런트 북이라고 하는데 한글이 어려운 아이들과 수업을 할 때 사용하면 좋습니다. 아이들은 그림을 보고 내용을 말로 만들어 봅니다. 교사는 아이들의 말을 글로 바꾸어 새로운 버전의 그림책을 만들어 보며 놀 수 있습니다.

그림책의 주제는 다양합니다. 교과와 연관된 내용의 그림책도 정말 많습니다. 그림책 수업을 계획할 때 제가 자주 하는 말이 있습니다. "그림책은 잘못이 없다. 주제와 연관된 책을 찾지 못하는 나에게 잘못이 있을 뿐이다." 그림책은 현실 세계의 문제와 내가 가진 인식 사이를 연결해 주는 다리 역할을 합니다. 환경 수업을 할 때 환경 문제는 아이들에게 너무 먼 단어입니다. 이 간극을 좁히기 위해 그림책이라는 이야기를 활용하면 좋습니다. 아이들은 그림책 속 내용을 통해 환경 문제가 우리와 밀접한 관련이 있다는 사실을 인식할 수 있습니다. 학습 동기는 내 삶과 수업이 연결될 때 올라가게 됩니다.

그림책 수업을 하며 기억에 남는 순간들이 있습니다. 4학년 담임을 할 때 교실에 말을 잘 하지 않는 친구가 있었습니다. 선택적 함묵증처럼 자신이 필요한 말 외에는 발표도 하지 않고 조용히 있는 아이였죠. 처음에는 그 아이를 이해하기가 어려웠습니다. 어떻게든 이야기를 할 수 있게 하려고 노력했지만 잘되지 않았습니다. 그러다 『나는 강물처럼 말해요』라는 그림책을 만났습니다. 그림책을 쓴 조던 스콧의 자전적 이야기를 다룬 책인데, 책에 나오는 주인공도 말하는 것에 어려움을 느끼는 아이입니다. 정말 신기하게도 책을 읽으며 말을 하지 않는 아이의 마음이 이해되고 공감이 되기 시작했습니다. 제가 아이를 바라보는 관점이 변하고 이해하려는 노력을 보이자 그 아이도 조금씩 저에게 다가와 말을 하기 시작했습니다. 물론 앞에 나와서 발표를 하거나 질문에 대답을 하는 그런 변화는 아니었지만, 저와 그 아이 사이에 연결점이 생겼다는 느낌이 들었습니다. 좋은 그림책은 아이도 변화시키지만 선생님도 함께 변화시킨다는 것을 그때 느꼈습니다.

그림책 수업 사례 맛보기_『브로콜리지만 사랑받고 싶어』

『브로콜리지만 사랑받고 싶어』는 처음 봤을 때부터 이 책으로 아이들과 수업을 해야겠다는 마음이 강하게 든 그림책입니다. 그림책에서 표지의 역할도 꽤 중요합니다. 아이들의 눈길이 처음 머무는 곳이기 때문이죠. 아이들도 그림책 표지에 보인 브로콜리 캐릭터가 마음에 든다고 했습니다. 이 그림책으로 수업을 하기 위해 사전에 다른 작품으로 수업을 이어오고 있었습니다.

애니메이션 〈레드 슈즈〉로 문을 열고 외모와 내면의 아름다움에 대해 이야기를 나눴습니다. 『종이 봉지 공주』로는 우리가 가지고 있는 고정관념을 말랑말랑하게 만들면서 수업을 진행했지요. 마지막으로 『브로콜리지만 사랑받고 싶어』로 나 자신을 있는 그대로 사랑하고 나의 강점을 찾아볼 수 있는 수업 활동을 구상했습니다. 어떤 수업을 했는지 간단히 소개해보겠습니다.

첫 번째 활동, 그림책 읽고 이야기 나누기

그림책을 쫙 펴고 읽어주면서 아이들에게 브로콜리를 좋아하는지 물어봅니다. 모든 아이들이 브로콜리를 싫어할 거라는 고정관념을 가지고 있었는데 그렇지 않다는 걸 알았습니다. 여섯 명의 아이들 중 4명은 좋아하고 2명만 싫어하더군요. 브로콜리를 좋아하는 아이들이 많아서 다행이라고 생각하고 있는 찰나 남자아이 한 명이 말했습니다. "선생님 저는 편식해요." 저는 별다른 말은 하지 않고 속으로만 생각했습니다. '급식 먹을 때 이미 눈치채고 있었어, 이놈아!'

두 번째 활동, 채소야 떠올라라_띠 빙고 놀이

1~10번까지 적을 수 있는 브로콜리 활동지를 나눠주고 최대한 많은 채소를 적어보도록 했습니다. 채소를 적는 것을 어려워할 줄 알았는데 힌트를 약간 주니 금방 적습니다. "너희 삼겹살 먹을 때 함께 먹는 채소를 떠올려봐. 학교 급식에는 어떤 채소가 나왔을까?" 아이들 모두 총 10개의 채소를 적었습니다. 한 명씩 돌아가면서 자신이 적은 채소를 말하면 저는 칠판에 아이들이 부른 채소를

모두 적습니다. 칠판에 적은 채소에 대해 간단히 이야기를 나누고 아이들과 함께 띠 빙고 놀이를 하기 위해 8개의 채소를 골라봤습니다.

> **띠 빙고 놀이 방법**
> 1. A4 종이를 가로로 3번 접어서 8칸이 나오도록 만든다.
> 2. 교사가 불러주는 8개의 채소를 랜덤으로 적는다.
> 3. 돌아가면서 채소를 하나씩 부른다.
> 4. 부른 채소 이름이 처음과 마지막 칸에 적혀 있는 경우에만 그 부분을 떼어낼 수 있다.
> 5. 자신의 손에 든 8개 채소 이름을 모두 떼어내면 빙고를 외치고 우승자가 된다.

세 번째 활동, 샤이닝 강점 카드를 활용해 나의 강점 찾기

아이들에게 자신의 장점과 단점을 적어보도록 한 적이 있습니다. 아이들은 자신의 장점을 많이 적었을까요? 단점을 많이 적었을까요? 대부분의 아이들은 장점보다 단점을 훨씬 많이 적었습니다. 장점을 찾는 걸 굉장히 어려워했지요. 이 글을 보는 선생님들도 자신의 장점과 단점을 한번 떠올려 보세요. 어느 쪽이 더 많이 떠오르나요? 자신의 장점을 찾아볼 때 활용하기 좋은 카드가 샤이닝 강점 카드입니다. 이 카드는 그림이 중심인 카드와 글이 중심이 카드, 두 개로 구성되어 있으니 학급 아이들의 성향을 잘 파악한 후 접근하면 좋을 것 같습니다. 샤이닝 강점 카드 사용 설명서에 적힌 대로 먼저 친구의 강점을 찾아주는 놀이를 했습니다. 이 놀이는 6명 정도가 한 모둠이 되어 하는 것이 가장 좋습니다. 친구가 찾아준 강점과 스스로 선택한 강점 카드 3장을 가지고 '자신에게 보내는 응원 편지'를 적었습니다. 원래는 활동지에 적고 끝내려 했는데 한 아이가 물어봅니다. "선생님 활동지에 적고 엽서에 옮겨 적어도 될까요?" 그동안 그림책을 구입하며 받았던 엽서, 굿즈로 받은 엽서, 출판사에서 보내준 엽서를 꺼내 바닥에 펼쳐놓았습니다. 아이들은 자신의 마음에 든 엽서를 가지고 가서 정성스럽게 다시 옮겨 적었습니다. 어떤 아이는 활동지에 적은 내용보다 엽서에 훨씬 많은 문장을 추가해 제출합니다. 가끔 이런 모습을 보면 그림책 수업하길 잘했다는 생각이 듭니다. 지치고 힘들 때도 있지만 이렇게 아이들이 그림책에 빠진 모습이 저를 다시 그림책 수업으로 이끕니다.

네 번째 활동, 우리 학교 학생들이 좋아하는 채소 알아보기

1학년부터 6학년까지 어린이들이 좋아하는 채소와 덜 좋아하는 채소를 알아보기 위해 12개의 채소 후보를 정했습니다. 채소를 선정할 때는 아이들의 의견을 최대한 반영하여 수업에 적극적으로 참여하는 분위기를 만듭니다. 그런데 브로콜리가 나오지 않기에 제가 살짝 말을 건넸습니다. "그런데 오늘 읽은 그림책 주인공이 브로콜리인데, 브로콜리는 넣어줘야 하지 않을까?" 그제야 브로콜리도 채소 후보에 넣어주는 아이들을 보며 웃음이 납니다. 12개의 채소 이름이 적힌 투표판을 만들고 스티커도 준비해서 1학년부터 6학년까지 돌아다녔습니다. 한 명당 채소 3개에 투표할 수 있도록 했는데 놀랍게도 브로콜리가 4위를 차지했습니다. 토마토, 감자, 오이의 뒤를 이어 당당히 4위를 차지한 것이지요. 우리는 이 기쁜 소식을 브로콜리에게 직접 전해주기로 했습니다. 활동지 왼쪽에는 브로콜리 캐릭터를 그리고, 오른쪽에는 브로콜리에게 보내는 편지를 적었습니다. SNS 키다리 출판사 계정으로 그림책을 활용해 수업 한 사진과 내용을 간단히 적어서 보냈는데 글 작가와 그림 작가님 두 분이 답장을 보내주셨습니다. 기쁘고 신기해서 다음 날 아이들에게 작가님이 보낸 답장을 읽어줬습니다. 아이들이 즐거워하는 모습을 보니 저도 기분이 좋았습니다.

그림책을 선정하는 방법

그림책 수업을 계획할 때 많은 선생님들이 어려워하는 부분 중 하나가 그림책 선정에 관한 부분입니다. 어떤 그림책을 활용해 수업을 디자인하면 좋을지, 주제에 맞는 책을 추천해달라는 요청이 많이 들어오기도 합니다. 그림책을 활용하는 방법에 대해 간단하게 알려드리겠습니다. 아침 시간에 읽어주는 그림책은 그 시기에 맞는 그림책을 선택해 읽어주고자 합니다. 음식도 제철 음식이 맛있듯이, 그림책도 읽어주기 적절한 시기가 있습니다. 대표적으로 계절 그림책이 그렇습니다. 봄에 여름 그림책을 읽어주고, 여름에 겨울 그림책을 읽어 주면 안 되겠죠. 3월에는 학급을 만들어 가는데 적합한 그림책을 읽어줍니다. 올바른 학습 습관과 생활 습관을 알려주는 그림책들이 대표적이죠. 1학년을 맡을 때는 『사뿐사뿐 따비르』를 읽어주며 건물 안에서는 뛰지 않고 걸어 다닐 수 있도록 했습니다. 5월에는 가족에 대한 사랑을 느끼고 선생님에 대한 마음을 떠올릴 수 있는 그림책을 활용하면 좋습니다. 저는 5월 15일을 맞아 『선생님을 만나서』라는 그림책을 읽어주고 선생님 얼굴 그려보기, 선생님께 주고 싶은 동시 필사하기 등의 활동을 했습니다. 10월에는 한글날 수업으로 세종대왕과 관련한 그림책을 읽어줬고, 12월에는 크리스마스와 관련한 그림책들을 찾아 읽어줬습니다.

수업에 활용할 그림책을 찾는 사이트

아래 사이트는 제가 자주 방문하며 수업에 필요한 그림책 정보를 얻는 사이트입니다. 그림책에 관심이 있다면 여러분들도 아래 사이트를 즐겨찾기 해놓고 자주 들어가 필요한 그림책을 찾는 즐거움을 누리기 바랍니다. 신간 그림책을 빠르게 확인하고 싶다면 '그림책 박물관'을, 교과 연계 도서를 찾고 싶다면 '책씨앗'의 초등 교과연계 추천 도서 부분을, 깊이 있는 그림책 이야기를 듣고 싶다면 '가온빛'을 추천합니다.

1. **그림책 박물관:** 신간 그림책들이 바로 올라오고 한국 그림책과 외국 그림책을 나눠서 찾아볼 수 있게 구성되어 있습니다.

   https://www.picturebook-museum.com/main

2. **책씨앗:** 창비에서 운영하는 사이트로 그림책뿐 아니라 동화책, 청소년 소설도 추천해 줍니다. 독서 프로그램과 작가와의 만남도 연결해 주기 때문에 잘 활용하면 유용합니다.

   https://www.bookseed.kr/

3. **가온빛:** 그림책에 관한 깊은 이야기와 작가 이야기, 그림책 상과 관련한 이야기들이 보기 좋게 정리되어 있습니다.

   http://gaonbit.kr/

그림책 수업을 디자인할 때 참고할 사이트 소개

그림책을 수업에 활용할 때 좋은 점, 언제 활용할 수 있는지, 그림책 수업에 필요한 책들은 어떻게 정할 수 있는지를 알아봤다면 이번에는 그림책을 가지고 수업을 디자인하는 방법을 알아볼 차례입니다. 가장 중요한 것은 내가 의도한 수업을 구현할 수 있는 그림책을 선정하는 것입니다. 또 우리 반 아이들의 문해력 수준과 관심사도 살펴야 합니다. 당연한 말이지만 천 개의 교실이 있다면 천 개의 교실이 모두 다른 모습을 가지고 있습니다. 아래 추천하는 사이트를 살펴보면서 다양한 수업 계획안과 지도안, 활동지 등을 살펴보고 자신의 수업에 잘 녹여내시길 바랍니다. 활동지를 활용한다고 하더라도 그대로 사용하려고 하지 말고 자신이 중요하게 생각하는 점을 반영하여 활동지를 수정 활용하는 걸 추천합니다.

처음 시작할 때는 다양한 활동을 해야 한다는 부담감을 내려놓는 것이 중요합니다. 선생님들이 가장 부담을 느끼는 부분도 멋진 활동을 만들어야 한다는 압박감에 있습니다. 그림책 수업의 핵심은 책 내용을 아이들과 깊이 있게 나누는 부분입니다. 책을 읽고 질문을 통해 아이들의 삶의 경험을 수업에 들여오기를 바랍니다. 다양한 활동 위주의 수업이 꼭 좋은 것은 아니라는 점을 기억하면 좋겠습니다.

1. **예스24 스쿨 콜라보:** 예스24에서 학교 독서교육을 지원하기 위해 만들었습니다. 여기에 들어가면 매달 추천하는 책도 볼 수 있고, 수업 자료실에서는 전국에 있는 선생님들이 올린 다양한 수업 지도안과 활동지 등을 받아볼 수 있습니다.

    https://www.yes24.com/Mall/School/Best

2. **출판사 홈페이지:** 저는 관심 있는 출판사 홈페이지를 자주 방문합니다. 요즘은 출판사들도 학교 선생님들이 그림책을 많이 활용하고 있다는 걸 알고 있습니다. 선생님들이 수업에 활용할 수 있는 지도안과 활동시를 찾을 수 있습니다.

3. **좋아서 하는 어린이책 연구회:** 네이버에 좋아연이라고 검색하면 카페가 나옵니다. 카페에 가입하면 운영진들이 올려놓은 좋은 수업 자료들을 참고하여 내 수업을 디자인하는 데 도움을 받을 수 있습니다.

    https://cafe.naver.com/zoapicturebook

우리 그림책 수업해볼까요?

지금까지 그림책의 좋은 점과 그림책을 활용한 수업은 어떻게 할 수 있는지 열심히 나눴습니다. 그림책 수업을 포기하지 않고 지속적으로 할 수 있었던 것은 그림책을 통해 아이들이 꺼내준 이야기 때문이었습니다. 『낱말 공장 나라』를 읽으며 자신에게 소중한 단어로 '절약'을 선택한 아이의 이야기, 『아빠를 빌려줘』를 읽고 아빠에 대한 그리움을 꺼낸 아이들의 이야기를 들었습니다. 교과서 수업으로는 절대로 만나지 못했을 아이들의 마음이었습니다.

아이들과 그림책에 담긴 이야기를 나누면서 저 역시 많이 성장했습니다. 아이들의 마음을 알고 나니 학급 분위기도 좋아졌습니다. 그전에는 이해할 수 없었던 아이들의 행동들이 조금씩 이해되기 시작했습니다.

그림책으로 수업을 진행하는 것에 부담을 느끼는 선생님들도 있을 것입니다. 저도 처음에는 어색하고 무슨 활동을 해야 할지 감이 오지 않아 한참을 헤맸습니다. 확실한 것은 시도하지 않으면 아무 일도 생기지 않습니다. 일단 움직여야 거기에서 새로운 길이 보이고 방법이 생겨납니다. 그림책이 가진 힘을 믿고 아이들에게 읽어주는 것에서부터 시작해 보세요. 그렇게 조금씩 하다 보면 그림책의 세계로 들어온 선생님과 아이들의 모습을 볼 수 있을 것입니다.

글쓰기 지도
쉽고 간편하게

▌쓰는 건 괴로워

　스마트폰과 태블릿 등 전자기기를 활용하여 영상으로 정보를 얻는 것에 익숙한 우리 아이들. 유튜브 숏츠, 틱톡의 영향으로 영상마저 최대한 짧게! 간단하게! 빠르게!에 열광하고 있다. 상황이 이렇다보니 학교는 그 어느때보다 학생들의 깊이있는 사고력과 문해력 향상을 위해 다양한 방법들을 시도하고 있다. 하지만 아직 학생들은 자신의 생각을 한두 문장으로 쓰는 것마저도 주저하는 게 현실. 과연 교사가 어디까지 해내야 하는 걸까? 글쓰기 지도를 쉽게 할 수 있는 방법은 없을까?

글쓰기의 시작은 '독서'

　정말이지 너무나 뻔한 말이지만 글쓰기의 시작은 책 읽기입니다. 물론 독서라면 질색하는 아이들도 있지만 재미있는 책이라면 이야기가 달라집니다. 한 번 빠지기 시작하면 시간 가는 줄 모르고 손에서 책을 놓지 않는 아이들의 모습을 발견할 수도 있으니까요. 그래서 글쓰기에 앞서 가장 먼저 해야하는 일이 바로 아이들이 좋아할만한 책을 교실에 구비해두는 일입니다. 그러기 위해 교사는 요즘 핫한 도서들을 검색하는 수고를 해야 합니다. 하지만 걱정할 것 없습니다. 정보가 너무 많아서 문제지 정보가 없어서 문제겠습니까? 가장 간단한 방법은 온라인 서점 사이트 베스트셀러, 어린이 코너의 책들 중에서 고르는 것입니다. 물론 각 교육기관의 학년별 추천도서도 좋지만 흥미를 유발하기 위해서는 재미있는 책으로 시작하는 것이 수월하기 때문입니다. 잠깐의 수고로 아이들이 책을 좋아할 수만 있다면 기꺼이 감당할 수 있는 정도의 수고로움이라고 생각합니다. 하나 더, 새 학기부터 교실 안에서 독서가 생활화될 수 있는 분위기를 만들어 주는 것도 필요합니다. 등교하면 마치 도서관처럼 자연스럽게 책을 꺼내 읽게 되도록 말입니다. 교실 속 도서관이 가능하게 하기 위해서는 몇 명의 학생을 섭외하면 좋습니다. 가장 좋은 타깃은 학교에 가장 일찍 오는 아이입니다. 처음 등교한 친구가 책을 읽고 있으면 다음, 그다음 등교한 아이들도 자연스럽게 책을 꺼내 앉기 쉽습니다. 3월 한 달 동안만 교사가 아침 독서에 관심 가지면 일 년이 편해질 수 있습니다. 더불어 수업 중 활동이나 과제를 일찍 마쳤을 때도 자유 책 읽기 활동을 하도록 하면 효과 만점입니다. '모방은 창조의 어머니'라고 독서를 통해 자연스레 축적되는 맞춤법과 문장구조, 표현들이 아이들의 글쓰기 자산이 됩니다. 독서를 통해 아이들은 책과 나를 연결하면서 책에게 의견을 듣기도 하고 내 생각을 머릿속으로 말하기도 합니다. 자! 이제 그것들을 글로 표현하면 글쓰기가 되는 것입니다.

글쓰기 대회 출전, 험난한 글쓰기의 강력한 동기유발

"선생님 저는 책 읽는 건 좋지만 글을 쓰는 건 싫어요." 독서를 통해 글을 읽고 이해하는 능력을 갖추고 자신의 생각을 논리적으로 표현하는 글쓰기 연습은 반드시 필요하지만, 학생들의 거부감은 상상초월입니다. 대부분 재미없어서, 무엇을 써야 할지 몰라서, 팔이 아파서, 글은 혼자 써야 하니 외로워서, 어려워서 등 천만 가지도 넘는 이유를 대며 거부합니다. 이때 철옹성 같은 아이들의 마음을 무너뜨릴 강력한 한방이 필요합니다. 글쓰기의 동기유발로 글쓰기 대회 출전을 해보는 건 어떨까요? 대회 출전이라는 말에 아이들은 솔깃합니다. "글쓰기 대회 대상 상금은 100만 원입니다." 다 제외하고 최대 상금만 말해주면 끝! 갑자기 교실이 술렁일 것입니다. 물론 대상으로 상금 100만 원을 받는 것은 사실상 불가능에 가깝지만 순진한 아이들은 이미 자기가 대상을 받는 상상에 행복해합니다. 글쓰기 주제 같은 건 관심 밖입니다. 글쓰기는 싫지만 대회는 나가고 싶은 도둑놈 심보는 애교인 수준. 하지만 괜찮습니다. 주객전도라도 아이들이 글쓰기에 관심을 가졌으니 그것이면 만족입니다. 글쓰기 과정과 경험이 중요한데 대회 상금으로 학생을 현혹시키는 건 교사로서 양심이 살짝 찔리는 일이라 생각하실 수도 있습니다. 하지만 다 덮어두고 뭐라도 시작하려면 아이들의 마음을 사로잡는 게 우선이지 않을까요? 술렁이던 교실 분위기가 잦아들며 아이들이 묻습니다. "선생님! 그래서 뭐에 대해 쓰면 돼요?"

셀 수 없이 많은 글쓰기 대회, 어떻게 선택할 것인가!

글쓰기라는 게 공장에서 물건 찍어내듯 뚝딱뚝딱 써지지 않는 게 현실입니다. 어른에게도 쉽지 않은 일이고, 하물며 아이들에게는 생소하기까지 한 경험입니다. 게다가 말랑말랑 유연한 사고를 가진 저학년보다 고학년 아이들이 글쓰기 과정을 더 어려워하고 힘들어합니다. 그렇기 때문에 최대한 아이들이 쓸 거리가 많은 주제나 내용의 글쓰기 대회로 시작하면 좋습니다.

이제 어떤 글쓰기 대회를 선택할 것인가가 관건입니다. 하지만 크게 걱정할 건 없습니다. 생각 외로 1년 동안 셀 수 없이 많은 기관에서 정말 다양한 분야의 글쓰기 대회를 개최하고 있습니다. 업무로 바쁜 와중에 각 기관 사이트들을 하나하나 들어가 보는 건 어렵고, 그 많은 대회에 모두 출전할 수도 없습니다. 그렇다면 어떻게 해야 할까요? 잠시만 시간을 내어, 문서관리대장을 살펴보세요. '공모전' 또는 '대회'를 키워드로 검색한 뒤, 수신된 공문 중에서 마음에 드는 분야를 고르는 것이 가장 간편한 방법입니다.

수업과 연결되는 글쓰기

평소 학생들과 다뤄보고 싶거나 관심 있는 주제가 글쓰기 대회와 연결된다면 금상첨화입니다. 그렇지만 만약, 특별히 없다면 편지 쓰기 공모전을 추천합니다. 대표적인 전국 단위의 편지 쓰기 공모전으로는 '초록우산 감사편지 공모전'을 꼽을 수 있습니다. 편지 쓰기야 말로 전문적인 지식이나 상식 없이도 글쓰기가 가능하기 때문에 학생들이 부담 없이 도전할 수 있다는 점이 상당히 매력적입니다. 교사는 학생들이 편지 받을 대상에 대한 자신의 생각과 마음을 글로 표현해 보도록 유도하면 됩니다.

다만, 이것이 교사에게 또 다른 부담으로 다가와서는 안 됩니다. 교사가 지치면 일회성 행사로 전락할 가능성이 높아지기 때문입니다. 그렇다고 또 과제로 제시해버리면 학생에게 짐이 되어 작품의 퀄리티가 떨어지기 쉽습니다. 그럼 언제, 어떻게 글쓰기 활동을 진행해야 할까요? 바로 국어 시간입니다. 국어 교과에는 초등 각 학년, 매 학기마다 편지글이나 자신의 생각 표현하기 관련 단원이 수록되어 있습니다. 해당 단원만큼은 교과서를 보조 교재로 활용하고 아이들과 오롯이 편지쓰기에 집중하면 됩니다. 교과 수업 시간 활동이 고스란히 글쓰기 대회 참가로 이어질 수 있기에 교사와 학생 모두의 부담을 줄이는 효과를 볼 수 있습니다.

본격적으로 편지 쓰기를 시작해 봅시다. 가장 먼저, 편지 받을 대상을 선정해야 합니다. 함께 공유한 사건이 많거나 특별한 추억이 있는 대상을 선택하면 글감이 풍부해 집니다. 첫인사와 안부, 편지를 쓰게 된 목적까지의 도입부를 지나 본격적으로 대상과 함께 보낸 추억과 그때 느낀 감정과 생각을 솔직히 적어가게 합니다. 학생들마다 글을 쓰는 속도가 다르기 때문에 교사는 수업 시간 동안 학생들을 일대일로 지도하며 도움을 줄 수 있습니다. 물론 학급당 학생 수에 따라 지도 방식은 달라질 수 있습니다.

학생 수가 적을 경우 한 차시에 학생들이 작성한 글을 교사가 한글 파일로 타이핑한 뒤, 글 사이사이에 추가할 내용을 적을 수 있는 박스를 삽입하여 첨삭하는 방법이 간편합니다. 매시간 학생들이 작성한 글을 타이핑하고 출력한 뒤 첨삭을 진행하면, 차시가 거듭될수록 글이 점차 완성되고 누적됩니다. 이때 누적된 출력물들을 모아 하나로 묶으면 자동으로 포트폴리오가 제작됩니다.

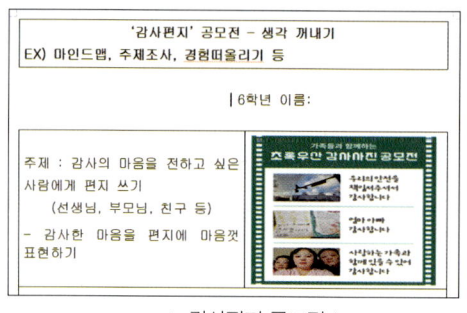

◆ 감사편지 공모전 1

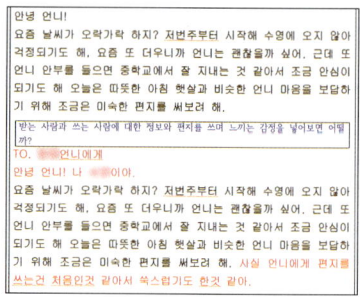

◆ 감사편지 공모전 2

이에 반해 학급의 학생 수가 많은 경우에는 교사가 모든 학생의 글을 타이핑하는 것은 무리입니다. 그렇기 때문에 수업 시간, 쉬는 시간, 점심시간을 활용하여 학생들이 자신이 작성한 글을 타이핑하여 메일이나 메모장, 학교 홈페이지 등에 올리도록 하면 됩니다. 그런데 생각보다 많은 학생들이 키보드 사용에 익숙하지 않습니다. 이런 땐 스마트폰의 카톡을 활용하라고 하면 빛의 속도로 교사에게 학생 글이 도착하는 마법이 일어납니다.

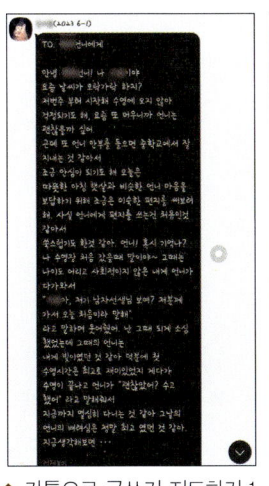
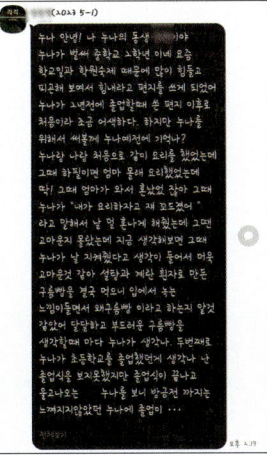
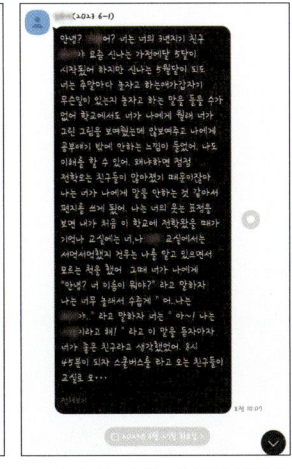

◆ 카톡으로 글쓰기 지도하기 1 ◆ 카톡으로 글쓰기 지도하기 2 ◆ 카톡으로 글쓰기 지도하기 3

이렇게 여러 차시동안 반복된 글쓰기 활동이 모이고 모여 한편의 글이 완성됩니다. 매 차시마다 수정과 첨삭이 반복되었기 때문에 한 번에 글을 완성시켰을 경우와 비교했을 때 글의 퀄리티가 높을 수밖에 없습니다. 무엇보다 학생들이 치열하게 고치고 고쳐 완성시킨 글을 직접 눈으로 확인하면서 얻는 자신감과 뿌듯함은 실로 엄청납니다. 그 순간 학생은 없습니다. 우리 모두가 작가이자 창작자입니다. 이제 완성된 글을 그대로 글쓰기 대회에 제출하면 끝입니다. 대회 참가를 위한 신청서와 개인정보 동의서 작성 정도는 과제로 제시해도 무방합니다.

교육과정 재구성으로 글쓰기 부담 줄이기

한 번의 용기와 도전으로 글쓰기 대회에 작품을 제출했다면 그다음부터는 술술 진행할 수 있습니다. 같은 방식으로 다른 주제, 다른 대회에 출전하면 되기 때문입니다. 명심하세요. 수업 시간을 적극 활용하기! 다만 교육과정 재구성이라는 좋은 방안을 활용하면 조금 더 쉽게 글쓰기를 지도할 수 있습니다. 보통 1년을 기준으로 매년 반복되는 대회들을 살펴보고 한 학기 1-2회 또는 연 3-4회를 목표로 꾸준히 글쓰기와 공모전 출전을 병행하면 좋습니다. 출전 목표를 세

웠다면 공모전 개최 시기에 맞춰 교육과정을 재구성해 보세요. 간단하게는 단순히 교과별로 단원 순서 변경하기, 또는 관련 교과 및 단원에 따라 교육과정을 묶어 주제 중심으로 학습 활동을 설계하는 등 얼마든지 다양한 방법으로 글쓰기 활동과 공모전 참가를 통합하여 운영할 수 있기 때문에 염려하지 않아도 됩니다.

글쓰기로 한 뼘 성장하는 아이들, 그리고 나

새 학기, 기대했던 것보다 아이들의 문해력과 기초가 부족해 걱정이 많았습니다. 이어서 '5, 6학년 국어 수업에 가장 필요한 것이 무엇일까?'라는 고민이 시작되었습니다. 마침내 찾은 해답은 독서와 글쓰기! 무엇이든 꾸준함이 정답인 것 같습니다. 독서활동이 정착된 후 처음으로 짧은 글쓰기에 도전했을 때 정말이지 막막하고 걱정이 태산이었습니다. 하지만 시작이 반이라고 반복적으로 다양한 주제와 여러 갈래의 글을 쓰고 다듬다 보니 어느 순간 학급의 특색활동으로 자리 잡게 되었습니다. "그 반은 아침 시간에 왜 이렇게 조용해? 도서관인 줄 알았어!", "선생님 반 애들은 모두 글 잘 쓰잖아요." 의도하지 않은 결과라 아이들과 제게 더욱 의미 있게 다가왔습니다. 물론 아이들의 글과 참가했던 모든 공모전의 결과가 만족스럽지는 않았지만 그 역시 학생들에게는 귀중한 경험이었다고 생각합니다. 반대로 기대 이상의 결과를 얻게 된 아이들은 글쓰기에 재미를 느끼며 의욕적으로 글을 쓰고자 도전하고 꾸준히 시도하게 되었습니다.

학생들은 글쓰기를 통해 국어의 기초 어휘, 문법, 맞춤법 등을 자연스럽게 익혔고 문장을 앞뒤 관계에 맞게, 논리적으로 구성할 수 있는 힘을 기르게 되었습니다. 또한 자신의 감정, 생각, 의견을 표현할 수 있는 도구로 글이 주는 힘을 배웠습니다. 친구에게 쓴 마음을 담은 쪽지, 엄마께 전하는 나의 속마음까지 말을 통해서는 잘 표현하지 못하는 감정이나 생각을 글로 표현하면서 자기 자신을 더 잘 이해하게 되고 주변 사람들과의 관계도 돈독해졌습니다. 무엇보다 일정

시간 앉아서 자신의 생각을 정리하고 표현하는 활동을 통해 아이들은 보다 오래 집중하는 법을 배우게 되었습니다. 단순한 언어 능력 향상을 넘어 학생들의 전인적인 성장을 돕는 도구로 아이들과 글쓰기 활동은 어떨까요?

글쓰기, 즐겨라!

사람들은 흔히 재능을 가진 사람이 성공한다고 생각합니다. 그렇지만 그냥 '즐거움'이 가장 큰 무기가 아닐까요? 재능을 가진 사람보다 더 좋은 기회를 잡을 수 있는 건 바로 즐기는 사람입니다. 아이들은 대부분 글을 쓰는 일은 막연히 어렵고 지루한 활동이라고 생각합니다. 경험해 보지 않았으니까요. 돌아보면 학급의 모든 학생들이 글쓰기를 재미있어하진 않았지만 분명 글쓰기의 즐거움을 몰랐던 학생들이 더욱 많았습니다. 보다 많은 교실에서 학생들이 글쓰기의 즐거움을 경험하길 바랍니다. 비단 학생뿐만이 아닙니다. 저 역시 살면서 책과 글쓰기에는 관심이 없었습니다. 경험해 보지 못했기 때문입니다. 하지만 교실 안에서 학생들과 함께 글을 쓰고 고치는 활동을 반복하다 보니 서서히 글쓰기의 재미가 제 삶에 스며들었습니다. 학생들에게 모르는 수학 문제 알려주듯 글쓰기의 재미를 알려주면 어떨까요? 우리 아이들이 앞으로 살아갈 세상을 조금 더 깊이 생각하고, 조금 더 넓게 이해하며, 조금 더 정확하게 표현할 수 있는 도구로서 글쓰기 자체를 즐길 수 있도록 말입니다. 선생님의 교실에서도 글쓰기의 즐거움이 가득하길 바랍니다.

공모전
특색 있는 학급 운영의 비밀

한 해가 끝나도 남는 게 별로 없다

날마다 수업 준비도 열심히 하고 최선을 다해 학생들을 가르치는데 학년 말이 되면 나에게 남는 건 무엇이 있나 아쉽기도 하다. 학생들에게 피드백해 준 교과서나 공책, 최선을 다한 수업자료도 한 학년의 마지막 날이 되면 학생들이 가져가거나 버리기 때문이다. 학생들에게도 버릴 수 없는 귀중한 무언가 남았으면 좋겠다. 또한 교사로서 가르치는 보람뿐만 아니라 확실하게 눈에 보이는 어떤 성과를 통해 성취감 가득하고 의미있는 것을 남기고 싶다.

공모전은 기록에 남는다

수업과 학급 운영을 통해 학생들과 교사 모두에게 행복감, 성취감을 주는 방법을 찾는 것은 매우 중요합니다. 수업과 학급경영은 1~2년 하고 말 것이 아니라 평생 학교에서 도돌이표처럼 반복되기 때문입니다. 하지만 이 과정에서 나에게 남는 것이 없다는 생각이 들때면 허무함과 무기력감에 빠지기도 합니다. 이럴 때 한번 도전해 보면 좋은 것이 공모전에 출품, 출전하는 것입니다. 별도로 시간을 내지 않고도 수업 시간에 학생들과 함께 준비하는 과정에서 설레는 감정을 오랜만에 느낄 수 있습니다. 공모전에 출품하는 학생들의 작품이 발전하는 것을 보면 교사로서 성취감은 배가 됩니다.

만약 공모전에서 수상을 한다면 학생들과 시상식에 참석하는 경험을 할 수 있으며 상장과 상금도 받게될 수 있습니다. 또한, 공모전 수상 경력을 쌓게 되어 전문성 신장과 자기 계발에 도움이 됩니다. 열심히 노력하여 수업하고 학생들과 소통한 나의 한 해는, 상장과 공문이라는 기록으로 남길 수 있고, 자연스럽게 나의 경력으로 이어집니다. 이 모든 과정에서 발생한 공문들과 학생들의 출품 자료와 신청서, 상장과 사진 등을 폴더 별로 잘 정리해 두세요. 출력하여 박스에 모아 두는 것도 좋습니다. 혹시 모를 나중에 학습연구년제에 사용할 귀한 자료가 될 수 있습니다. 실제로 다년간 학생들과 공모전에 출전하고 지도하여 상장을 받은 것들을 통해 예술교육 분야 교육감표창도 받게 되었습니다.

주기적으로 공모전 공문 찾아보기

글쓰기, 그림 그리기, 숏츠 영상 제작 등 매달 계기교육과 관련한 공모전이 많습니다. 제가 근무하고 있는 지역에 2023년 한 해 동안 수신된 각종 공모전 공문만 해도 약 90개였습니다. 동요 부르기, 글쓰기, 미술, 체육, 중국어, 영어, 바둑, 영상, 응급처치, 보건, 급식, 로봇, AI, 올림피아드 등 다양한 분야의 공모전이 공문을 통해 교사와 학생의 참여를 독려하고 있습니다.

그러나 여기서 꼼꼼히 살펴봐야 할 것은 공모전 주최 기관입니다. 교육부, 지역교육청, 국가기관에서 시행하는 공모전과 대회에 참여하는 것이 더 유의미합니다. 검증되지 않은 기관이나 사기업의 공모전보다는 국가기관에서 주최하는 대회를 추천합니다.

특히 국가기관에서 주최하는 공모전을 준비하는 것은 교육과정과 연계하여 수업을 진행하기에도 안성맞춤입니다. 국어, 수학, 사회, 과학 등의 주지 교과

뿐 아니라 미술, 음악, 체육, 도덕, 창체 시간과 통합하여 학교교육과정과 수업 시간 안에 충분히 준비할 수 있는 공모전들입니다. 대부분의 공모전 주제들은 창의적 체험학습과 연관 지을 수 있습니다. 각종 글쓰기는 국어 교육, 그리기는 미술 교육과 연계시킬 수 있습니다. 인성, 디지털 윤리, 가족 사랑, 인권 등과 관련된 주제는 도덕과 창체와도 연계하여 준비할 수 있습니다.

공모전 출품은 교과 수업뿐만 아니라 계기교육과도 연계할 수 있습니다. 봄이면 식목일에 나무의 중요성과 환경에 대한 계기 교육, 4.19혁명과 관련한 역사와 민주시민교육, 현충일과 개천절, 한글날 등 다양한 계기교육들이 이미 교실에서 이루어지고 있습니다. 학생들에게 계기교육을 할 때 연관된 공모전을 찾아보고 다양한 활동을 해본다면 학생들에게도 좀 더 유의미한 수업이 될 수 있습니다. 대한민국 초등 교사들은 학교로 쏟아지는 공모전의 주제에 해당하는 수업을 이미 다 하고 계십니다. 그걸 눈에 보이는 결과물로 창출해서 제출만 하면 되는 것입니다.

우리 반에 맞는 공모전 찾는 노하우

담임 교사보다 우리 반 아이들을 더 잘 알고있는 사람이 있을까요? 특히 3월 한 달 동안 교사는 아이들과 다양한 활동을 하며 서로를 깊이 이해하는 시간을 가집니다. 그림 그리기, 글쓰기, 모둠 수업 등을 통해 학생들이 좋아하고 잘하는 분야를 하나씩 파악해 나갑니다. 또한 교사로서 나 역시 관심이 많고 잘하는 분야도 있을 것입니다. 내가 좋아하고 자신 있는 분야라면, 학생들을 더욱 잘 도와줄 수 있습니다. 그러나 새로운 분야라도 학생들과 내가 모두 즐겁게 준비할 수 있겠다는 느낌이 들거나, 교육과정과 잘 맞아떨어지는 분야가 있다면 그것들을 중점으로 생각해 봅니다.

몸을 푸는 기분으로 3월 중순에서 말 즈음 공문을 찾아봅니다. 적응, 관계 형성에 중점을 두고 학급경영이 이루어지는 학기 초의 특성 때문인지, 3-4월에는 인성(따뜻한 말 한마디, 학생 마음건강 콘텐츠, 인권친화적인 학교 만들기 등), 안전, 동요, 시 낭송 등의 공모전들이 있습니다. 이 중 우리 반과 가장 잘 맞겠다는 생각이 들고 지금 학년의 교육과정에 적합한 것을 고르면 됩니다. 그리고 공모전의 제출 기한을 잘 살펴서 충분히 준비할 수 있을 것 같은 공모전으로 선택합니다.

저의 경우에는 미술, 영상 콘텐츠에 관심이 많기 때문에 이 분야의 공모전을 중점적으로 찾아봅니다. 그리고 미술, 창체, 국어, 사회 등 여러 과목을 통합하여 수업하면서 한 달정도의 준비기간이 필요한 공모전을 선호합니다. 우리 반의 시간표를 생각해 보면 미술 교과는 매주 2시간씩 들어있고, 주지교과와 창의적 체험학습 시간도 매주 있습니다. 이 시간을 활용하여 어차피 수업하는 내용으로 공모전까지 준비하고 제출하는 것은 학생과 교사에게 모두 이득입니다. 또한 제 생각보다 학생들은 늘 항상 뛰어났고, 이를 통해 가르치는 기쁨과 엔도르핀이 샘솟는 것을 경험했습니다. 한 달 준비하고 공모전에 나가고, 여력이 되면 바로 공모전을 검색하여 착수하기도 했고 혹은 조금 쉬어가는 시간이 필요하다면 한 달 정도 있다가 적합한 공모전을 찾는 방식으로 학생들도 저도 과하지 않게 지치지 않도록 완급을 조절했습니다.

저에겐 한 학기에 학생들과 공모전 2개 정도를 준비하고 출품하는 것이 적절합니다. 학생들은 더 많은 공모전에 나가고 싶어 하지만, 교사는 공모전 외에도 수업 준비와 행정업무 등 다양한 학교행사도 해야 하기에 계속 공모전만 준비하고 신청서 제출하는 것을 할 순 없습니다. 교사가 감당할 수 있는 적절한 주기를 정하는 것이 좋습니다. 일단 먼저 우리 반과 교사에게 맞는 공모전을 찾아서 수업 시간 안에 준비하고 제출하는 경험을 해보는 것이 중요합니다. 한번 해보면 나에게 맞는 공모전의 주기를 찾을 수 있습니다. 처음에는 두어 개의 같은 분야에만 도전하다가 점차 다양한 분야로 폭을 넓혀갈 수도 있습니다.

공모전 연계 수업 사례 소개

〈푸른 꿈 맑은 생각 표현전〉

지금부터 공모전 연계 수업의 모든 과정을 자세히 안내해드리겠습니다. 5월 초, '푸른 꿈 맑은 생각 표현전'이라는 공문을 확인했습니다. 출력하여 자세히 확인해 보니, 푸른 꿈 맑은 생각 표현전의 주제는 '나의 꿈과 미래의 모습'이며, 시화, 회화, 조소, 디자인과 영상, 공예, 환경설치라는 다양한 부문으로 나누어져 있었습니다. 5월은 어린이날이 있기에 시기적절하며 창체, 미술, 국어와 연계하여 수업을 하면서 공모전을 준비할 수 있을 것 같다는 생각이 들어 이 공모전을 선택했습니다.

1-2차시 : 주제 수업 및 발표

5월의 어린이날과 관련해서 자신의 어릴 적 꿈과 현재의 꿈에 대한 교육을 미리 실시하여 창체, 미술, 진료교육과 연계합니다. 보통 3월 초 새 학기 준비 과정이나 6학년 미술 교과 1단원에서 자신의 꿈과 미래에 대한 주제가 나옵니다. 관련 영상을 유튜브에서 검색하여 학생들에게 보여주고 인디스쿨 등에서 찾은 PPT로 진로와 꿈에 대한 수업을 하고 브레인스토밍, 학생 모둠별 발표와 개별 글쓰기 등을 활용했습니다. 자신의 꿈뿐만 아니라 미래의 모습도 있기에 내가 꿈꾸는 미래에 대한 이야기도 나누어봅니다. 우리 반은 배움 노트를 매 수업시간 사용하고 있기에, 배움 노트에 나의 꿈과 미래에 대한 글을 적어봅니다. 그리고 발표를 통해 자신의 생각을 나누고 다른 친구의 글을 들으면서 자신의 생각을 보강하여 나갑니다.

공모전에 대한 자세한 소개를 하면서 원하는 부분을 선택하도록 합니다. 시를 쓰고 시에 걸맞은 그림을 그리고 싶은 학생들은 시화, 그림 그리기만을 원하는 친구들은 회화를 선택했습니다. 공모전에 수상하게 되면 전시회에도 참여하게 되고 상장을 받을 수 있다는 것이 학생들에게 큰 동기부여가 되었습니다. 다음 시간에는 본격적인 스케치를 할 것임을 예고하고 자신이 어떤 작품을 할지 생각해오도록 합니다.

3-4차시 : 수상작 참고 및 스케치 연습

공모전 역대 수상작들을 검색하여 보여주고 웨일북을 사용하여 자신이 그리고 싶은 작품을 더 찾아볼 시간을 줍니다. 나의 꿈과 내가 꿈꾸는 미래를 어떻게 표현할지 미리 A4 용지에 시로 적어 보고 간단하게 그림을 그리도록 합니다. 지난 시간에 배움 노트에 글을 써보았던 것과 수상작들을 참고하여 내가 그릴 작품의 스케치를 연습해 봅니다. 모둠과 아이디어 공유를 하여 다양한 작품이 나올 수 있도록 수업을 이끌어가도록 합니다. 스케치에 어려움을 겪는 친구가 있으면 교사가 조언을 해줍니다. 속도가 빠른 친구에게는 공모전의 규격에 맞는 도화지를 주어 바로 스케치를 할 수 있도록 합니다. 원하는 색칠 도구가 집에 있다면 가지고 올 수 있도록 안내합니다.

5-6차시 : 스케치와 색칠하기

지난 시간 A4 용지에 그린 스케치, 시를 바탕으로 공모전에서 제시한 크기의 도화지에 밑그림을 그리도록 합니다. 공모전마다 학년별 도화지 규격이 다르므로 공문에서 제시하는 규격을 꼼꼼하게 확인해야 합니다. 도화지에 스케치가 끝난 학생은 색칠하기 전에 교사가 확인하여 부족한 부분을 설명해 주고 조금 더 보충할 수 있도록 안내해 줍니다. 스케치가 주제와 관련지어 완성도 있게 된 학생들은 바로 채색 단계로 넘어가고, 대부분의 학생들이 스케치를 완성할 수 있도록 지도합니다. 이때 색칠 도구도 학생이 직접 선택할 수 있도록 하여 크레파스, 색연필, 수채화, 아크릴물감 등을 미술자료실에서 준비해 줍니다.

7-8차시: 색칠하고 작품 완성하기

공모전마다 제시된 분야별로 사용해야할 채색 도구가 조금씩 다르니 기준에 맞춰 학생들이 원하는 색칠 도구를 사용하여 채색하도록 합니다. 공모전 출품 전 마지막 미술시간에는 작품의 완성도를 높일 수 있도록 채색을 중점적으로 지도합니다. 예를 들어, 작품에서 음영을 나타내야 할 부분과 강조해야 할 부분을 알려주고 그에 맞게 학생들이 색칠할 수 있도록 도움을 줍니다. 작품을 완성하고 나면 작품설명서를 작성하여 교사에게 제출하도록 합니다. 저는 학생들에게 포스트잇을 나누어주며 자신의 꿈과 미래, 작품에 대한 설명을 자세히 적어 작품에 붙여서 제출하도록 했습니다.

◆ 공모전 학생 작품 1　　　　◆ 공모전 학생 작품 2

◆ 공모전 학생 작품 3　　　　◆ 공모전 학생 작품 4

이후의 과정은 학생들의 작품과 설명을 붙인 포스트잇을 취합하여 학생 작품 사진과 함께 신청서를 컴퓨터로 작성하는 것입니다. 공모전 주제 수업과 미술시간에 진행하는 그림 그리기 활동은 모든 학생을 대상으로 합니다. 이후, 공모전에 출품하고자 하는 학생들만 공모전에서 요구하는 동의서와 출품 신청서를 작성합니다. 교사는 이를 수합하여 스캔 후 이메일로 발송하거나, 작품을 모아 직접 우편으로 제출하면 됩니다.

또한 하나의 주제를 깊이 있게 생각하며 이론 수업도 받고 작품을 완성했기에 이 과정을 통해 학생들 개개인은 높은 성취감을 느낄 수 있습니다. 자신이 만든 작품에 대한 애정이 생기고, 더 나아가 새로운 도전에 대한 의지도 키우게 됩니다.

미술 교과 8차시 수업을 진행하면서 공모전 준비를 할 수 있고 동시에 미술 수업을 한 달 단위로 설계할 수 있어 좀 더 체계적인 수업이 가능합니다.

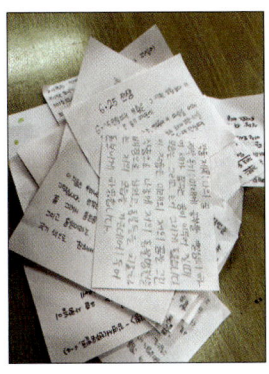
◆ 공모전 신청서 1

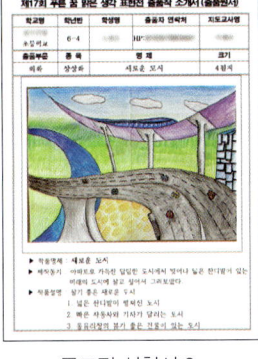
◆ 공모전 신청서 2

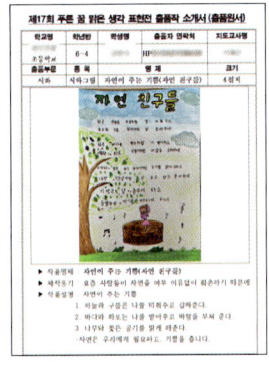
◆ 공모전 신청서 3

공모전에 출품하는 과정 역시 처음에는 시간이 걸리는 법입니다. 그러나 한 번 두 번 하다 보면 요령이 생겨서 시간이 단축됩니다. 또 어떤 공모전은 온라인 출품이 아니라 직접 작품을 우편으로 신청을 받기도 합니다. 따라서 공모전에 처음 출품하시는 선생님은 출품하는 날 미리 초과근무를 신청해놓으시는 것이 하나의 노하우입니다. 이제는 숙달이 되어서 초과근무를 신청하지 않고도 출품 신청을 할 수 있지만, 초기에는 초과근무를 신청해 놓지 않고 야근을 하게 된 경우들이 있어서 아쉬웠습니다.

학생들과 함께 진로교육을 하고 꿈에 대해 깊이 있게 나누고 한 달의 미술시간 통해 작품을 완성하는 것만으로도 의미가 있었는데, 감사하게도 2023년 6학년 학생 두 명, 2024년 4학년 학생 2명, 총 4명이 입상과 장려상을 받아 모두 전북교육문화회관에서 전시회를 가졌습니다.

〈50년 후의 바다 상상하기 그림 공모전〉

6월 말까지 제출해야 하는 공모전으로 해양수산부, 교육부, 각 지역교육청과 신문사가 함께하는 '50년 후의 바다 상상하기 그림 공모전'이 있습니다. 미술 공모전의 경우 교육과정 내 미술 교과 수업 2시간을 활용할 수 있기 때문에 따로 시간을 내지 않아도 충분히 준비할 수 있다는 장점이 있습니다. 6월 초에 미리 바다와 관련된 해양 환경 보호 영상 보기 및 해양 도시 교육을 실시하여 한 달 동안 준비합니다. 유튜브에서 '미래 해양 도시', '바다 보호', '미래의 바다' 등을 검색하면 좋은 자료들이 많습니다. 6학년의 경우 사회와 도덕의 환경 문제 단원을 통합하여 해양 보호 수업을 진행하고 이를 미술 수업과 연계합니다. 학생들은 미래 해양 도시에 대한 창의적이고 뛰어난 아이디어를 공유하고 발표하면서 서로에게 지적 자극이 되어줍니다. '푸른 꿈 맑은 생각 표현전'과 같은 방법으로 한 달 동안 작품을 준비하고 공모전에 참가하고자 하는 학생들의 작품과 신청서와 동의서를 따로 모아 우편으로 제출합니다. 학교 주무관님께서 보호자와 학생의 동의서, 학생의 작품과 신청서를 모아 택배 박스에 동봉하여 해당 주소지로 택배를 보내주셨습니다.

(2023년에 우리 반 학생 한 명이 서울 양재동에서 열린 시상식에 참여하여 장려상을 수상했습니다. 그 후, 해당 학생은 머니투데이 신문에도 소개되었습니다.)

◆ 공모전 상장과 작품 1   ◆ 공모전 상장과 작품 2

〈다양한 영상 공모전 참여〉

인권 챌린지 영상의 마지막 장면은 학생들과 미술 시간에 협동작품으로 만든 '배려와 도움으로 만들어가는 우리 학교'라는 문구를 보여주고 함께 소리내어 외치며 마무리됩니다. 안무도 한곳에서 찍지 않고 학교 운동장, 강당, 교실, 복도, 연못 앞 등에서 자리를 바꾸어가며 촬영하고 교차편집을 했습니다. 학생과 교사가 함께 작업을 하며 완성한 동영상은 유튜브 채널에 올리고 링크를 걸어 공모전에 제출을 했습니다. 영상 공모전 관련 작품은 유튜브에 탑재해야 하는 것들이 있기에 교사의 유튜브 계정이 있으면 조금 더 편리합니다.

제가 근무하는 지역에는 2학기에 '독립정신' 계승을 위한 전라북도교육감배 '청소년 콘텐츠 대회'가 있습니다. 영상 콘텐츠의 주제는 독립운동 및 독립정신 계승입니다. 6학년의 경우 2학기 국어 교과서에 여성독립운동가 윤희순의 삶에 대한 글이 실려 있습니다. 국어, 사회 수업과 연계하여 잊힌 독립운동가, 여성독립운동가들에 대하여 학생들과 더 찾아보고 관련 영상들을 보면서 독립정신을 고취할 수 있습니다.

반짝이는 학급경영 - 순간의 순간에 닿을 때

저의 경우 학급경영을 하며 공모전을 준비하고, 또 그 과정과 결과를 통해 교사로서의 자존감과 자신감이 많이 상승했습니다. 교사들은 매일 치열하게 수업 준비를 하며 동시에 다양한 계기 교육, 인성교육 및 사회가 요구하고 있는 각종 교육을 하고 있습니다. 교사들이 이미 하고 있는 이 교육들과 수업을 공모전을 통해 학생들과 준비하고 실력이 눈에 띄게 변하는 것을 확인하면 교사로서의 자존감이 올라갑니다. 또한 수상을 하고 전시회를 갖게 된 학생들과 보호자들의 긍정적이며 감사의 피드백을 받게 되면, 그 뿌듯함은 이루 말할 수 없습니다. 수업과 다양한 활동에서의 통합과 연계, 이를 통한 교사의 전문성도 신장하게 되며 더 많은 것들에 도전하게 됩니다.

더불어 공모전을 준비하며 학생들과의 상호작용이 활발해집니다. 평상시보다 더 많이 어떻게 하면 의미 있는 수업을 하고 활동을 하여 공모전에 대한 동기부여를 할 수 있을지 고민을 하게 되고, 이 과정에서 학생들과 더 많은 대화와 활동을 하며 라포는 더욱 단단히 형성됩니다. 이를 통해 자연스럽게 학급 경영이 이루어집니다. 학생들 역시 자신감과 도전의식이 고취되며 다양한 교육적 효과를 통한 성취감을 교사와 학생이 모두 느낄 수 있습니다.

마지막으로 교사에게도 더 많은 활동의 기회가 열립니다. 저는 각종 공모전에 나가서 수상을 하게 되면서 교육청 홍보영상 촬영을 하게 되었고, 영상 콘텐츠에 출품하고 수상을 한 뒤 '교육청 기초학력 영상', '스승의 날 홍보영상' 등의 출연 제의를 받기도 했습니다. 우리 반 학생들과의 다양한 영상 촬영의 기회 역시 확대됩니다. JTV에서도 방송 자료로 활용하기 위해 우리 반의 수업 장면을 촬영하러 와서 학생들과 새로운 경험을 해보았고, 우리 반 아이들은 본인들이 TV에 나온다고 뛰면서 기뻐했습니다. 이제는 공모전 출품이 아니라 공모전의 심사위원의 제의도 받아 2024년에는 한 공모전의 심사위원으로 방송계에서 일하시는 분들과 함께 했습니다. 공모전에 제출된 영상들이 어떤 방식으로 심사되는지 알게 되고 귀한 경험의 지평을 넓혔습니다.

'나는 왜 공모전을 찾아서 학생들과 준비해서 계속 나가는 걸까?' 자문해 보았습니다. 학생들의 순간의 순간에 닿을 때 그 반짝임 때문에 계속하는 동력이 생기는 것 같습니다. '선생님은 너희들이 넓은 세상에 다양한 일들에 주저함 없이 자꾸 도전해 보고 여러 경험을 해봤으면 좋겠다. 꼭 상을 받지 못하더라도 준비하고 도전하는 자체가 의미가 크다, 이렇게 도전하고 스스로를 준비하는 사람은 결국 자신의 때에 어디에서든 쓰임을 받게 되고 모두가 알게 된다.' 이런 이야기를 학생들에게 할 때, 내 의도와 마음을 알아듣고 두 눈을 반짝이며 진심으로 듣는 그 순간! 나의 진심이 학생들의 순간의 순간에 닿을 때! 그 반짝임은 나의 심장을 뛰게 하고 내가 교사가 된 이유를 다시 한번 상기시켜줍니다. 넓은 세상에서 다양한 도전을 하며 반짝반짝 빛을 내며 살아갈 제자들의 무궁한 미래를 떠올리며, 저는 계속해서 여러 가지 공모전에 도전할 것입니다.

교실 체육
생각을 바꾸면 수업이 즐거워진다

아이들은 좋아하는데 교사는 힘든 시간

아이들이 가장 좋아하는 과목은 단연코 체육이지만 교사는 너무 힘들다. 옷 갈아입고, 운동화 신고, 나가서 땀 흘리며 수업하고 들어오면 바로 다음 수업 시작. 아이들이 좋아하니 그래도 큰맘 먹고 매주 정해진 시간만이라도 제대로 하려고 노력하지만 그마저도 녹록지 않다. 체육관을 사용할 수 있는 날은 괜찮지만 그렇지 않은 날은 또 얼마나 많은지. 미세먼지, 폭염, 장마, 한 겨울의 눈…. 운동장에서는 체육 수업을 할 수 없다고 생각하는 편이 훨씬 낫다. 하지만 아이들은 선생님의 속도 모르고 그저 우리 선생님은 체육 수업하기 싫어한다고 불평불만만 털어놓는다. 어떻게 해야 이런 현실을 극복할 수 있을까?

모두 비슷한 고민을 합니다

저도 비슷한 고민을 했었습니다. 요즈음에는 작은 규모의 학교에 있다 보니 선생님들과 시간표 조율만 하고 나면 언제든 강당(체육관)을 쓸 수 있으니 힘들지는 않습니다. 하지만 주변 후배들이나 친구들의 이야기를 들어보면, 큰 학교에서는 정해진 시간외에는 강당을 사용할 수 없어 불편하다고들 합니다. 특히 체육 전담이 있는 학교에서는 강당을 전담 선생님께서 계속 사용하고 계시기 때문에 담임이 강당에서 체육 수업을 하는 것은 꿈도 못 꾼다고도 합니다. 그래서 체육 수업을 하기 위해서는 운동장으로 나가야 하는데 미세먼지, 폭염 등의 문제로 운동장을 쓸 수 없으니 결국 체육 수업 자체를 포기하기도 한다고 합니다. 그럴 때면 저는 예전에 제가 비슷한 고민을 어떻게 극복했는지 이야기해 줍니다. 그 이야기를 지금부터 함께 나눠볼까요?

생각을 바꾸자

우선 저는 체육 수업의 장소로 강당이나 운동장만을 생각하지 않았습니다. 학교 건물 사이 공터부터 교실, 복도까지 몸을 움직일 수 있는 모든 공간을 사용해 보려고 노력했죠. 그런데 한 가지 문제가 생겼습니다. 건물 사이 공터는 바닥이 시멘트라서 아이들이 무언가 하기에 적합하지 않았습니다. 다칠 위험성이 크다 보니 활동에 많은 제약이 따랐습니다. 게다가 운동장 사용이 안되는 날은 이 공간 역시 비슷한 이유로 못 쓰는 경우가 대부분이라 매력적인 공간이 아니었습니다. 복도는 다른 반 수업하는데 방해가 되니 특별한 상황이 아니면 사용할 수 없었습니다. 생각보다 교실 이외의 활동 공간을 찾기가 쉽지 않았습니다. 그래서 저는 교실에서 할 수 있는 체육 활동을 찾기 시작했습니다.

전통놀이

가장 먼저 시도했던 교실 체육은 딱지치기, 비사치기, 구슬치기, 투호 같은 전통놀이였습니다. 어렸을 적에 동네 친구들과 했던 그 놀이들이죠. 전통놀이는 주변에서 활동에 필요한 준비물을 쉽게 구할 수 있어서 특히 좋았습니다. 또, 여러 번 반복해서 해도 아이들이 질려 하지 않고, 즐겁게 참여했습니다. 여기서 팁을 하나 더하자면 경기 방식이나 규칙을 조금씩 변형하며 게임을 하는 겁니다. 예를 들면 개인전을 했다가 단체전을 하고 대장전을 하기도 하는 것 입니다. 또, 어떤 날은 선생님을 이겨라로 게임을 변형하기도 하고, 팀을 만들어 학급 리그전을 하기도 했습니다. 같은 종목이지만 이렇게 경기 방식이 바뀌면 아이들은 또 다른 재미를 느끼더라고요.

제가 했던 전통놀이 수업 중에 베스트를 꼽으면 단연 딱지치기였습니다. 그래서 4학년을 가르칠 때 학부모 공개수업을 딱지치기로 한 적도 있습니다. 수업 참관 오셨던 부모님들도 엄청 즐거워하셨습니다. 딱지를 접고 딱지치기를 겨루는 한두 차시 수업에서 멈추지 않고, 미리 접어둔 다양한 딱지들을 넘기는 시간을 겨루는 경기도 하고, 정해진 시간에 누가 많이 넘기는지 겨루기도 하는 등 다양한 변형게임으로 딱지치기 수업만 다섯 차시 이상 했지만 그 어떤 시간에도 학생들은 지루해하지 않고 즐겁게 참여했습니다.

◆ 딱지치기

뉴스포츠

전통놀이만으로도 충분했지만 체육수업을 조금 더 풍성하게 하고 싶은 욕심에 교실에서 할 수 있는 뉴스포츠를 알아보기 시작했습니다. 교실에서 할 수 있는 뉴스포츠로는 플로어 컬링이나 스포츠스태킹, 볼로볼(래더볼), 토스볼 등이 있습니다.

◆ 플로어컬링　　　　　　　　　　　◆ 볼로볼(래더볼)

　플로어 컬링은 말 그대로 컬링 경기를 얼음 바닥이 아닌 마루에서 할 수 있도록 변형한 뉴스포츠 경기인데 6학년의 표적 도전 활동으로도 진행할 수 있어서 매력적이었습니다. 중간에 "영미!" 붐이 일어나면서 아이들에게 엄청난 인기를 끌기도 했습니다. 다만 아쉬운 점은 교구가 고가라서 학급비로 구입하기에는 어려움이 있습니다. 그래서 구입이 어려울 때는 변형 경기로 병뚜껑 컬링 같은 아기자기한 책상 위 스포츠 활동을 하기도 했습니다. 토스볼 역시 컬링과 유사한 경기로 무거운 공을 표적을 향해 굴려서 점수를 많이 얻거나 빙고를 만드는 경기입니다.

　볼로볼(래더볼)은 3단으로 구성된 사다리 모양의 골대(3단 가로 막대)에 줄로 연결된 공을 던져서 거는 경기입니다. 위에서부터 1세트에 3번의 공을 던지고, 가로 막대에 걸린 공의 점수를 합해서 21점을 먼저 얻으면 승리하는 기본 경기와 양궁처럼 세트별로 승, 무, 패에 따라 점수를 얻고 이를 합산하는 스테이크 경기, 목표 점수에 도달하기 위해 겨루는 제로 경기 등의 경기 방식이 있습니다. 이 경기 역시 표적 도전 활동으로 진행할 수 있고, 생각보다 원하는 곳에 공을 거는 것이 쉽지 않아서 도전 의식을 불러일으키는 재미있는 종목입니다.

◆ 스포츠스태킹

　스포츠스태킹은 12개의 컵을 정해진 순서대로 쌓고, 내리는 운동으로 스타킹 등의 방송 프로를 통해서 소개되며 한때 붐을 일으켰던 뉴스포츠 종목입니다. 꾸준히 인기를 끌었던 뉴스포츠 종목이다 보니 자료도 많고, 학교마다 교구가 많이 비치되어 있습니다. 또, 다른 뉴스포츠 종목에 비해 연습량에 의한 실력 차이가 큰 종목이라서 아이들에게 꾸준히 지도하기 괜찮은 종목입니다. 스태킹 경기의 기본 원칙은 양손을 교대로 활용하여 컵을 쌓고, 모두 쌓으면 먼저 쌓은 것부터 순서대로 컵을 내려 시작한 것과 동일한 형태로 컵을 모으는 것입니다.

　여러 뉴스포츠 중에서도 제가 가장 적극적으로 활용한 것은 스포츠스태킹이었습니다. 오죽하면 졸업한 친구들이 저를 만나면 꼭 하는 말 중에 한 가지가 "선생님 애들한테 아직도 스포츠스태킹 가르쳐 주세요?" 입니다. 제가 스포츠스태킹을 선택했던 가장 큰 이유는 다른 종목들은 책상을 치우는 등의 별도의 준비를 해야 하는데 스포츠스태킹은 책상 위에 컵만 올려놓으면 되니 준비가 편해서였습니다. 그런데 지도를 하다 보니 열정이 생기더라고요. 그래서 이 종목을 어떻게 효과적이고 재미있게 지도할까라는 고민을 정말 많이 했습니다. 처음에는 효과적이지도 재밌지도 않았는데 이제는 저만의 노하우가 생겨서 학급 스포츠클럽으로 스포츠스태킹을 지도하고 교실 체육을 해야 하는 상황이면 제일 먼저 스포츠스태킹을 하는 것을 고려합니다.

나의 체육 수업 치트키 스포츠스태킹

◆ 스태킹 연습을 위한 게임

저는 스포츠스태킹을 가르칠 때, 12개의 컵을 한꺼번에 주지 않습니다. 우선 컵 1개로 뒤집기 게임부터 시킵니다. 그리고 두 개, 세 개 이렇게 컵의 개수를 늘려가면서 컵이랑 친해지는 시간을 만들어줍니다. 그렇게 컵이 3개가 되고 3스태킹을 배우고 나면 모든 컵을 3개씩 뭉쳐서 바닥에 뿌려놓고 팀별로 3스태킹을 얼마나 빨리하는지를 겨룹니다. 3스태킹 연습을 시키는 것 입니다. 그렇게 1~2차시 게임을 하고 나면 6개씩 깔고 6스태킹 겨루기를 하게 합니다. 이렇게 3스태킹과 6스태킹을 익숙하게 만들고 나서 정식 종목들을 가르쳐 줍니다. 그리고 되도록이면 학생들끼리 경쟁을 시키지 않습니다. 서로 경쟁하다 보면 포기하는 친구들이 많아지기 때문입니다. 또, 제가 경쟁을 시키지 않아도 기록이 좋은 친구들은 서로 경쟁심을 보입니다. 그래서 저는 학생들 각자의 기록을 정리해서 매번 자신의 최고 기록에 도전하게 합니다. 그리고 1등을 한 친구가 아니라 자신의 최고 기록을 경신한 친구라면 기록과 무관하게 보상을 줍니다. 이렇게 하면 반에서 스태킹을 가장 잘하는 학생부터 못하는 학생까지 대부분의 학생들이 열심히 참여합니다. 서로 겨루는 것은 천부적인 요소가 많은 것을 좌우하지만 자신과 겨루는 것은 순수하게 노력의 결과니까요.

기존 경기 변형하기

전통놀이와 뉴스포츠 이외에도 기존의 스포츠를 공이나 도구, 경기장을 변형해서 교실로 가져오기도 합니다. 가장 대표적인 것이 빈백피구인데요. 피구는 공을 던지고 피하는 공간이 충분히 확보되어야만 할 수 있지만 빈백피구는 교실 정도의 크기면 충분히 할 수 있는 경기입니다. 기본적인 경기 방식은 피구와 거의 동일한데, 경기장이 훨씬 작고, 공을 던지는 것이 아니라 빈백을 바닥에 미끄러지듯이 던진다는 차이점이 있습니다.

배구나 족구를 풍선으로 하는 풍선 배구나 풍선 족구도 좋은 교실 체육 활동입니다. 풍선은 멀리 가지도 않고 어디 부딪쳐도 물건을 깨뜨릴 일이 없기 때문에 비교적 안전한 경기이기도 합니다.

경기 분석하기

저는 최근에 교실에서 체육 시간에 아이들과 태블릿PC를 활용하는 경우가 늘어나고 있습니다. 이게 무슨 뚱딴지같은 소리냐고 하시는 분도 있으실 텐데요. 저는 아이들끼리 경기를 한다거나 동작을 배울 때 동영상 촬영을 많이 하는 편입니다. 그리고 이 동영상들을 클래스룸이나 패들렛 등을 통해 공유하고 아이들에게 자신의 영상을 분석하고 스스로 피드백하는 기회를 줍니다. 실제로 우리가 어떤 운동을 배울 때 정말 많이 사용하는 방법이 자신의 영상을 촬영하고 분석하는 것인데요. 이것을 수업 시간으로 끌고 온 것입니다. 아이들에게 이러한 경험을 통해 스스로 생각하며 체육 활동을 할 수 있는 기회를 제공하는 것이죠. 경기를 보는 재미를 알려주는 과정이기도 하고요. 그래서인지 처음에는 체육 시간에 왜 몸을 움직이지 않냐며 불만을 토로하던 아이들도 나중에는 정말 진지하게 활동에 참여합니다. 자신들의 경기 또는 활동 영상을 보면서 분석하고 개선점을 찾는 것이 실제로 활동할 때 큰 도움이 된다는 것을 알게 되었기 때문입니다.

욕심낸 만큼 재산이 된다

저는 체육수업에 욕심이 엄청 많았습니다. 그래서 이것저것 배우고 익히고 고민했습니다. 높이뛰기를 가르치겠다고 오후에 강당에서 혼자 배면뛰기 연습을 하기도 하고, 태권도를 가르친다고 품새를 모조리 외우기도 했습니다. 또, 스포츠스태킹을 잘 가르치려고 코치 자격증을 따기도 했습니다. 누구도 저한테 그렇게 하라고 한 적은 없었습니다. 그냥 순수한 제 욕심이었습니다. 체육수업을 잘하고 싶다는 욕심 말입니다. 그리고 이러한 욕심이 결국에는 제 재산이 되었습니다. 그래서 이제는 어떤 상황에서도 체육 수업에 대한 두려움이 없습니다. 학생들도 저랑 하는 체육 수업을 툴툴거리면서도 열심히 참여합니다. 교실에서 체육 수업을 한다고 해도 불만을 갖지 않습니다. 교실에서도 충분히 즐겁고 의미 있는 체육 수업을 할 수 있다는 걸 이미 알고 있거든요. 선생님! 교사는 수업에 있어서만큼은 끊임없이 욕심을 부려도 됩니다. 고민하고 공부하기를 멈추지 마세요. 그 모든 것이 재산이 되어 선생님들의 수업 자신감을 키워줄 것입니다.

보드게임
학년별 상황별 맞춤 처방전

정신없는 3월, 학급 예산으로 무엇을 살까?

새로운 1년이 시작되는 3월. 설레기도 하지만 두렵기도 하다. 3월 첫 주인데 해야 하는 업무는 왜 이리 많은 건지, 내가 교사인지 행정업무를 하는 사람인지 모르겠다. 학급 아이들 이름도 외워야 하고 평화로운 학급을 만들기 위해 학급 다지기도 해야 하는데…. 수업이 끝나고 확인한 메신저에는 쪽지가 왜 이리 많이 와있는지 모르겠다. 정신없이 살다 보니 주어진 예산도 대충 사용해 후회하는 일도 많다. 나중에 후회하지 않기 위해 학급 운영을 할 때 필요한 것들을 구입하면 좋을 텐데 말이다. 어떤 물품을 구입해야 1년의 학급 생활을 잘 헤쳐나갈 수 있을까.

보드게임이 왜 필요할까?

학급을 운영하기 위한 예산이 있을 때 무엇을 살지 미리 생각해 놓고 있다면 한결 편한 학기 초를 보낼 수 있습니다. 제가 추천하는 것은 반 아이들이 놀면서 친해지고 좋은 관계를 형성하는 데 도움이 되는 보드게임입니다. 미리 사서 적절한 시기와 활동에 활용한다면 학급을 운영하기 한결 수월하리라 생각합니다. 하지만 한편으로는 이런 의문이 들기도 합니다.

'초등학교 교실에서 보드게임이 꼭 필요할까?' 어떤 분들은 보드게임을 좋지 않은 시선으로 바라보고, 보드게임을 수업에 활용하는 걸 이해하지 못하기도 합니다. 시간이 남을 때 아이들의 지루함을 해결하기 위해 하는 활동이라고 생각하거나, 선생님들이 편하기 위해 아이들에게 보드게임을 던져준다고 생각하는 분들도 있습니다. 그러나 보드게임으로 학급을 운영하면서 얻은 긍정적인 경험도 많습니다. 그 중 몇 가지를 말씀드리겠습니다.

첫째, 보드게임은 친구들과 함께하는 활동이기에 학생들은 서로 소통하고 협력하는 방법을 배웁니다. 이는 사회적 기술과 대인 관계 능력 향상에 도움이 됩니다. 둘째, 다양한 규칙과 전략이 필요한 보드게임은 학생들이 문제를 분석하고 해결책을 찾는 데 도움을 줍니다. 이러한 과정은 비판적 사고 능력을 기르는 데 유용합니다. 셋째, 게임을 진행하면서 집중하고 기다리는 과정은 학생들이 인내심을 기르고, 한 가지에 집중하는 능력을 올려줍니다. 넷째, 보드게임은 다양한 상황을 설정하고 창의적으로 접근할 수 있는 기회를 제공합니다. 학생들은 문제를 해결하기 위해 새로운 전략을 생각하고 그 과정에서 창의력을 발휘합니다. 다섯째, 수학적 사고력과 언어 능력이 향상됩니다. 보드게임은 주로 숫자 계산이나 언어 사용을 필요로 하기 때문입니다. 여섯째, 게임을 통해 스트레스를 해소하고, 친구들과의 긍정적인 상호작용을 통해 정서적 안정감을 느낄 수 있습니다. 이는 전반적인 정서적 발달에도 긍정적인 영향을 미칩니다. 마지막으로 학생들에게 스스로 규칙을 이해하고 적용하며, 자신의 전략을 개발하는 기회를 제공합니다. 이는 자기 주도적인 학습 태도를 길러줍니다. 이처럼 보드게임은 단순한 놀이 활동이 아니라 학생들의 다양한 능력을 균형 있게 발전시키는 데 도움을 준다는 장점이 있습니다.

보드게임을 언제 활용할 수 있을까?

교사들은 1년 중 최소 190일을 학교에서 학생들과 생활합니다. 하루로 살펴보면 아침 시간, 수업 시간, 점심시간, 방과 후 시간으로 구성되고, 좀 더 넓게 살펴보면 교과 시간과 창의적 체험활동 시간으로 나눌 수 있습니다. 이 중에서 언제 보드게임을 사용할 수 있을까요? 답은 '언제든 가능하다' 입니다. 아침 시간을 활용해 일주일에 1번은 보드게임으로 여는 하루를 시작할 수 있습니다. 점심시간에는 아이들이 자유롭게 보드게임을 하며 시간을 보낼 수 있도록 학급 환경을 구성할 수 있습니다. 방과 후 시간에는 기초 학력 운영 시간에 한글을 익히고 수학 개념을 익히는 데 도움이 되는 보드게임을 활용할 수도 있습니다. 교과 시간에는 각 과목에 어울리는 보드게임을 활용해 수업을 진행할 수 있고, 창의적 체험활동에서는 학생 자율 동아리로 보드게임부를 만들어 1년 동안 다양한 보드게임을 통해 아이들과 만날 수도 있습니다.

실제로 저는 학생 자율 동아리 시간에 보드게임부를 운영하여 학년에 맞는 보드게임으로 즐거운 1년을 보낸 적이 있습니다. 또 교과 보충 프로그램 시간에 1, 2학년 아이들 한글을 가르치기 위해 고피쉬와 라온을 적절하게 활용해 지도했습니다.

교실에 갖춰두면 좋은 보드게임

1. 학년별 추천 보드게임

학년	보드게임	보드게임 한 줄 소개	주제
1~2학년	팝콘 의자 쌓기	의자가 쓰러지지 않게 전략을 세우고 균형을 잡아 최대한 높이 쌓는 게임	밸런스
	한글 게임 라온	한글을 배우는 아이들에게 쉽고 재미있게 접근할 수 있는 최고의 보드게임	한글
	빌드잇 밸런스	입체 도형의 감각을 기르고 손 조작 활동도 함께 할 수 있는 게임	수학
	몰랑 덧셈 뺄셈 게임	아이들이 좋아하는 몰랑이 캐릭터를 통해 덧셈과 뺄셈의 원리를 익힐 수 있는 게임	수학
	팝다트	통합교과 놀이 시간에 활용하기 좋은 안전하고도 흥미로운 다트 게임	놀이
	도블	같은 모양을 찾아서 먼저 외쳐라! 집중력과 순발력이 중요한 게임	순발력
3~4학년	피카 마우스	생쥐의 집을 살펴보며 놓인 물건들을 기억해야 하는 관찰력 게임. 협력을 통해 정확도를 높이는 재미가 있음	관찰, 기억
	텔레스트레이션	카드에 나온 단어를 그리고, 그려진 그림을 통해 단어를 맞추며 맨 처음 주어진 단어를 맞추는 게임	미술
	시퀀스	빙고나 오목처럼 같은 색 칩 5개를 가로, 세로, 대각선으로 놓는 게임	수학
	알파벳 빙고	빙고 규칙을 통해 재미있게 놀면서 알파벳을 배울 수 있는 보드게임	영어
	이매진 패밀리	주어진 제시어를 투명 카드를 사용하여 상상력과 사고력을 발휘해 표현하고 맞추는 게임	맞추는 게임
	상상	주어진 주제와 초성에 맞는 단어를 재빨리 말해야 하는 보드게임	한글
5~6학년	스플랜더	국민 보드게임이라고 알려질 만큼 전략 보드게임으로 유명한 게임	전략
	딕싯	감성 게임, 스토리텔링 게임이라고 불리는 이미지 카드를 보고 이야기를 만들고 맞춰야 하는 게임	이야기
	스택버거 엔트리	엔트리를 사용하기 전 보드게임으로 코딩에 대한 기본 개념을 잡아주기 좋음	코딩
	렛츠고 한국사 1,2,3	역사 공부를 즐겁게 하기 위해 나온 보드게임. 퀴즈를 맞히면서 역사 지식도 쌓아가기 좋음	역사
	우봉고	도형 감각을 익히기 좋은 보드게임으로 평면도 있고 입체도 있음	수학
	마라케시	아이들이 상인 역할을 맡아 시장에서 보석을 사고팔며 전략적으로 자원을 관리하는 게임	전략

2. 아이들에게 추천받은 보드게임

학년	보드게임	추천 이유	주제
3~6학년	뱅!	각자의 역할을 숨기고 상대방을 찾아야 해서 마피아 게임처럼 긴장감이 있고 재밌어요.	전략
3~6학년	루미 큐브	규칙은 간단하지만 게임에서 승리하기 위해서는 머리를 잘 써야 해서 흥미로워요.	수학
전체	클라스크	교실에서 미니 축구를 하는 것 같아요. 토너먼트를 통해 우승자를 뽑아도 좋아요.	체육
1~2학년	루핑 루이	루이가 올 때마다 닭을 지키기 위해 쫓아내야 하는데 그 과정이 재밌어요.	놀이
전체	치킨 차차	친구의 닭 꼬리 깃털을 뺏을 때 짜릿합니다. 그림을 잘 기억해야 해서 집중력이 필요하지만요.	기억력

보드게임 구입 1cm+ 노하우

보드게임을 구입해 학급 운영에 활용하고 싶은 마음이 드셨나요? 교직 생활을 하다 보니 학급을 운영하기 위해서는 예산이 필수적으로 필요합니다. 예산이 없으면 학급 공간을 꾸미기도, 프로젝트 수업을 운영하기도, 필요한 학습 준비물을 사기도 어렵지요. 보드게임을 살 때도 마찬가지입니다. 동 학년이 있다면 학기 초에 이야기를 나눠서 보드게임을 다르게 사는 걸 추천합니다. 아이들도 같은 보드게임을 계속하면 나중에는 질리기 때문입니다. 그럴 경우를 대비해 학급마다 보드게임을 다르게 사서 두 달 정도를 주기로 돌려서 활용하면 1년 동안 보드게임으로 만들어 가는 학급을 만들 수 있습니다. 보드게임을 샀으면 보관도 중요합니다. 어떤 보드게임은 부품이 없어지면 할 수 없는 것도 있습니다. 아이들에게 보드게임 관리 방법과 주의할 점을 학급 회의 시간을 활용해 미리 알려 주면 좋습니다.

동 학년이 없는 소규모 학교에서는 수준 차이가 크게 나지 않는 1~3학년과 4~6학년이 협의해 보드게임을 사서 돌려가며 사용하는 걸 추천합니다. 또 보드게임을 살 때 할인 기간을 활용하면 예산을 절약할 수 있습니다. 사이트마다 할인 품목과 시기가 다르기 때문에, 자주 방문하여 확인하는 것이 도움이 됩니다.

지금까지 보드게임을 활용한 학급 운영 방법에 대해 나눠봤습니다. 보드게임은 다양한 교과 수업과 놀이 활동에 사용할 수 있습니다. 학급 예산으로 무엇을 살지 고민이 된다면 보드게임으로 눈을 한번 돌려보면 어떨까요? 한 주에 한 번씩 보드게임으로 놀 수 있는 시간을 만든다면 아이들이 오고 싶은 학교를 만들 수 있을 것입니다. 언제라도, 어디서든 활용할 수 있는 보드게임으로 선생님의 학급을 행복하고 즐거운 공간으로 만들면 좋겠습니다.

지속 가능한 삶
지속 가능한 교실에서부터

이대로 괜찮을까?

학기 초 학습 준비물 배송기간. 학교 택배 보관함은 어느새 택배 박스로 가득하다. 주문한 물품 박스를 열어보면 물품은 소포장되어 있고, 활동을 하며 포장을 하나씩 뜯다 보면 비닐이 산처럼 쌓인다. 합배송이 되지 않은 또 다른 물품은 물품에 비해 엄청나게 커다란 박스에 비닐 완충재가 가득 채워져 온다. 택배 박스를 가지고 오는 길에 아이들이 수업 시간에 쓴 활동지, 키트로 만든 작품들이 바닥에 떨어져 있는 모습을 본 적이 있다. 내 택배 박스 안에도 아이들과 활동하려고 주문한 키트가 들어있는데…. 이렇게 수업이 끝난 뒤 바로 버려진다면 준비한 대로 수업을 해도 괜찮은 것인지 머릿속이 복잡하기만 했다.

예쁜 쓰레기라는 아이러니

예쁜 쓰레기를 소비하는 문화에 대한 뉴스 기사를 본 적이 있습니다. 귀엽고 예쁘다는 이유로 물건을 사는 사람들. 딱히 쓸모는 없지만 나도 모르게 사게 되는 물건을 부르는 말이라고 합니다. 저는 조금 다른 의미에서 예쁜 쓰레기라는 말에 꽂혔습니다. 동시에 교실에서 의미 없이 버려지는 쓰레기를 떠올리게 되었습니다. 처음에 이 말을 들었을 때 제 수업을 돌아보게 되었습니다. 수업에서 활동지, 키트 등을 의미 없이 하고 있지는 않는지 점검해 보게 되었습니다. 오늘 했던 활동 중에 아이들이 바로 버릴만한 활동이 있었는지 다시 한번 생각해 봅니다. 수업을 하다 보면 만들어지는 활동지, 만들기 등을 어떻게 해야 할까요? 아무 활동도 하지 않아야 할까요? 필요한 것을 하지 말라는 이야기가 아닙니다. 중요한 것은 지속 가능한 삶을 위해 작은 관심을 가지는 것입니다.

나름의 원칙에서 시작하기

수업에 쓰이는 사소한 종이부터 작은 관심을 가져보세요. 아무렇지 않게 버려지는 활동지를 보면서 지금 출력하려는 활동지가 정말 이 활동에 필요한지 생각해 봅니다. 필요한 활동지라면 종이를 줄일 수 있는 방법을 생각해 봅니다. 한 학급에 20명인데 활동지 3쪽이 필요하다고 했을 때 단면으로 출력하면 60장이 필요합니다. 학년에서 필요한 활동지라면 3학급이라고 했을 때 180장이 필요합니다. 수업 준비를 하면서 활동지가 정말 필요한 것인지, 단면이 아니라 모아 찍기를 하거나 양면으로 출력해도 되는지 한 번 더 생각해 본다면 이 생각은 선생님의 원칙이 될 수 있습니다. 지속 가능한 삶과 함께하는 지속 가능한 교실에서 가장 중요한 것은 나름의 원칙을 세우는 것입니다.

지속 가능 vs 효율

지속 가능이란 특정한 과정이나 상태를 유지할 수 있는 능력을 말합니다. 효율은 들인 노력과 얻은 결과의 비율을 말합니다. 지속 가능이라는 말을 들으면 효율이 떨어진다고 생각하는 사람도 있을 수 있습니다. 하지만 장기적으로 보면 우리 아이들이 살아갈 미래 세상을 위한 일이니 결과가 나오는데 시간이 좀 더 걸릴 뿐 사실 효율이 떨어지는 일이 아니라는 생각이 들었습니다. 그래서 지속 가능한 삶과 함께하는 지속 가능한 교실에 관심을 가지게 되었습니다. 그렇다면 구체적으로 어떻게 실현할 수 있을까요? 지속 가능한 삶과 함께하는 지속 가능한 교실을 위해 실천할 수 있는 활동에 대해 제로 웨이스트(zero waste, 쓰레기 없애기)와 리사이클(recycle, 재활용하기)에 초점을 맞추어 이야기해 보려고 합니다.

제로 웨이스트, 최대한 쓰레기 안 만들기

가장 근본적인 이야기는 쓰레기를 줄이는 것입니다. 제로 웨이스트라는 말을 들어보셨을 겁니다. 포장을 줄이거나 재활용이 가능한 재료를 사용해서 쓰레기를 줄이는 것입니다. 플라스틱 빨대 대신에 실리콘이나 스테인리스 빨대를 사용하고 일회용 컵 대신에 텀블러를 사용하고 비닐봉지 대신 다회용 가방을 사용하는 것입니다. 학급에 필요한 물건을 구입할 때에도 이런 원칙을 생각해 볼 수 있습니다.

- ☑ 묶음 포장이 되어있는가?
- ☑ 지역 상점에서 구입 가능한가?
- ☑ 여러 번 사용 가능한가?

쓰레기가 최대한 나오지 않는 물품을 구입하는 것입니다. 하나의 방법으로 벌크로 구입하는 방법이 있습니다. 쉽게 말해서 대량으로 사는 것입니다. 벌크로 구입하는 것은 경제적으로 단위당 가격이 낮은 장점이 있으면서도 더 나아가서는 포장을 줄일 수 있다는 장점도 있습니다. 또한 활동을 하다 보면 나오는 수많은 비닐 포장들을 줄일 수 있는 방법을 생각해 봅니다. 업체에 연락해서 소포장을 하지 않은 상태로 받을 수 있도록 요청하는 방법도 있습니다. 업체 상황에 따라서는 어려울 수도 있지만 가능하기만 하면 쓰레기를 줄일 수 있는 일이니 무리하지 않는 선에서 요청해 보는 것도 방법이 될 수 있습니다.

쓰레기가 최대한 나오지 않도록 물품을 구입하는 방법도 있습니다. 하나는 지역에 있는 상점을 이용하는 방법입니다. 오프라인에서 쉽게 구할 수 없는 물건이라면 어쩔 수 없겠지만 특별히 구하는데 문제가 되지 않는다면 지역에 있는 상점에서 구입합니다. 택배로 주문할 때 자동으로 사용되는 택배 박스, 박스 테이프, 완충재 등 쓰레기들을 만들지 않을 수 있습니다. 더불어 운송 과정에서 생기는 탄소발자국도 조금은 줄일 수 있기 때문에 일석이조라고 할 수 있습니다. 다른 하나는 여러 번 사용할 수 있는지 확인해 보는 방법입니다. 한 번 쓰고 버리는 물품보다는 여러 번 사용할 수 있는 물품을 사용하는 것이 좋겠지요. 학급 운영을 위해 매년 반복해서 하는 활동이 있다면 그 활동에 필요한 재료들은 여러 번 사용 가능한 물품으로 구입할 수 있습니다.

리사이클, 이미 만들어진 쓰레기 200% 활용하기

최대한 쓰레기를 안 만들고 싶지만 결국 쓰레기는 만들어집니다. 쓰레기를 만들지 않고 살아가는 것은 현실적으로 불가능하다는 사실을 느끼게 됩니다. 그래서 이미 만들어진 쓰레기를 어떻게 활용할 수 있을지 고민해볼 필요가 있습니다. 학교에서 가장 많이 발생하는 쓰레기로는 택배 박스와 플라스틱이 있습니다.

먼저 학기 초에 여러 물품을 주문하면서 나오는 박스들을 활용하는 방법입니다. 학기 초에 넘쳐나는 택배 박스들을 모아놓고 만들기를 할 때 활용하거나 여러 조각으로 잘라놓고 피켓이나 포스터를 만들 때 활용할 수 있습니다. 다음으로 버려지는 플라스틱을 활용하는 방법입니다. 간식을 먹고 나오는 플라스틱 물병이나 음료수 병으로는 놀잇감을 만들 수 있습니다. 플라스틱병으로 볼링핀을 만들어 볼링 놀이를 하거나 물통 안에 물을 채워서 물통 세우기 놀이를 할 수 있습니다.

그리고 더 나아가 물건을 구입할 때 쓰임을 다 하고 나면 어떻게 활용할 것인지 생각해서 물건을 구입할 수도 있습니다. 매년 개운죽을 기른다면 플라스틱 화분을 키트로 구입하는 것보다 아이들에게 줄 간식을 유리병에 담긴 음료수로 구입하여 나눠준 뒤, 빈 병을 씻어 화분으로 활용할 수 있습니다. 재활용할 수 있는 유리병에 아이들의 디자인을 더해 화분으로 만들면 자연스럽게 업사이클링이 이루어지고, 새로운 활용방법이 됩니다.

학급 문화

어떤 사람들은 개인의 노력만으로는 기후 위기 상황을 바꾸는 것은 힘들다고 합니다. 그렇다면 개인의 노력은 의미 없는 것일까요? 개인의 노력은 단지 행동으로 끝나는 것이 아니라, 인식의 변화를 이끌어낸다고 생각합니다. 이것이 바로 개인의 노력이 필요한 이유입니다.

생태 전환교육이라는 말을 한 번쯤은 들어보셨을 겁니다. 2022 개정 교육과정에서도 생태 전환교육의 중요성은 강조되고 있습니다. 이는 환경과 인간의 공존을 추구하며 지속 가능한 삶을 위한 생태적 전환을 목표로 하는 교육을 의미합니다. 인간 중심적인 사고방식이 아닌 함께 살아갈 미래를 위해 인식의 방향을 바꾸어 보자는 겁니다. 이제 더 이상 남극에 있는 펭귄과 북극에 있는 북극곰의 이야기가 아니라 우리의 이야기라는 것을 인식할 때입니다. 개인의 노력이 모여 환경 문제에 관심을 가지게 된다면 기업에 불필요한 과대 포장을 지적하고 좀 더 친환경적인 방법을 제안하여 사회가 바뀔 수 있을 거라고 생각합니다. 그렇다면 아이들의 환경 역량을 길러줄 수 있는 방법은 무엇일까요?

교육과정과 연계한 환경 교육을 통해 그런 힘을 길러줄 수 있겠지만 여기에서 이야기하고 싶은 것은 바로 학급 문화입니다. 학급은 작은 사회이기 때문에 학급에 지속 가능한 삶에 대한 문화를 만드는 것이 중요하다고 생각합니다. 당연하다고 생각하는 것을 조금만 바꿔서 생각해 보면 분명 달라질 수 있습니다. 당연하게 화장실에서 핸드타월을 쓰던 것을 손수건으로 바꿔봅시다. 당연하게 정수기에서 물을 마실 때 종이컵을 쓰던 것을 텀블러로 바꿔봅시다. 당연하게 비닐봉지를 쓰던 것을 다회용 가방으로 바꿔봅시다. 아이들도 당연하게 생각하던 것을 조금 바꿔서 생각해 보며 자연스럽게 생활 속 실천으로 이어갈 수 있습니다. 이를 통해 불편하지만 지속 가능한 삶을 위해 생각해 보는 기회를 가질 수 있을 것입니다.

여기서 한 가지 중요한 것은 바로 아이들로부터 시작하는 학급 문화입니다. 고학년의 경우에는 학급 자치를 활성화하는 방법, 저학년의 경우에는 도전을 제안하고 아이들이 선택해 보도록 하는 방법이 있을 것입니다. 선생님들의 아이디어가 더해진다면 아래로부터 시작되는 진짜 학급 문화가 시작될 것입니다. 예를 들면 고학년의 경우에는 쓰레기 줄이기에 대한 학급 챌린지의 방법을 학급 자치를 통해 정해볼 수 있고 저학년의 경우에는 작은 쓰레기봉투를 두고 얼마나 오래 쓰는지 또는 기간을 정해놓고 쓰레기를 채우는 시간을 늘리며 최대한 쓰레기를 안 만드는 학급 챌린지를 해볼 수 있습니다. 아이들은 자신들의 눈으로 직접 확인하며 자연스럽게 생활 속에서 쓰레기를 줄일 수 있는 방법을 찾아낼 수 있을 것입니다.

모델링

아래로부터 시작되는 진짜 학급 문화가 시작되기 위해서는 필요한 요소가 하나 더 있습니다. 학급 문화를 만들기 위해 교사가 모델이 되는 것입니다. 아이의 독서 습관을 위해 가장 좋은 방법은 부모가 책 읽는 모습을 아이에게 보여주는 것이라고 합니다. 아이들의 지속 가능한 학급 문화를 지지하기 위해서는 교사도 핸드타월 대신 손수건을 사용하고 종이컵 대신 텀블러를 사용하고 비닐봉지 대신 다회용 가방을 사용하는 모습을 보여주어야 한다고 생각합니다.

'모델링'은 말 그대로 모델을 보고 닮게 만드는 일을 의미합니다. 이 말을 부담스럽다고 느끼는 분들도 있을 겁니다. 저도 처음에는 이 말이 굉장히 부담스럽게 느껴졌습니다. 그 이유를 곰곰이 생각해 보니 모델이라면 완벽해야 한다고 생각했기 때문이었습니다. 하지만 시간이 지나고 경력을 쌓아가면서 '모델링'이라는 말이 꼭 '완벽함'을 의미하지는 않는다는 것을 깨달았습니다. 모델링은 자신의 가치관을 만들고 일관되게 유지하는 것이라고 생각합니다. 그 활동들이 대단하지 않아도 괜찮습니다. 그 모습 속에 의미가 있다면 작은 활동들일지라도 아이들도 분명 느끼는 것이 있을 거라고 생각합니다. 앞에서 이야기했던 것처럼 중요한 것은 지속 가능한 삶을 위해 작은 관심을 가지는 것입니다.

지금까지 살아오면서 관심을 가진 모든 것들을 생각해 보면 모든 것은 연결되어 있었고 자연스럽게 저의 생활 속에 스며들어 있었습니다. 시간이 지나고 보니 아무 의미 없는 일은 없었습니다. 그 일이 나에게 의미 있는 일이 될 시간이 필요할 뿐입니다. 어쩌면 그 일을 시작하고 마무리하는 그 과정 자체가 나에게 의미 있는 일이 될 수도 있습니다. 아이들이 살아가야 할 미래를 위해 지속 가능한 삶을 실천할 수 있도록 지속 가능한 교실을 만들어 가기를 바랍니다. 기후 위기에 대한 선생님의 가치관을 생각해 보세요. 지금 바로 할 수 있는 것부터 시작해 보세요!

4장

AI시대

쉽게 이해하고 바로 활용하고 싶은
선생님을 위한

AI시대
우리의 자세

▌뭘 가르치라는 거야?

2022 개정 교육과정 도입과 함께 AI 디지털 교과서, 에듀테크, AI, SW교육, 코딩, 디지털 소양 함양 등 요즘에는 에듀테크 활용 수업을 못하면 안 될 것 같은 분위기다. 하루가 다르게 새로운 기술들, 새로운 에듀테크들이 쏟아지고 있다. 그래서 AI 디지털 교과서로 수업만 하면 되는 건가? 1인 1디바이스 나눠주고 학생들이 노트북이나 태블릿으로 에듀테크 활용 수업만 하면 되는 건가? 도대체 어떤 수업을 하라는 거야?

AI의 발전 가능성

OpenAI사가 24년 5월 Chat-GPT 4o를 공개했습니다. 이제 AI는 볼 수 있고, 들을 수 있고, 사람과 자연스럽게 대화하는 것처럼 실시간 반응을 할 수 있습니다. 사용자의 음색, 배경을 관찰하면서 감정과 대화 맥락을 파악해 농담까지 던집니다. 최근에 콜로라도 주립대학과 'Save the Elephants'에서 공동 수행한 연구 결과, 아프리카 코끼리들이 서로의 이름을 부르는 행동을 한다는 흥미로운 사실이 밝혀졌습니다. 어떻게 이러한 사실을 발견했을까요? 바로 AI 기술을 활용했다고 합니다. 연구자들은 아프리카 초원의 코끼리들의 음성을 녹음해서 AI 기술로 분석했습니다. 그 결과 특정 코끼리를 지칭하는 반복적인 패턴을 확인했고, 해당 소리를 들은 코끼리가 반응하는 모습까지 확인한 것입니다. 동물의 소리까지 분석해 내는 걸 보면 AI는 정말 다양한 데이터로부터 학습하고, 새로운 상황에 적응할 수 있는 능력을 가지고 있음을 실감하게 됩니다.

생성형 AI 기술을 활용한 영화까지 제작하고 있습니다. 24년 2월 두바이에서 열린 제1회 인공지능 영화제(AIFF)에서 한국 영화 '원 모어 펌킨'은 대상과 관객상을 수상했고 부천영화제에도 초청받았습니다. 이 3분짜리 영화를 만드는 데 들어간 제작비는 얼마일까요? 바로 전기 요금뿐이었습니다. AI의 기술의 발전은 어디까지 일까요? 앞으로 3년, 5년, 10년 후 세상은 어떻게 변할까요? AI 기술의 발전 속도가 너무 빨라 전문가들조차 예측할 수 없다고 합니다.

AI 때문에 불안한 교사?

AI의 발전은 고용시장에도 분명 변화를 일으키고 있습니다. 국제통화기금(IMF)이 발표한 AI 시대 고용시장 변화 예상 보고서에 따르면 제조업, 운송업, 사무직 등에서 AI가 인간 노동력을 대체할 가능성이 높게 여겨지며 선진국의 직업 중 약 60%가 AI의 영향을 받을 거라고 합니다. 맥킨지 글로벌 연구소는 2030년쯤엔 8억 개의 직업이 AI로 대체될 거라는 예측을 했다고 합니다. AI의 발전으로 많은 직업이 자동화되고, 해당 직업을 가진 사람의 수입은 줄어들 수밖에 없을 것입니다.

또 다른 문제도 있습니다. 아주 그럴듯한 가짜 콘텐츠가 범람하고 있는 것입니다. 유명인이나 정치인, 대선후보를 딥페이크 기술로 합성하는 각종 범죄가 AI 발전과 더불어 진화하고 있습니다. 세계적 팝스타 테일러 스위프트의 얼굴을 합성한 부적절한 영상이 SNS에 올라가 초상권 침해 논란이 일었고, 국내 인기 배우들의 얼굴과 음성을 딥페이크로 조작한 가짜 영상들로 투자를 권유하는 사기 행각도 발각되기도 합니다. 우리나라에서는 텔레그램 기반 딥페이크 성범죄도 큰 사회적 이슈가 되고 있습니다. 가해자 중에는 학생들도 있었다고 합니다.

그뿐 일까요? 기술의 부익부 빈익빈 상태도 심해지고 있습니다. AI와 같은 첨단 기술을 이용하는 데도 돈이 필요합니다. 최신 AI 기능을 쓰기 위해서는 한 달에 몇천 원에서 많게는 몇만 원까지 구독료를 내야 하는데 구독료가 만만치 않습니다. 구독료를 지불할 형편이 안 되는 사람이나 후진국 또는 개발 도상국가의 국민들은 AI의 혜택을 제대로 누리지 못할 수 있고, 이는 나아가 AI 활용 능력의 차이로 나타날 수 있습니다.

학교에서는 어떤가요? 학생들을 가르치는 교사로서 AI 시대, 사회가 어떻게 변할지 모르는 상황에서 학생들에게 어떤 교육을 해야 할지, 교사로서 어떤 준비를 해야 할지 막막하고 혼란스럽기만 합니다. 정부는 2023년 6월 AI 디지털 교과서 추진 방향을 발표하고 2025년부터 AI 디지털 교과서 전면 도입을 계획했습니다. 이 때문에 AI 디지털 교과서 도입을 반대하는 청원에 5만 명이 넘는 학부모들이 서명을 하기도 했습니다. 디지털 기기로 학습을 할 경우 오히려 학습 효율이 떨어진다는 연구 결과도 심심치 않게 찾아볼 수 있습니다. 스마트 기기 사용 시간이 많아서 안 그래도 걱정인데 많은 시간을 보내는 학교에서까지 스마트 기기를 사용하면 디지털 기기에 의존도가 더욱더 심해질 거라는 우려때문입니다. 이러한 우려 외에도 높은 구독료로 인한 지방교육재정 부담, 개인정보 보호 등의 문제로 24년 12월, AI 디지털 교과서를 교과용 도서가 아닌 교육 자료로 규정하는 초중등교육법 개정안이 국회 본회의에서 의결됐습니다. 이와 관련해 AI 디지털 교과서를 선정하는데 있어 진통이 예상되고 있습니다. 여러분의 생각은 어떠신가요?

AI 시대 교육 정책의 방향

2022 개정 교육과정에서는 디지털·AI 교육 환경에 맞는 교수·학습 및 평가 체제 구축을 개정 중점으로 삼고 있으며, 초등학교에서는 실과의 정보 영역 시수와 학교자율시간 등을 활용하여 34시간의 정보교육을 편성·운영함으로써 인공지능 및 로봇 교육이 확장, 도입될 예정입니다. 또한 모든 교과를 통한 디지털 소양의 함양을 목표로 에듀테크 활용 디지털·AI 교육의 중요성을 강조하고 있습니다.

기술이 하루가 다르게 발전하고, 그에 따라 세상과 삶의 모습이 너무 빠르게 변하고 있으니 학생들을 가르치고 있는 교사인 우리도 계속해서 AI에 대해, 또 미래에 대해서 관심을 가져야 하는 사회적 분위기에 직면해 있는 상황입니다.

AI 시대 우리가 해야 할 교육은?

이렇게 시대가 빠르게 변한다고 해서 교사인 우리가 모두 AI의 학습 원리나, 머신 러닝, 소프트웨어, 정보교육의 전문가가 되어야 할까요? 물론 학생들이 교육과정에 나온 성취기준에 맞는 학습 목표에 도달할 수 있도록 교사가 디지털 역량을 강화해야 할 필요는 분명 있습니다. '교육의 질은 교사의 질을 넘지 못한다'라는 말에서도 알 수 있듯이 AI 디지털 교과서가 도입되고, 다양한 에듀테크와 코스웨어가 보급되는 이 시기에 아예 아무것도 하지 않을 수는 없습니다. 하지만 그렇다고 해서 AI에 대해 너무 억지로 공부하거나 코딩을 자유자재로 능수능란하게 할 필요는 없습니다. 또 디지털 기기를 활용해서 코딩 수업을 반드시 해야 하거나, AI 디지털 교과서로 모든 수업을 할 필요도 없습니다. 우리는 그것 말고도 해야 할 일이 아주 많고, 다른 분야에 이미 전문성을 갖추고 있습니다. 인공지능, 코딩, 프로그래밍에 대해 막연하게 두렵다 생각할 필요는 없습니다.

다만 이제까지 이런 분야에 관심이 없었더라도, 지금부터는 미래를 살아갈 학생들을 위해 관심을 가져야 합니다. 어떻게 관심을 가지냐고요? 우선 학생들과 기술의 발달과 AI에 대한 최신 기사나 흥미로운 사실들에 대해 이야기를 나누는 것부터 시작해 보세요. 코딩하는 법을 단순히 알려주고 그대로 따라 하게 시키는 교사보다, 기술로 인해 미래 사회가 어떻게 변화할지, 사람들은 어떻게 살아갈지, 어떤 가치가 중요할지 이야기를 해주며 아이들이 상상할 수 있는 기회를 주는 교사의 수업이 더 가치 있다고 생각합니다.

혹시 휘발유 자동차를 처음 만든 사람이 누군지 아시나요? 독일의 3대 자동차 회사인 벤츠의 전신이 되는 회사의 창립자인 독일의 카를 벤츠(Karl Benz)입니다. 그는 1885년에 세계 최초의 휘발유 삼륜 자동차인 벤츠 페이던트 모터바겐(Benz Patent-Motorwagen)을 발명하였고, 1886년 1월 29일에 독일 특허청에 '휘발유 엔진 구동 차량'으로 특허를 받았습니다. 단일 실린더 엔진을 사용한 차량이었고, 최고 속도는 약 16km/h였습니다. 그의 아내인 베르타 벤츠(Bertha Benz)는 1888년 이 자동차로 장거리 여행을 했다고 합니다. 두 아들과 함께 독일의 만하임에서 포르츠하임까지 하루 만에 약 100여km를 이동했습니다. 이를 통해 차량의 신뢰성과 실용성을 증명함으로써 대중에게 큰 인상을 남겼습니다.

◆ 최초의 가솔린자동차 벤츠 페이던트 모터바겐

필요한 건 관심

여러분이 만약 그 당시에 살던 사람이었다면 최고 속도 약 16km/h인 삼륜 자동차를 구입했을까요? 정확한 기록은 없지만 그 당시 삼륜 자동차는 평균 임금을 웃도는 상당히 고가의 제품이었다고 합니다. 이 삼륜 자동차는 몇 년 동안 단 25대만 팔렸으며, 이 자동차를 구입한 사람들은 보통 부유한 부자이거나 새로운 기술에 관심이 많은 사람들이었다고 합니다. 그러나 이때 삼륜 자동차를 처음 사용해 본 소수의 사람들은 이 자동차를 타 본 후 일상생활과 경제에 미칠 영향에 대해 알아차렸고, 그 후 도로 건설, 주유소, 자동차, 차량 정비소와 같은 새로운 산업의 형성을 촉진하는 역할을 하였습니다. 역시 새로운 건 먼저 써봐야 어떤 분야가 발전이 되고, 사회가 어떻게 변할지 알 수 있는 거겠죠?

그 당시에는 부유한 부자만이 최초의 자동차를 살 수 있었고, 타 볼 수 있었고, 변화를 직접 경험하며 자동차의 미래를 예견할 수 있었습니다. 자동차가 변화시킬 미래를 앞서 본 사람들은 자동차가 없는 것은 상상하기도 힘든 지금의 세상을 만들어냈습니다. AI 기술도 마찬가지입니다. 미래에는 AI 기술이 지금의 자동차처럼 인간의 생활에 아주 많은 분야에 자연스럽게 사용되고 있을 것입니다. 그러니 지금부터 학생들이 다양한 AI 기술에 대해 생각해 보고, 사용해 보며 관심을 가지면 더 좋겠죠?

이제는 학교에서도 혁신적인 AI 모델, 생성형 AI와 같은 최첨단 기술과 서비스를 사용해 볼 수 있습니다. 하고자 하는 의지만 있으면 유튜브나, 인터넷을 통해 관련 무료 강의와 콘텐츠를 언제 어디서든 접하고 공부할 수 있습니다.

우선 우리 학생들이 이러한 AI에 관심을 가질 수 있게 미래 사회를 상상해 볼 수 있는 기회를 제공해 줍시다. 그저 "AI가 사람처럼 대화하는 기술이 나왔다고 하는데 같이 신문 기사를 읽어볼까?", "최신 뉴스를 같이 한 번 볼까?" 하고 함께 이야기를 나누는 것으로 시작해 보세요. 그것으로도 학생들은 미래의 모습에 대해 생각해 보고, 달라질 사회에 대한 인사이트와 통찰을 얻을 수 있을 것입니다.

만약 이러한 과정을 통해 AI에 대해 좀 더 관심을 갖게 되었다면 관련 연수나 무료 강의를 찾아 공부해 보시길 바랍니다. 전문적 학습 공동체에서 동료 교사와 함께 연구를 하거나, 관련 대학원에 진학하여 AI 교육에 대한 전문성을 갖추는 것도 좋습니다. 교사 커뮤니티나, 인터넷 학습 사이트, 서점을 조금만 살펴봐도 학생들과 쉽게 따라 할 수 있는 간단한 코딩과 AI 학습, 머신 러닝에 관한 학습자료는 이미 넘칠 정도로 많이 있습니다. 가장 쉬운 단계부터 차근차근 시도해 보세요.

AI가 인간을 대체할 수도 있다는데 학생들은 어떤 능력을 갖춰야 할까?

　혹시 삶의 자세에 대해 생각해 보신 적 있나요? 여러분은 어떤 사람인가요? 어떤 자의식을 가지고 있나요? 지금 선생님은 어떤 삶을 살고 있나요? 어떤 스타일의 선생님이신가요? 저는 작년 겨울, 기계적 요소를 활용한 메이커 교육 프로젝트 설계 연수를 들었습니다. 강사님은 현재 많은 학생들에게 메이커 교육을 하고 계신 저명하신 교수님이었습니다. 연수를 들으며 도르래와 지렛대, 링크, 기계적 메커니즘, 코딩의 기본 원리 등을 열심히 배웠습니다. 원리에 대해 기가 막히게 설명을 해주시니 이해가 쏙쏙 됐습니다.

　그런데 원리에 대한 설명이 끝난 후 교수님께서 우드락, 아이스크림 막대, 고무줄, 아두이노 등 기본 재료를 주시고는 "자! 이제 투석기를 만들어보세요.", "오늘은 로봇 팔을 만들어보세요!"라고 해야 할 활동을 알려주시는 데 그때부터 멘붕에 빠졌습니다. 투석기를 어떻게 만들어야 할지 몰라 교수님께 혹시 샘플이 없냐고 여쭤봤지만 샘플은 없고 직접 만들어보라는 말씀만 하셨습니다.

　도르래와 지렛대의 원리는 분명히 이해했는데, 그 원리를 이용해서 나만의 투석기를 만드는 건 아예 다른 문제였습니다. 겨우 만든 작품을 테스트해 보면 실패, 또 실패. 그렇게 우드락과 고무줄로 투석기를 만드는데 하루가 꼬박 걸렸습니다.

　그날 연수가 끝날 때쯤 투석기를 겨우 완성하고 나서 연수생들이 만든 투석기를 모아보았습니다. 저마다 고군분투한 투석기를 모아보니 누구 하나 똑같은 투석기를 만든 사람은 없었습니다. 시행착오를 겪어보니 이제는 투석기에서 돌이 잘 날아가게 하는 방법을 좀 알 것 같았습니다. 한두 번 더 투석기를 만들어 보면 아마 투석기 제작의 전문가가 되었을지도 모르겠다고 생각했습니다.

이럴 때 필요한 교육은?

아마 우리 학생들에게도 필요한 게 바로 이런 경험이 아닐까 싶습니다. 시행착오를 겪더라도 끝까지 해내는 과정, 학교에서 배운 지식과 원리, 학습한 내용을 바탕으로 학생이 무엇인가 될 때까지 직접 해보는 경험 말입니다. 이러한 경험들은 학생의 마음속에 깊이 남아 학생 삶 속에서 다양한 쓸모로 남을 수 있습니다.

스스로 무언가를 직접 해보는 경험, 지루하고, 하기 싫어도 끝까지 완수하는 경험, 끝까지 과제를 해결하기 위해 노력해 본 경험이 있는 학생은 앞으로 미래 사회가 어떻게 바뀌어도, 어떤 문제가 닥쳐도 그 안에서 성찰하고, 생각하고, 방법을 찾아 끝까지 행동하며 성장해 나갈 것입니다. 학생들이 이러한 경험을 하며 성장할 수 있도록 도와주는 역할을 교사가 하면 어떨까요? 그 경험들은 비단 AI 활용 수업, 코딩 수업뿐만 아니라 국어, 사회, 미술 등의 교과 수업, 교과 융합 프로젝트 수업 등 다양한 형태로 이루어질 수 있습니다.

오늘 수학 시간에 배운 개념을 확실히 이해한 후 선생님이 되어 친구들에게 가르치도록 해볼 수도 있고, 환경을 보호하는 다양한 방법 중 스스로 선택한 캠페인 활동을 직접 해볼 수도 있습니다. 각종 공모전이나 대회에 나가기 위해 열심히 준비하며 값진 경험을 해볼 수도 있습니다. 매일매일 코딩의 원리를 조금씩 배운 후 스스로 여러 방법을 찾아가며 만들고 싶은 발명품을 만들어볼 수도 있습니다.

그래도 우리는 학생을 가르친다.

학생들이 학교생활을 하면서 자신의 과업을 끝까지 스스로 해결해나갈 수 있도록 도와줍시다. 그 과정 속에서 학생들이 무엇인가 주도적으로 해내는 경험을 할 수 있도록 말입니다. 어떤 일을 주체적으로 끝까지 해본 학생은 누가 시키지 않아도 스스로 삶을 살아가고, 개척해나갈 수 있을 것입니다. 미래가 어떻게 바뀔지는 전문가들도 모른다고 합니다. AI가 눈부시게 발전하는 사회 속에서 학생들이 살아남도록 하기 위해 교사인 우리가 전문가 수준의 텍스트 코딩을 가르치려고 애쓸 필요는 없습니다. 히지만 최소한 학생들이 앞으로의 미래를 상상할 수 있는 기회를 주는 교사는 되어야 합니다. 그리고 지금부터라도 AI와 SW, 디지털 학습에 관심을 조금씩 가져봅시다. 학생들 앞에서 전문가처럼 보일 필요도 없습니다. 이 분야에 전혀 관심이 없는 교사도, 나이가 많은 교사도 배우기 위해 노력하고, 학생들과 함께 성장하는 모습을 보여주는 것만으로도 학생들은 충분히 가치 있는 배움의 시간을 보내며 멋지게 성장할 것입니다.

에듀테크
쉽게 배워 바로 쓰는 BEST 8

▍항상 아쉬움이 남는 수업

매일 새롭고 비장한 각오로 학생들의 참여도와 집중도를 높이기 위해 여러 가지 방법을 시도했지만, 결국 오늘도 학생들의 흥미를 유도하고 즐거운 수업을 하는 것은 어려웠다. 수업 준비를 충분히 많이 한다고 생각하는데도 항상 뭔가 부족한 이 느낌…. 내 수업의 2%를 채워줄 그 무언가가 필요한데, 어떤 것으로 이 아쉬움을 채울 수 있을까?

지루한 내 수업에 마법의 가루, 에듀테크 한 스푼!

'지루하게 반복되는 내 수업의 루틴, 변화가 필요한 걸까? 부족한 것은 무엇일까?' 저와 같은 고민을 갖고 계신 선생님들께 활력을 더해줄 에듀테크를 소개합니다. 아주 간단하지만 선생님들께서 시간을 투자하여 준비하시지 않아도 학생들을 수업에 몰입시킬 수 있는 마법 같은 에듀테크입니다. 에듀테크를 잘 몰라도, 에듀테크에 반신반의하시는 선생님들도, 일단 한번 저를 믿고 따라와 보세요!

알지오매쓰

알지오매쓰는 수학 탐구용 소프트웨어입니다. 교육청과 창의재단에서 교육용으로 개발하였기 때문에 무료로 사용할 수 있으며, 로그인을 하지 않아도 된다는 것이 장점입니다. '알지오매쓰 키즈 2D'에서는 자유롭게 선분과 도형을 그리고, 블록 코딩을 해 볼 수 있습니다. 5학년 학생들이 어려워하는 선대칭과 점대칭도 알지오매쓰 2D를 활용한다면 쉽게 가르칠 수 있어 저는 자주 활용하고 있습니다. 또, '알지오매쓰 키즈 3D'는 6학년 수학에 나오는 쌓기나무와 입체의 개념을 학습할 때 유용합니다. 눈에 보이지 않는 공간의 개념을 이해하는 것을 어려워하는 학생들에게 알지오매쓰로 직접 조작할 수 있는 기회를 제공하면 보다 쉽게 이해하는 것을 확인하실 수 있습니다.

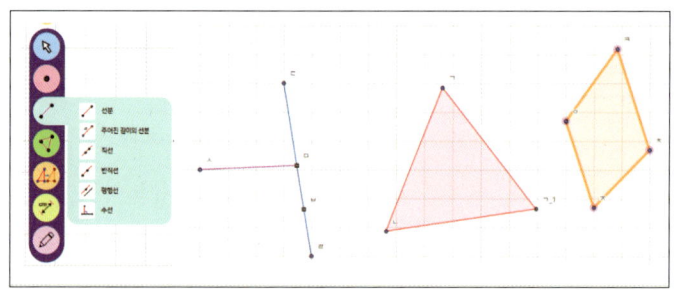

코스페이시스

코스페이시스는 가상현실(VR)과 증강현실(AR)을 구현할 수 있는 플랫폼입니다. 머지큐브와 구글 카드 보드를 활용하여 AR과 VR을 실현할 수 있고 코블록스를 사용하여 코딩도 가능한 에듀테크입니다. 입체적이고 현실적인 요소들이 많아 실제와 같은 느낌을 줄 수 있고 3D 캐릭터와 사물들이 생동감을 주어 학생들이 매우 흥미롭게 활동에 참여합니다. 코스페이시스로 할 수 있는 활동은 주로 우주와 태양계 꾸미기, 사막이나 사계절 등과 같이 계절과 관련된 느낌을 구현하는 것입니다. 코스페이시스는 유료이지만 무료 버전으로 30일 동안 사용할 수 있으므로 먼저 무료 버전을 사용해 보고 유료 버전 구입 여부를 결정하시는 것을 추천합니다. 5학년 1학기 태양계와 별 단원에서 우리 반 학생들과 함께 태양계를 구현해 보고, 행성을 코스페이시스로 나타내기 활동을 해보았는데 아이들이 정말 즐겁게 참여해서 저 또한 매우 뿌듯했습니다. 혹시 5학년을 맡고 계신 선생님이 계신다면, 이 활동을 추천합니다.

북크리에이터

북크리에이터(Book Creator)는 교사와 학생들이 디지털 책을 쉽게 만들고 공유할 수 있도록 돕는 교육용 도구입니다. 주로 초등학교와 중학교에서 많이 활용하고 있으며, 다양한 과목에 적용할 수 있어 창의적이고 몰입적인 학습 환경을 제공한다는 장점이 있습니다. 북크리에이터는 사용자가 직접 텍스트, 이미지, 비디오, 오디오 등을 책에 추가하여 멀티미디어가 포함된 인터랙티브한 전자책을 만들 수 있도록 지원합니다. 구글 ID만 있으면 누구나 무료로 사용할 수 있으며 초대 코드를 통해 학생들을 초대하면 교사가 개설한 학급에서 학생들과 책을 만들 수 있습니다. 또한 학생들끼리 협업하여 하나의 책을 만들 수도 있고, 학생들이 만든 각각의 책을 하나의 책으로 엮어서 e-book으로 학급문집을 출판할 수도 있어 매우 유용합니다. 다양한 배경화면이 제공되고 글씨체, 그림 그리기, 사진 삽입이 가능합니다. 또한, 오토드로우 기능도 제공합니다. APP을 추가하면 canva와 연동할 수 있어, canva를 능숙하게 다루는 학생과 교사라면 더욱 풍부하고 퀄리티 높은 작품 완성이 가능합니다. 저는 북크리에이터로 학생들이 스스로 배운 내용을 정리하는 배움 노트로 사용하거나, AI와 엮어서 동화책을 만드는 등 하나의 새로운 창작물을 만들어 내는 활동을 하기도 합니다. 선생님께서 계획하시는 모든 게 가능한 북크리에이터로 선생님도 새로운 활동을 크리에이트 해보세요!

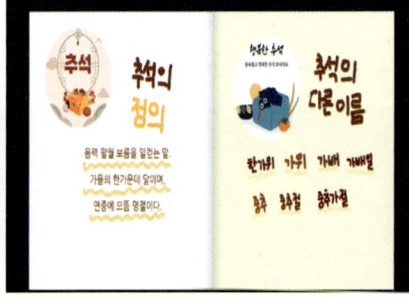

멘티미터

멘티미터는 교육, 프레젠테이션, 회의 등을 할 때 실시간으로 학생들과 상호 작용할 수 있도록 도와주는 온라인 툴입니다. 이 도구를 사용하면 발표자나 교사가 학생들에게 질문을 던지고, 실시간으로 피드백을 받으며, 상호작용할 수 있습니다. 멘티미터 기능 중 수업 중 가장 많이 활용되는 기능은 단연, 워드 클라우드입니다. 워드 클라우드는 학생들의 답변 중 가장 많이 언급된 키워드를 시각적으로 강조해 주는 기능으로 학생들의 참여를 유도하고 싶을 때 활용하면 좋습니다. 동기유발에서 의견을 모으는 활동에 적용하여도 좋고, 우리 반 학급 신문을 만들 때 주제를 모으기에도 유용하게 활용할 수 있으니 꼭 한 번 써보길 추천드립니다. 구글 로그인으로 누구나 무료로 활용할 수 있습니다.

클래스룸스크린

클래스룸스크린은 교실에서 수업을 보다 더 효율적으로 진행할 수 있도록 도와주는 디지털 도구입니다. 타이머, 텍스트(안내 문구), 그림판, 투표, 랜덤 뽑기 등 다양한 에듀테크 도구를 제공하고 있습니다. 선생님께서 바쁘고 급하실 때, 수업을 원활하게 진행할 수 있도록 도와주는 효자 사이트입니다. 로그인도 필요 없는 무료 사이트이니 지금 당장 선생님의 즐겨찾기에 추가하는 것을 추천합니다.

틴커케드

틴커케드는 3D 모델링을 하는 프로그램으로 3D 프린트기에 연결하여 직접 실물로 인쇄도 할 수 있습니다. 처음에 아이들과 몇 가지 기능만 익혀놓으면 아이들은 금방 프로그램 사용법을 익히고 얼마 지나지 않아 선생님보다 더 잘하게 됩니다. 저는 주로 틴커케드를 학생들과 실과 시간, 맛있는 나의 간식, 먹고 싶은 음식 만들고 꾸미기에 사용하거나 도미노 만들기, 내가 살고 싶은 집 꾸미기 등에 활용합니다. 입체적인 구조물에 간단한 물리 기능을 더해 정말 멋진 작품을 완성할 수도 있습니다. 틴커케드를 활용하면 학생들도 자신의 작품 결과에 매우 만족하며 뿌듯해합니다. 우리 반 학생들이 만든 결과물을 함께 보실까요?

Pottery

Pottery는 매우 쉽게 도자기를 만들 수 있는 앱입니다. 도자기라고 하면 보통 교실에서 하기 힘든 활동이라고 생각하기 쉽지만 이 앱을 사용하면 1시간 안에 멋진 도자기를 누구나 뚝딱 만들 수 있습니다. 사용법도 매우 간단하고 직관적이어서 따로 설명하지 않아도 앱만 알려주면 학생들이 결과물을 만들어냅니다. 도자기 수업에 pottery 앱, 강력 추천합니다!

구글 아트 앤 컬쳐

구글 아트 앤 컬쳐(Google Arts & Culture)는 구글이 제공하는 온라인 플랫폼으로, 전 세계의 예술 작품, 문화유산, 역사적 유물을 디지털 형식으로 감상할 수 있게 해줍니다. 이 플랫폼은 박물관, 미술관, 문화 기관과 협력하여 다양한 콘텐츠를 제공하며, 누구나 쉽게 예술과 문화를 탐험할 수 있는 기회를 제공합니다. 사이트에 들어가면, 유명한 화가의 작품을 고해상도 이미지로 만나볼 수 있고 전시관과 유명 미술관을 가상 투어 할 수도 있습니다. 구글 아트 앤 컬쳐는 예술과 문화에 대한 접근성을 높여 누구나 쉽게 예술 작품을 감상하고 문화유산을 탐구할 수 있게 해줍니다. 어렵게만 느껴졌던 미술 감상 수업, 한 방에 해결되는 소리가 들리시지 않나요?

에듀테크, 꼭 필요한 걸까?

사실 에듀테크는 거들 뿐, 수업의 본질과 중심은 교사에게 있습니다. 하이테크(High-Tech)가 하이터치(High-Touch)를 거쳐 학생들에게 하이라이트(High-Light)가 된다는 말, 들어보셨나요? 에듀테크는 하이테크에 불과합니다. 교사의 하이터치를 거쳐야만 그 진가를 발휘할 수 있습니다. 교사가 어떻게 에듀테크를 수업과 활동에 녹여내느냐, 어느 시기에 적절하게 활동에 사용하느냐에 따라 같은 에듀테크도 다르게 사용될 수 있고 그 효과가 반감될 수도, 배가 될 수도 있습니다. 저 역시 모든 활동과 모든 수업에 에듀테크를 사용하지 않습니다. 정말 필요한 그 순간에, 학생들에게 효과가 있을 것이라 생각되는 그 활동에 사용하려고 노력합니다. 선생님들께서도 선생님들만의 교육 철학에 기반하여 에듀테크를 적절하게 활용하시어 더욱 효과적이고 효율적인 수업과 학급 운영의 꽃을 피워내시길 바랍니다.

캔바
5분 만에 숏츠 만들기

▍나도 숏츠를 만들어볼까?

우리반 학생들과 재미있는 활동을 해보고 싶은데, 요즘 학생들이 좋아하는 건 뭘까? 숏츠?! 나도 유튜브 숏츠를 만들어 보고 싶지만, 어떻게 하는 건지 하나도 모르겠다. 편집하는 것도, 영상 효과를 추가하는 것도 복잡하고, 시간이 많이 걸릴 것 같은데…. 학생들의 관심을 끌면서도 교육적 가치를 담은 숏츠를 쉽게 만들 수 있는 방법 어디 없을까?

나도 숏츠를 만들 수 있다고?

요즘은 유튜브 전성시대라고 해도 과언이 아닐 정도로 유튜브를 비롯한 다양한 영상 콘텐츠가 우리의 일상 속에 스며들어 있습니다. 유튜브 영상, 그중에서도 특히 숏츠가 없는 하루는 상상하기 힘들 정도입니다. 하지만 언제까지 보기만 하실 건가요? 만드는 데 5분이면 되는걸요. 이젠 여러분이 숏츠를 만들어 크리에이터가 될 시간입니다.

우리가 교실에서 함께 생활하는 아이들은 디지털 네이티브 세대입니다. 이러한 환경에서 자라나고 생활하는 아이들과 함께하려면 교사도 디지털과 친숙해져야 하고, 좀 더 건강한 디지털 자료로 학생들과 소통할 책무성이 있다고 생각합니다. 그러므로 선생님, 우리 함께 학생들을 위해 유익하고 멋진 자료를 만드는 교사 크리에이터가 되어봅시다. 저를 따라 5분만 투자해 보세요!

캔바로 숏츠 만들기

준비물
센스, 창의력, 캔바를 로그인할 수 있는 계정(교사 인증도 받으셨다면 금상첨화)

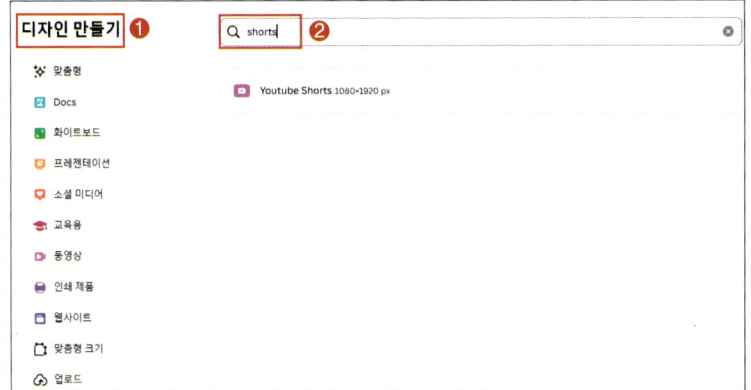

먼저 캔바 로그인을 한 후 왼쪽 상단의 ❶디자인 만들기에서 ❷Shorts를 검색합니다. 캔바에서 숏츠를 쉽게 만들기 위해서 '요소에 있는 동영상'을 적극 활용합니다.

생각보다 요소 탭에 다양한 상황의 동영상이 많아 조금만 검색하면 학생들이 원하는 동영상을 쉽게 찾을 수 있습니다.

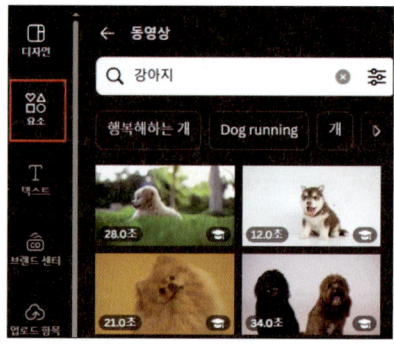

저는 '강아지'를 검색하여 대학와 관련된 동영상 중 마음에 드는 것을 가져왔습니다.

원하는 동영상을 찾아 클릭하면 편집 화면에 위와 같이 나타나고 플레이 버튼을 누르면 동영상이 플레이 됩니다.

마음에 드는 동영상을 찾았으면 이제 자막을 넣습니다.

❶텍스트 탭에서 ❷제목 추가 버튼을 눌러 아래와 같이 적절한 자막을 추가합니다.

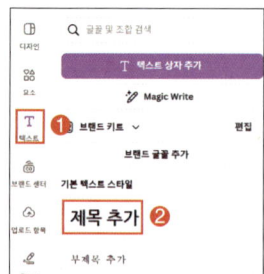 

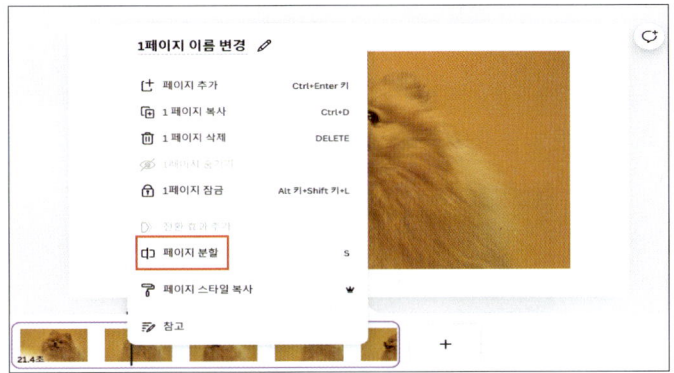

동영상이 재생되는 도중 다른 자막이 나오게 하려면, 동영상을 편집할 수 있는 탭에서 자막을 바꿀 부분을 마우스로 클릭한 후 마우스 오른쪽 버튼을 한 번 더 클릭합니다.

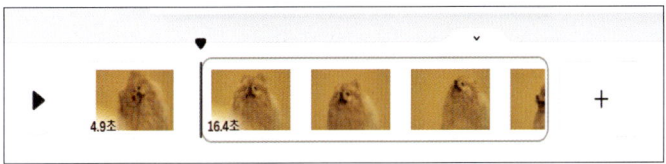

그리고 '페이지 분할' 버튼을 눌러주면 위와 같이 페이지가 분할되고, 나누어진 동영상에 새로운 자막을 넣을 수 있게 됩니다.

이런 방식으로 자신이 원하는 동영상을 찾아 페이지를 분할하거나 동영상을 이어붙이고, 자막을 넣어 동영상 편집 및 자막 넣기 작업을 완료합니다.

배경 음악 넣기

캔바에 있는 동영상은 소리가 없는 동영상이기 때문에 완성도 있는 숏츠를 만들기 위해서는 배경 음악을 따로 넣어야 합니다.

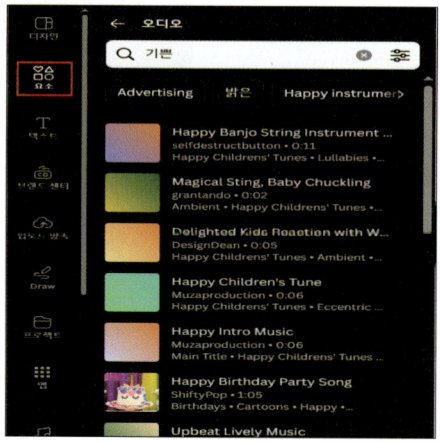

이번에는 요소에서 자기가 원하는 분위기나 감정을 검색한 다음 '오디오'를 클릭합니다. 캔바 안에 있는 음악은 저작권 문제 걱정 없이 쓸 수 있는 음악이므로 안심하고 사용할 수 있습니다. 캔바 안에 많은 음악과 효과음이 있어서 동영상과 마찬가지로 조금만 검색하면 학생들이 원하는 음악을 쉽게 찾을 수 있습니다.

원하는 음악을 선택하고 클릭하면 편집 창에 오디오가 표시됩니다. 마우스 커서를 이용해 오디오를 늘이고 줄이며 시간을 조정할 수도 있고 마우스 오른쪽 버튼을 클릭한 뒤 나오는 오디오 편집 도구들을 활용할 수도 있습니다.

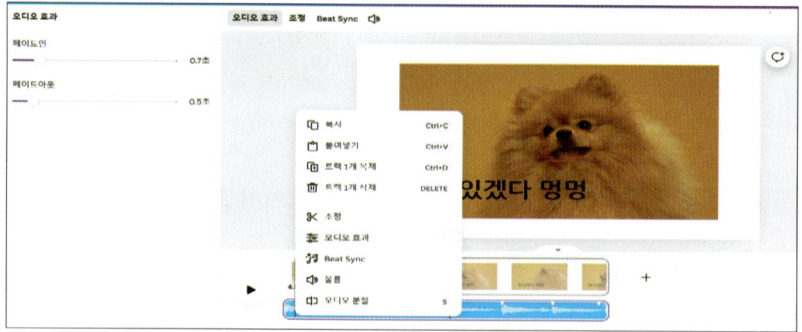

오디오 효과 중 페이드인, 페이드아웃 시간을 설정하여 처음에 오디오가 작게 시작하다가 점점 커지고, 동영상 마지막에는 오디오가 점점 작아지도록 설정할 수도 있습니다.

자연스러운 화면 전환을 위해 효과 적용하기

이제 배경 음악 편집까지 끝났다면 마지막 작업으로 자연스러운 화면 전환을 위해 효과를 적용합니다. 앞서 페이지 분할을 통해 동영상을 나누거나, 다른 동영상을 이어 붙인 경우 전환 효과를 적용하지 않으면 화면이 전환될 때 뭔가 뚝뚝 끊기고 부자연스러운 현상이 발생합니다. 그래서 자연스러운 화면 전환을 위해 효과를 적용해야 합니다. 동영상 사이에 마우스 커서를 두면 아래와 같이 전환 효과를 추가할 수 있는 버튼이 나옵니다.

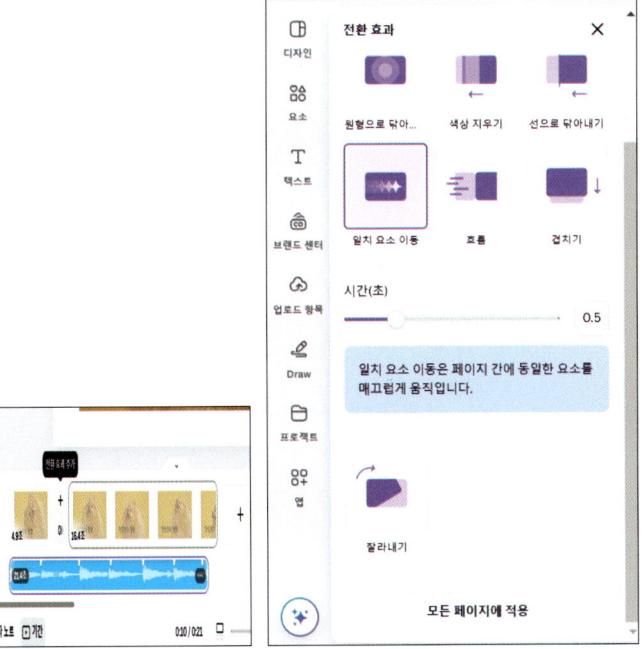

이 버튼을 클릭하면 전환 효과를 설정할 수 있는 화면이 나오는데 자연스러운 화면 전환을 위해 많은 효과 중 '일치 요소 이동'을 선택하고 '모든 페이지에 적용' 버튼을 눌러줍니다. 이제 숏츠 영상이 다 완성이 되었습니다. 마지막으로 화면 오른쪽 공유 버튼을 클릭하여 MP4 동영상으로 다운로드를 하면 작업 완료입니다. 어때요? 너무 쉽지 않나요?

우리도 할 수 있다, 크리에이터!

숏츠, 선생님도 만들어 보셨나요? 5분이면 간단한 숏츠가 만들어지는 마법을 경험해 보셨지요? 이제 선생님의 머릿속엔 어떤 콘텐츠를 만들어 아이들과 교실에서 활용할지 반짝이는 아이디어가 샘솟기 시작할 것입니다. 선생님이 만든 숏츠를 아이들에게 보여주는 순간, 아이들은 지금까지와는 사뭇 다른 친숙함과 존경을 담은 눈빛을 선생님께 보내올 것이고요. 아이들과 함께 우리 모두 크리에이티브한 수업, 교실, 미래를 만들어봅시다.

구글과 패들렛
수행평가 관리하기

▎수행평가지 관리는 힘들어

    수행평가는 시작부터 끝까지 너무 힘들다. 평가계획을 세우고, 평가 도구를 만들고 시기에 맞춰 평가를 실시하고, 수행평가를 실시한 후에는 학생들에게 일일이 피드백도 해줘야 한다. 이렇게 수행평가를 마치고 나서도 일이 끝난 것은 아니다. 평가 결과를 나이스에 올리고, 수행평가지도 증빙자료로 잘 보관해야 하고…. 그런데 1년에 30~40개의 수행평가를 하고 나면 몇 백 장의 수행평가지가 모이게 되니 정리하는 것도 큰일이다. 귀찮다고 한번 대충 놓아두면 그다음부터는 정리할 엄두도 못 낼 정도로 일이 불어난다. 가르치는 것만도 벅찬데 이런 것까지 하나 하나 챙기려니 너무 힘들다. 힘들다 힘들어.

가짜 노동

    사실 저도 수행평가지 관리가 너무 힘들었습니다. 수행평가가 끝나고 학생들에게 평가 결과를 확인시키기 위해 나눠줬다가 걷는 것도 귀찮았고 그렇게 걷어둔 평가지를 잘 보관하는 것도 어려웠습니다. 분명 사물함에 넣어둔 것 같은데 필요해서 찾으면 도대체 어디 갔는지 평가지에 발이 달린 것은 아닐 텐데 왜 없는 것인지…. 그럴 때마다 사물함부터 서랍장까지 모두 뒤져서 겨우 찾고는 안도의 한숨을 쉬었던 적이 셀 수도 없이 많습니다. 그래서 이런 일을 안 만들려고 교과서를 수행평가지로 활용해 보기도 했습니다. 그런데 이렇게 하니 더 큰 문제가 생겼습니다. 짐이 너무 늘어난 것입니다. 그때 제가 근무하던 학교의 학업성적관리규정은 평가지를 다음 학년도까지 보관하는 것이었기 때문에 학년도가 끝나고 교실을 옮길 때 그 많은 교과서를 다 챙겨서 가는데 정말 힘들었습니다. 공간도 엄청 차지했고요. 평가 결과를 생활기록부에 기재하기 위해 평가했던 내용을 찾는 것도 쉽지 않았습니다. 해당하는 페이지에 띠지를 붙여두자니 그것은 그것대로 또 일이 되었습니다.

그래서 생각한 방법이 수행평가지를 사진으로 찍거나 스캔해서 파일로 보관하는 것이었습니다. 그런데 이것도 쉽지 않았습니다. 그때 저희 반 학생 수가 고작 6명이었는데도 사진을 찍고 일일이 폴더를 만들어서 정리하는 것이 여간 귀찮은 일이 아니었습니다. 평가지를 철해서 보관하는 것도 귀찮아서 교과서를 걷었었는데 이걸 사진을 찍어 보관하겠다는 생각을 한 제가 원망스러웠습니다. 그럼에도 불구하고 평가지를 사진 찍고 스캔해서 보관하는 일을 2년 넘게 했습니다. 사실 다른 대안도 없었고, 그나마 짐도 줄고 필요할 때 찾기도 편했으니까 말입니다. 그렇게 나름의 위안을 하며 지내던 어느 날 휴대폰의 용량이 부족해서 사진과 파일을 정리하다 현타가 왔습니다. 휴대폰 속에는 지난 학년도 아이들의 수행평가지가 빼곡했고, 순간 '이걸 지금 지워도 되나?'라고 고민하고 있는 제가 참 한심스러웠습니다. 솔직히 말해서 수행평가 관련 문서를 정리하는 이유는 민원이나 감사에 대비하는 것 그 이상도 이하도 아니었으니까요. 열심히 평가지를 정리하고 관리했지만 결국 그 모든 노력은 가짜 노동이었습니다. 교사로서 저의 성장에도 학생들의 발전에도 전혀 도움이 되지 않는 무의미한 문서 정리였으니 말입니다.

구글클래스룸을 만나다

가짜 노동임을 알면서도 어쩔 수 없이 계속 사진을 찍어대던 2019년의 여름, 연수를 받다가 구글클래스룸이라는 학급 관리 시스템을 알게 되었습니다. 순간 이거다 싶었습니다. 학생들의 자료가 구글 드라이브에 자동으로 보관되다니 정말 신세계였습니다. 게다가 과제별로 폴더가 생성되니 따로 분류할 필요도 없었습니다. 지금 돌아보면 그때는 지금 쓰고 있는 기능의 10분의 1도 쓰지 못했고, 수행평가지 관리에도 그렇게까지 큰 도움을 받지는 못했습니다. 그럼에도 불구하고 구글 클래스룸을 사용하기 전과 비교하면 훨씬 편리하게 느껴졌습니다. 그리고 이 작은 시작이 지금의 구글클래스룸 활용을 가능하게 했으니, 정말 의미 있는 만남이었다고 생각합니다.

자동으로 분류해서 저장을 해준다고?!

구글클래스룸을 활용한지 몇 년이 지난 지금의 저는 수업 과제와 기준표를 적극적으로 활용합니다. 특히 구글 문서, 슬라이드, 시트를 이용해서 양식을 만들고, 학생별로 사본을 제공하는 형식으로 과제를 제시하면 학생들의 과제 수행을 실시간으로 확인하면서 피드백도 해줄 수 있어서 수행평가의 본질에 더 다가갈 수 있다는 장점이 있습니다. 그리고 무엇보다 구글클래스룸의 가장 매력적인 기능은 구글드라이브와의 연동입니다. 사실 저는 이것 때문에 구글클래스룸을 쓰기 시작했다고도 할 수 있습니다. 구글클래스룸에서 과제를 내면 구글드라이브에 과제별로 폴더가 자동으로 생성되고 학생들이 제출한 파일이 해당 폴더에 자동으로 저장됩니다. 제가 그토록 고생하며 했던 수행평가지 정리를 프로그램이 알아서 해주는 겁니다. 팁을 하나 더하면 과제를 제시할 때 양식을 하나 만들어서 학생별로 사본으로 제공하면 파일명에 학생들의 이름이 추가되어서 혹시라도 파일을 찾아야 할 때 보다 수월하게 찾을 수 있으니 참고하시기 바랍니다.

◆ 구글드라이브에 과제별로 분류되어 자동 저장된 화면

또, 구글클래스룸에는 학생들의 평가 결과를 한눈에 확인하는 기능도 있습니다. 그래서 과제를 제출하지 않은 학생이나 점수가 낮은 학생을 찾아서 피드백을 하기도 쉽습니다.

◆ 학생들의 과제 제출상태 및 성적을 확인하는 화면

사실 구글클래스룸을 제대로 활용하려면 앞서 말한 것처럼 온라인 과제 제시와 기준표 활용을 해야 합니다. 그렇지만 모든 수행평가를 온라인으로 할 수는 없습니다. 인쇄물을 통해 수행평가를 해야 할 때도 있습니다. 저는 이럴 때도 구글드라이브 자동 저장 기능을 포기하지 않습니다. 인쇄물이나 교과서를 이용해서 수행평가를 하더라도 클래스룸에 과제를 만듭니다. 그리고 학생들에게 수행평가 결과를 확인시키기 위해 평가지를 나눠주었을 때, 꼭 자신의 평가지를 사진 찍어 구글클래스룸에 제출하게 합니다. 이렇게 하면 이 사진들이 구글드라이브에 자동으로 저장이 되니 평가지 관리에 따로 신경 쓸 필요가 없어집니다. 그런데 이렇게 인쇄물을 사진으로 제출받을 때는 유의할 점이 하나 있습니다. 학생들이 문서 사진을 제대로 찍을 수 있도록 연습을 시키는 것입니다. 저는 구글클래스룸에서 카메라로 사진을 찍어서 제출하면 문서 스캔 기능을 활용할 수 있으니 학생들에게 이를 활용하게 합니다. 또는 처음부터 태블릿PC에서 문서 스캔을 하고 제출하게 합니다. 그래야 선명한 문서 사진을 찍을 수 있거든요. 학기 초에 문서 스캔을 하는 방법을 한 번만 제대로 알려주면 대부분의 학생이 그리 어렵지 않게 사용합니다.

기준표와 퀴즈 과제를 적극적으로 활용해 보자

구글클래스룸을 사용하는 선생님들과 이야기를 나눠보면 의외로 많이 사용하지 않는 기능이 기준표와 퀴즈 과제입니다. 그런데 저는 이 두 기능이 선생님을 편하게 해주는 좋은 기능이라고 생각합니다. 두 기능을 적극적으로 활용하면 채점이 정말 쉬워집니다. 저는 이 중에서도 기준표 기능을 적극적으로 활용합니다. 기준표를 이용해서 채점 기준을 만들면 학생들에게 피드포워드(feed forward)가 되고, 수행평가 채점도 쉽게 할 수 있습니다. 좀 더 자세히 이야기하면 기준표를 만들어두면 학생들 과제를 검토할 때 오른쪽에 기준표 창이 생기고 미리 설정해둔 단계에 맞게 클릭만 하면 자동으로 채점이 됩니다. 기준표를 만드는 과정이 조금 귀찮지만 한 번 만들어두면 채점이 클릭 몇 번으로 가능해서 귀찮음을 충분히 감수할만합니다. 또, 채점이 끝나고 학생들에게 채점 결과를 보내주면 본인의 결과를 바로 확인할 수 있고, 친구들에게 자신의 결과가 공개되지 않으니 학생들도 좋아합니다.

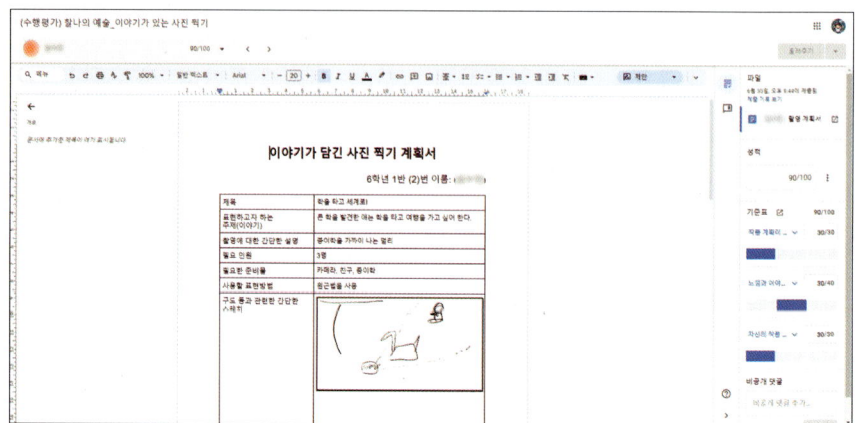

◆ 학생 과제 검토 화면

퀴즈 과제는 객관식이나 단답형 문제를 수행평가지에 포함시키고 싶을 때 활용하면 좋습니다. 미리 답안을 입력해두면 자동으로 채점하고, 최종 점수에 이 점수를 합산해서 반영할 수 있거든요. 단, 이 기능을 사용할 때 교사가 퀴즈 이외의 자료를 추가로 첨부하면 성적을 자동으로 가져오는 기능을 사용하지 못하니 유의하여야 합니다.

게시물 재사용으로 이전 자료를 다시 활용하기

게시물 재사용 기능을 활용하면 이전에 활용했던 수행평가를 그대로 가져와서 실시하는 것도 가능합니다. 자신이 그동안 실시했던 모든 수행평가의 양식들이 구글클래스룸에 저장되어 있으니 클릭 몇 번이면 수행평가를 가져와서 그대로 쓰거나 편집해서 사용할 수 있습니다. 구글클래스룸을 꾸준히 활용해왔고, 같은 학년을 몇 년 정도 계속하다 보면 교사 커뮤니티나 출판사 사이트들에서 수행평가지를 찾느라 고생할 필요가 없습니다. 내 나름의 수행평가지 데이터베이스가 구축되어 있으니까요. 한마디로 클래스룸 자체가 자신만의 평가 자료 보관함이 되는 것입니다.

패들렛을 알게 되다

저는 구글클래스룸을 메인으로 사용하고, 패들렛을 보조 도구로 이용합니다. 구글클래스룸은 기본적으로 교사와 학생의 개별 소통이 주를 이룬다면 패들렛은 교사-학생뿐만이 아니라 학생-학생의 소통도 지원하거든요. 그래서 학생들 간의 상호평가가 필요할 때는 패들렛을 이용합니다. 또, 학생들의 포트폴리오를 평가하고자 할 때 패들렛을 많이 활용하고 있습니다. 사실 패들렛을 꽤 오래전부터 사용했었는데 평가에 적극적으로 활용한 것은 몇 년 되지 않았습니다. 무료 버전에서는 만들 수 있는 패들렛 개수가 제한이 되다 보니 활용도가 떨어졌거든요. 그런데 이 패들렛을 유료 버전으로 썼더니 활용도가 높아졌습니다. 그래서 내친김에 올해부터 교실 버전을 구독하기 시작했고, 활용도는 이전과 비교할 수 없을 만큼 높아졌습니다.

교실 버전과 개인 버전의 가장 큰 차이점이라고 하면 워크스페이스 기능입니다. 워크스페이스 기능이 생기게 되니 학생들도 패들렛을 무제한으로 만들 수 있고, 교사가 학생이 만든 패들렛에 들어가서 관리를 도울 수 있으니 정말 편리했습니다. 평가를 할 때는 패들렛 자체를 제출하게 하거나 프린트 기능을 활용해서 화면을 이미지로 저장한 후에 제출하도록 하면 되니 평가지 관리도 쉬워집니다. 과목별로 패들렛을 만들고 학생별로 섹션을 나눠주면 한눈에 관리가 됩니다. 댓글을 이용해서 피드백을 해주고, 반응의 점수를 이용해서 평가 결과를 직접 입력하는 것도 가능하니 평가 관리를 처음부터 끝까지 할 수 있습니다.

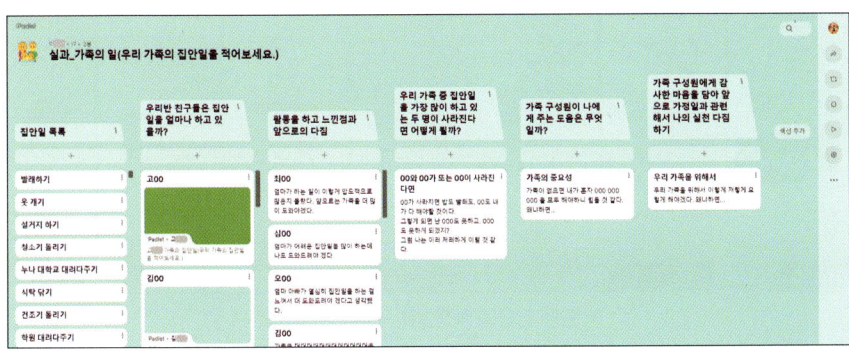

◆ 교사의 패들렛_활동 안내 및 공동 작업

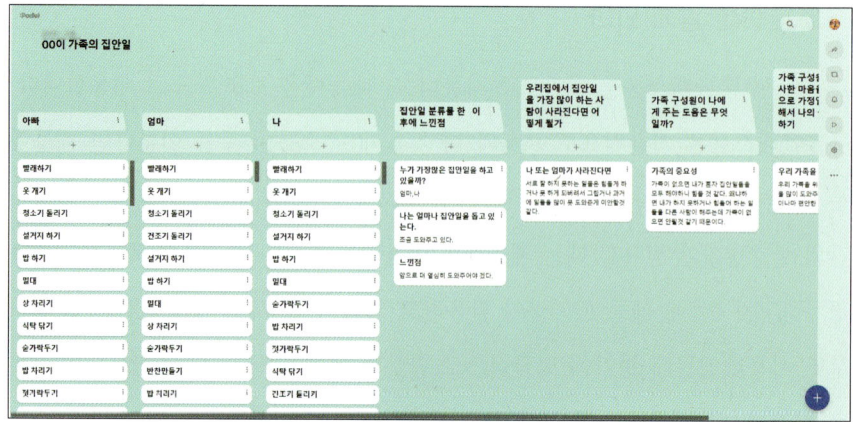

◆ 학생의 패들렛_개별 활동

◆ 수업 및 학급활동 관리를 위한 패들렛

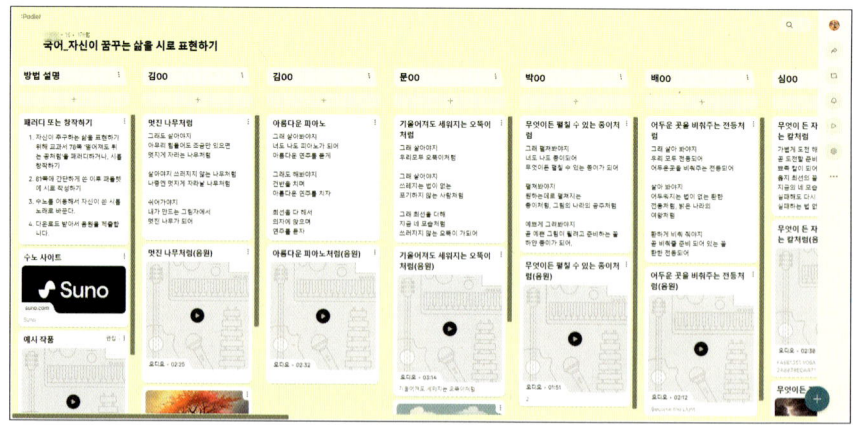

◆ 활동 상황을 학생별로 누적하는 패들렛

저처럼 유료 버전을 구독하지 않더라도 평가 하나를 마칠 때마다 화면을 이미지로 저장해서 제출하고 아카이브 하게 하면 되니 무료 버전으로도 충분히 할 수는 있습니다. 다만 이 과정이 귀찮으니 유료 버전을 구독하는 것을 추천하는 편입니다. 사실 구독료 결제는 학교 예산으로 가능하잖아요. 아직 학교 예산을 쓰는 것이 어렵다고요? 학급 운영 경비로 간식을 사주는 대신 구독료를 결제해 보는 것도 좋은 방법이라고 생각합니다.

자기화

코로나 시기를 거치면서 학급 관리와 관련한 다양한 서비스들이 교사들의 손에 쥐어졌습니다. 구글클래스룸, 마이크로소프트팀즈, e-학습터, 패들렛, 다했니-다했어요 등 무수히 많은 학급 관리 시스템이 존재합니다. 우리의 수행평가지를 온라인상에 저장해 줄 무수히 많은 시스템이 존재한다는 것이죠. 그중에서도 저는 구글클래스룸과 패들렛을 선호합니다. 특별한 이유는 없습니다. 그냥 처음 사용했을 때 저랑 잘 맞는다고 느꼈고, 이제는 이것들이 익숙해서 다른 것들보다 편안하게 느껴지기 때문입니다.

우리는 모두 성향이 다르고, 선호하는 형태가 다릅니다. 그렇기 때문에 각자에게 맞는 서비스가 다를 겁니다. 그래서 전 후배들이 "선생님, 그거 좋아요? 저 고민 중인데 무얼 쓰면 좋을까요?"라고 물을 때마다 이렇게 대답해 줍니다. "일단 뭐든 써봐. 그러다 프로그램이 손에 익으면 그게 제일 좋은 서비스가 될 거야."라고 말이죠. 또, "구글클래스룸이랑 패들렛 쓸 거면 내가 도와줄 수는 있어. 언제든지 물어봐."라고 덧붙이곤 합니다.

뭐가 좋을지 아직도 고민된다고요? 고민할 시간에 하나를 정해 직접 부딪히며 기능을 익혀보세요. 어떤 것이든 익숙해지면 그게 가장 좋은 서비스가 될 겁니다. 아무리 쉽고 간단한 서비스라도 효과적으로 쓰기 위해서는 자기화의 과정이 꼭 필요합니다. 제가 앞에서 소개한 클래스룸과 패들렛을 활용하여 수행평가지를 관리하는 방법은 다른 서비스에서도 모두 적용 가능합니다. 아무쪼록 모든 선생님이 가짜 노동에 에너지를 쏟지 말고, 우리가 하고 싶은 '가르치는 행위'에 집중할 수 있길 바랍니다.

업무 세팅
칼퇴를 부르는 치트키

다른 선생님들은 다 빨리 일을 끝내고 정시 퇴근하시는데 나는 오늘도 퇴근하지 못하고 교실에 남아 있다. 분명 똑같은 일을 하는 것 같은데, 어떻게 저렇게 빨리 처리할 수 있는 거지? 나도 퇴근하고 취미생활도 즐기고 여유로운 일상을 보내고 싶은데, 너무 느린 업무 속도가 내 발목을 붙잡는다. 후다닥 업무를 끝내고 퇴근하는 방법은 없을까? 사소한 팁이라도 괜찮다. 이런 나를 구해줄 사람, 어디 안 계시나요?

일잘러 선생님으로 거듭나기

저와 같은 고민을 갖고 계신 선생님이라면 지금부터 저와 함께 하나씩 해보시길 추천합니다. 저도 이렇게 편리하게 업무를 할 수 있는 지금이 너무 신기하기만 합니다. 진작 알았다면 정말 좋았을 텐데, 왜 아무도 안 알려줬을까 원망스럽기까지 합니다. 조금만 관심을 가지면 훨씬 편하게 업무를 할 수 있는 환경을 구축하고 효율적으로 일할 수 있습니다. 저의 경험을 바탕으로 제 피와 땀이 섞여 있는 노하우를 소개해 드리려고 합니다. 지금부터 믿고 따라와 주세요! 일단 먼저 준비물은 책과 컴퓨터 또는 노트북입니다. '책을 읽고 나중에 노트북이나 컴퓨터 켜고 해보면 되겠지?'라는 생각은 안됩니다! 지금 바로, 책을 읽으며 하나씩 설정하고 내일은 일 잘하는 일잘러로 거듭나 봅시다.

인터넷 설정부터 다시 하기

인터넷 브라우저란 쉽게 말해서, 인터넷을 켜는 프로그램입니다. 크롬, 엣지, 웨일 브라우저 등이 대표적으로 쓰이고 있습니다. 이 중 가장 대중적으로 사용되는 프로그램은 역시 크롬입니다. 속도가 매우 빠르고 다양한 확장 프로그램을 추가할 수 있어 매우 유용하게 사용할 수 있습니다. 또, 구글 계정이 연동되어 로그인하는 번거로움 없이 바로 활용할 수 있고, 각종 플랫폼과 나이스와의 궁합도 매우 좋습니다. 크롬을 기본 브라우저로 쓰면 가장 편리합니다. 다음으로 엣지는 업무포털과 나이스 홈 화면으로 설정해 두면 편리하게 이용할 수 있습니다. PDF 기본 연결 프로그램으로도 매우 좋습니다. 마지막으로 웨일은 무료 화상 회의 기능을 이용할 수 있다는 점이 가장 큰 장점입니다. 코로나 시기 우리에게 한 줄기의 빛과 희망이었던 ZOOM이 유료화 되어 아쉽다면, 그 빈자리를 웨일온이 채울 수 있습니다. 웨일은 우리나라 기업인 네이버의 걸작인 만큼 예쁜 디자인과 한국인의 감성과 편리함에 맞는 다양한 기능, 스크롤 캡처, 마우스 제스처 등을 제공하고 있습니다.

그럼, 본격적으로 기본 브라우저 설정 방법을 알아보도록 하겠습니다. 기본 브라우저는 크롬으로, pdf는 엣지로 열리도록 설정해 보도록 하겠습니다. 엣지에서 pdf를 열면 필기 기능을 활용할 수 있어 유용하기 때문입니다.

먼저, 시작 메뉴를 열고 설정을 클릭합니다. 다음으로 앱을 선택하고, 기본 앱 메뉴로 이동합니다. 나타나는 앱 검색 창에 'Google Chrome'을 입력하거나, 목록에서 찾아 클릭합니다. Google Chrome을(를) 기본 브라우저로 만들기에 체크해 주면 간단하게 설정을 완료할 수 있습니다. 화면 아래쪽에서 PDF 파일 형식의 기본 앱으로 엣지도 선택해 주면 기본 세팅 끝!

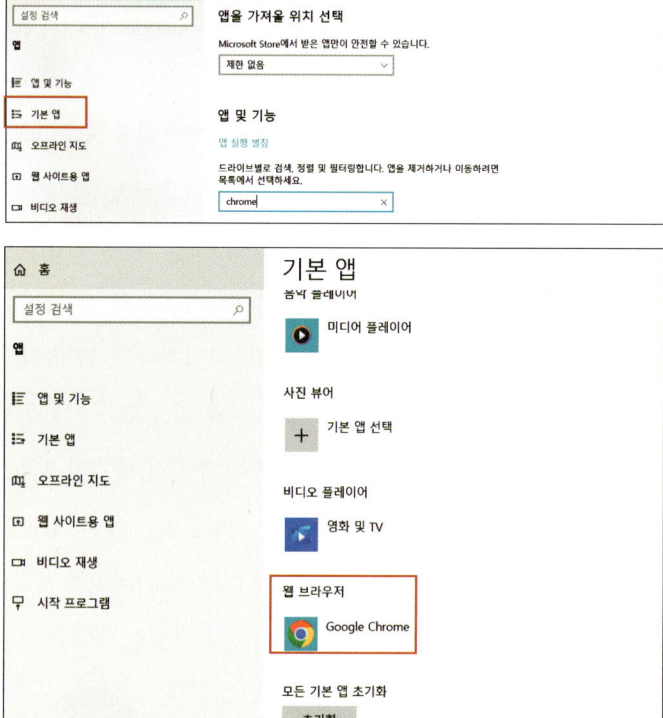

기본 검색 엔진 설정하기

'검색 엔진이랑 브라우저가 다른 거예요?'라고 물어보시는 선생님들, 분명히 계실 겁니다. 사실 저도 처음엔 두 가지를 잘 구분하지 못했습니다. 하지만, 엄연히 다른 개념입니다. 검색 엔진이란 네이버, 다음, 구글, Bing 등 검색하는 사이트를 일컫는 용어이고, 브라우저란 앞서 설명드린 대로 인터넷을 켜는 프로그램을 의미합니다. 기본 검색 엔진을 설정해 두면 해당 검색 엔진에 들어가 검색하는 두 번의 수고스러움을 거치지 않아도 됩니다. 주소창에 검색어를 입력하는 것만으로 편하게 검색할 수 있기 때문입니다. 선생님께서 자주 쓰시는 검색 엔진이 무엇인지 생각해 보시고, 그것을 기본 검색 엔진으로 설정하면 보다 편리하게 업무를 처리할 수 있습니다. 저는 주로 네이버를 사용하기에 네이버를 기본 검색 엔진으로 설정해 보겠습니다.

크롬을 열고 오른쪽 상단에 있는 세 점 메뉴를 클릭합니다. 설정으로 이동한 뒤, ❶검색 엔진 섹션에서 '주소 표시줄에 사용되는 검색 엔진' 옵션을 찾습니다. 목록 상자에서 ❷네이버를 선택해 주면 기본 검색 엔진 설정을 마칠 수 있습니다.

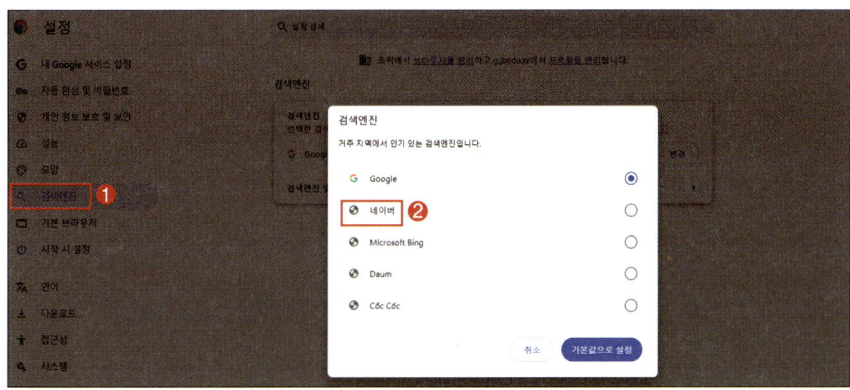

무한대로 추가한 북마크 목록 정리하기

즐겨 찾고 싶은 페이지를 북마크에 계속 추가하다 보니 막상 필요할 땐 북마크를 찾다가 지치셨던 경험이 있으실 겁니다. '누가 좀 폴더별로 정리해 주면 좋겠는데 언제 하지'라는 생각으로 버티고 계신 선생님들도 계실 것 같고요. 그런 분들을 위해 북마크 관리자로 쉽게 북마크를 정리하는 방법을 소개해 드리려고 합니다.

이번에는 단축키를 활용해 보겠습니다. 북마크 관리자 단축키는 'Ctrl+Shift+O'입니다. 크롬 브라우저를 열고 단축키를 눌러 북마크 관리자로 이동합니다. 나타나는 화면의 빈 공간 아무 곳에서 마우스 오른쪽 버튼을 클릭하여 새 폴더를 추가해 주세요. 이제 즐겨찾기 해 둔 북마크를 드래그하여 폴더별로 정리해 주시면 됩니다. 이 중 하루에 한 번은 꼭 들어가는 사이트가 있다면 주소창 아이콘을 드래그하여 북마크바에 옮겨두어도 좋습니다. 북마크바에 더 많은 북마크를 저장해두고 싶다면 북마크 수정 기능을 활용할 수도 있습니다. 북마크바에 있는 북마크 아이콘 위에 마우스를 올려둔 후, 마우스 오른쪽 버튼을 클릭하여 '수정' 메뉴를 선택하세요. 이름을 지정하는 칸을 공란으로 비워두면 이름 없이 아이콘만 남아 훨씬 더 많은 북마크를 추가할 수 있습니다.

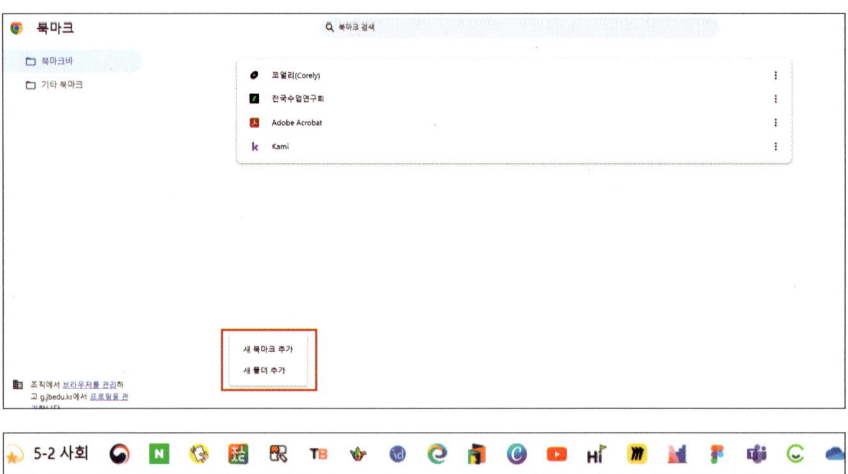

즐겨찾기의 꿀팁, 그룹 즐겨찾기 기능도 있습니다. 클릭 한 번으로 수업 루틴 또는 업무 루틴이 쫘르륵 켜지는 마법이 일어나게 해주는 기능입니다. 일일이 클릭하지 않아도 내가 원하는 사이트가 한 번에 열리는 희열을 함께 나누어 볼까요? 먼저 그룹 즐겨찾기는 하나의 루틴을 저장해두시는 것이라고 이해하시면 편리합니다.

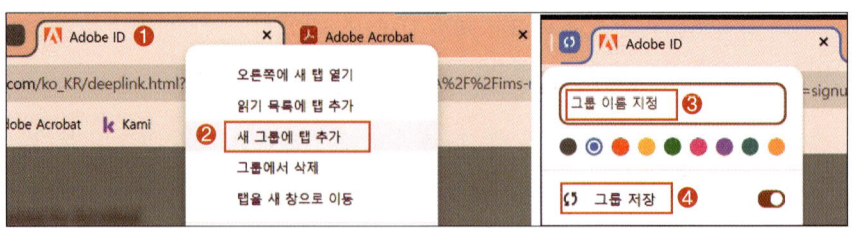

그룹으로 지정하고 싶은 탭 위에서 ❶마우스 오른쪽 버튼을 클릭합니다. ❷'새 그룹에 탭 추가' 버튼을 누르면 그룹 이름과 색상을 선택할 수 있는 창이 나타납니다. ❸원하는 그룹명을 입력하고 색상도 지정해 주면 ❹그룹 생성이 완료됩니다. 이렇게 저장해 둔 그룹에 추가하고 싶은 탭이 있을 때마다 탭을 그룹으로 드래그하거나, 추가하고 싶은 탭 위에서 마우스 오른쪽 버튼을 눌러, '그룹에 탭 추가'를 선택하면 됩니다.

저는 업무 그룹에는 업무, 인디스쿨, 교과서 관련 사이트, 클래스룸 스크린 등을, 수업 그룹에는 띵커벨 보드, 수업도구 모음 툴킷 사이트 등을 지정해두고 사용하고 있습니다. 브라우저를 열었을 뿐인데, 알아서 필요한 탭이 그룹으로 묶여 열리니 정말 편리합니다!

엣지를 열면 업무포털이 열리도록 지정하기

엣지는 업무포털에 접속하거나 pdf를 열 때 활용하는 것만으로도 충분합니다. pdf 기본 연결 프로그램으로 엣지를 지정하는 것은 앞서 설명드렸으니, 이번엔 엣지를 열면 자동으로 업무포털이 열리도록 지정하는 방법을 소개해 드리겠습니다. 엣지 브라우저를 열고 오른쪽 상단 위의 세 점 메뉴를 클릭합니다. 설정 버튼을 누르고, ❶'시작, 홈, 및 새 탭' 메뉴를 클릭하세요. ❷'Edge가 시작되는 경우'라는 화면이 나타나고 여러 옵션이 나타나는데, 그중 '다음 페이지를 열 수 있습니다.'를 누른 뒤 새 페이지 추가에 업무포털을 지정해 주시면 됩니다. 업무포털에 접속할 땐 항상 엣지를 사용해야 하니, 이렇게 해두면 보다 편리하게 이용하실 수 있습니다.

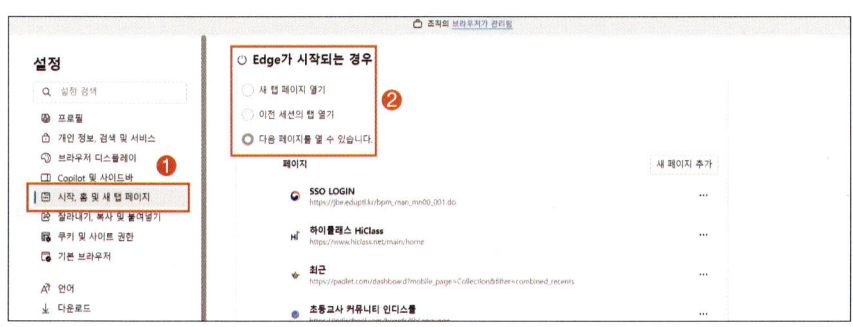

한 번 쓰면 절대 다른 건 못 쓰는 마약 같은 프로그램, 에브리띵

에브리띵은 빠르고 효율적으로 파일이나 폴더를 검색해 주는 프로그램입니다. 컴퓨터에 100만 개의 파일이 저장되어 있더라도 몇 초 안에 검색할 수 있습니다. 파일 탐색기에서 파일을 검색하면 검색하는 데 시간이 너무 오래 걸리고 에러도 정말 자주 뜨는데 에브리띵을 사용한 뒤로는 그런 불편함이 모두 사라졌습니다. 파일 탐색기에서는 검색이 되지 않던 것도 에브리띵을 사용하면 몇 초 만에 검색됩니다. 정말 중요하게 찾아야 하는 파일이 있었는데 찾지 못해 전전긍긍하다가 에브리띵으로 1초 만에 찾았을 때의 희열! 선생님께서도 꼭 누려보시길 바랍니다. 검색창에 '에브리띵'이라고 입력한 뒤, 프로그램을 다운로드하여 사용해 보세요. 정말 강력 추천하는 프로그램입니다.

일정관리, 메모 프로그램

먼저, S-memo입니다. 급하게 할 일, 꼭 해야 할 일, 전달 사항 등을 바탕화면에 포스트잇 메모처럼 계속 붙여놓고 수정하며 사용할 수 있어 놓치는 업무나 전달 사항 없이 바로바로 일을 처리할 수 있도록 도와줍니다. S-memo는 팝업 형식으로 언제든 펼쳐보기가 가능하고, 원한다면 달력을 크게 펼치기도 가능합니다. 휴대폰 S-memo 앱과 동기화도 가능하여 언제 어디서든 일정 및 할 일을 확인할 수 있다는 장점이 있습니다. 저는 자주 깜빡하는 성격이라 집에서도 업무나 수업 관련 좋은 아이디어가 떠오르면 메모를 하는데요. 그럴 때 S-memo를 켜서 바로 메모하고, 다음 날 학교에 와서 확인하고 처리하니 마음도 편하고 업무도 훨씬 효율적으로 할 수 있게 되었습니다.

두 번째는 데스크탑 캘린더입니다. 바탕화면에 설치하여 그날의 일정 또는 일주일 단위, 한 달 단위의 행사를 확인할 수 있어 매우 편리합니다. 달력 크기, 글씨, 칸의 크기 및 색깔이 변경 가능하고 일정을 바로 수정하고 반영할 수 있어 일정 관리에 용이합니다. 휴대폰 앱과도 동기화되어 항상 나의 스케줄을 관리할 수 있답니다.

이번엔 단축키

선생님, 자주 사용되는 단축키 몇 개만 외우고 잘 활용해도 업무 시간이 확 단축된다는 사실 알고 계셨나요? 제가 주로 쓰는 단축키를 소개해드릴 테니 꼭 활용해 보시기 바랍니다.

복사	Ctrl + C	창 전환	Alt + Tab
붙여넣기	Ctrl + V	화면분할	■ + ↑↓←→
실행취소	Ctrl + Z	원하는 부분만 캡쳐하기	■ + Shift + S
창 종료	Ctrl + F4	바탕화면 바로 가기	■ + D
파일 탐색기	■ + E	〈인터넷〉 새 탭	Ctrl + T
새 폴더 만들기	Ctrl + Shift + N	〈인터넷〉 탭 종료	Ctrl + W
파일, 폴더명 바꾸기	F2	〈인터넷〉 탭 복구	Ctrl + Shift + T
검색	Ctrl + F		

꼭! 써보세요!

지금까지 제가 열심히 공부하여 즐겨 쓰는 노하우 및 치트키를 소개해 드렸습니다. 작은 물방울이 모여 큰 물결을 만들 듯 단축키, 기본 브라우저 설정 등의 작은 세팅이 모여 선생님의 칼퇴를 책임지는 그날까지, 파이팅입니다! 저 역시 매일 칼퇴를 꿈꾸며 일에 허덕이던 평범한 교사였지만, 이젠 제가 위에 소개해 드린 팁을 활용하여 거의 칼퇴를 하고 있습니다. 이제 옆 반 부장님을 부러워하지만 마시고 제가 알려드린 꿀팁을 꼭 활용해 보시기 바랍니다. 분명 도움이 되실 겁니다.

디지털 윤리
지금 반드시 가르쳐야 하는

딥페이크 범죄에서 우리 반은 안전할까?

최근 텔레그램 딥페이크 성범죄로 인해 전국의 학교, 교사, 학생들은 멘붕에 빠졌다. 유튜브와 인스타그램, 페이스북, 카카오톡을 사용하는 나도 누군가의 표적이 되진 않았을까? 우리 반 학생들도 이번 사태에서 과연 안전할 수 있을까 걱정이 된다. 휴대폰과 한 몸인 학생들에게 무엇을 어디서부터 어떻게 가르쳐야 할지 막막하다. 학생들이 AI를 바르게 쓰고, 이러한 성범죄로부터 안전해졌으면 좋겠다.

딥페이크 성범죄의 이면에는 어른들이!

2024년 8월, 우리를 충격의 도가니로 빠지게 한 텔레그램 딥페이크 성범죄는 그 가해자에 초중고 학생들이 대다수 포함된 것으로 드러났습니다. 청소년 성범죄자들을 상담하는 전문가는 이미 '이미 만연해온 문제'라고 지적했습니다. 전국 다수의 중, 고등학교가 피해 목록에 포함되었고 계속해서 추가되는 사상 초유의 사태가 벌어졌습니다. 충격적인 것은 가해자가 일상적으로 자주 만나는 교사와 가족, 같은 반이나 학교의 여학생이 피해 대상이 되기 가장 쉽다는 점입니다. "진짜 영상도 아닌데 뭐가 문제야? 어차피 엉성해서 가짜인 거 다 티나.", "난 들어가 있기만 했지 만들지는 않았어.", "장난인데 너무 과민 반응하는 거 아니야?" 가해자들의 변명은 이렇습니다. 하지만 퀄리티와 상관없이 다른 사람을 성적으로 놀리고 괴롭히려는 목적으로 영상을 만드는 행위는 명확한 성범죄입니다. 또한 방관한 사람들에게도 책임이 있습니다.

이미 딥페이크가 10대들 사이에서는 하나의 놀이문화처럼 번졌고, 장난이나 놀잇거리로 쉽게 생각하는 경향이 있다고 합니다. 방송통신위원회의 조사에서 응답 청소년의 절반 가까이가 이 사태의 원인으로 '약한 처벌'과 '붙잡힐 염려 없음'을 꼽은 것이 충격적입니다. 청소년들도 딥페이크가 범죄라는 것은 인식하고 있지만 처벌이 약하고 붙잡힐 염려가 없다고 생각하기에 때문에 사태가 오늘날에 이르게 된 것입니다. 경찰과 검찰의 수사 의지가 낮고, 사법부가 사건의 심각성을 제대로 인지하지 못하는 탓에 바르게 자라나야 할 청소년들이 법망을 피해 성범죄를 저질러도 된다고 생각하게 된 것은 아닌지 우려스럽기만 합니다.

딥페이크 사이버 범죄 예방 교육, 동기유발

이번 사태로 인해 초등학생들에게도 딥페이크 사이버 범죄 예방 교육을 하기 위해 도교육청과 교육부에서 영상을 만들어 배포했습니다. 샘튜버인 저도 우리 반 학생들에게 딥페이크 사이버 범죄가 무엇인지, 현재 어떤 상황인지 알려주고 이러한 범죄를 예방하기 위한 교육을 했습니다. 우리 반에서 실제 했던 수업을 소개해 보겠습니다.

먼저 딥페이크 등의 AI 사이버 범죄(이하 딥페이크 범죄)란 무엇일까에 대해 뉴스와 지역교육청, 교육부의 딥페이크 범죄 예방 동영상을 활용하여 동기유발을 하고, 학생들이 이번 사태와 관련하여 알고 있는 사실에 대한 이야기를 가볍게 나누었습니다. 2024년 8월, 교사, 지인, 가족을 상대로 한 텔레그램 딥페이크 성범죄에 연루된 학교는 2000여 곳이나 되며, 가해자의 80퍼센트는 10대 초반이란 점도 알려주었습니다. 학생들은 이미 자세한 내용을 알고 있었고 주변 중학교에도 피해자가 있다는 이야기를 하기도 했습니다. 손위 형제가 없는 학생들의 경우, 이 수업을 통해 사태의 심각성을 처음으로 인식하게 되었습니다.

다음으로 '딥페이크 범죄로 인한 악영향과 피해 예상하기' 시간을 가졌습니다. 이러한 범죄로 인한 악영향은 무엇이 있을지 질문을 해보았더니 학생들은 피해자들이 너무 기분이 나쁘고 속상할 것 같고 가족들과 친구들까지 함께 속상할 것이라고 이야기했습니다. 자유롭게 인터넷을 사용할 수 없을 것이라는 점도 피해 중 하나라고 이야기했습니다. 그 후, 피해자들의 고통을 공감하기 위한 시간을 가졌습니다. 뉴스를 통해 딥페이크 범죄 피해자들은 우울증을 겪고 심지어 자살까지 하기도 한다는 사실을 살펴보았고, 그들의 고통은 우리가 생각하는 것보다 훨씬 크며 심각하다는 것에 학생들도 공감했습니다.

딥페이크 사이버 범죄 예방 교육, 실전편

본격적으로 '딥페이크 범죄 예방 방법 찾기' 활동을 실시했습니다. 학생들이 생각하는 딥페이크 디지털 범죄 예방 방법은 무엇이 있을지 고민하고 포스트잇에 적어서 월패드에 붙인 뒤, 학생들과 대화를 나누며 같은 카테고리에 있는 것들은 묶고 구분 지어 보는 활동입니다.

대략 1/4 정도 되는 학생들이 개인 사진과 다른 사람의 사진을 SNS나 카카오톡 단톡방에 올리지 않기, 인터넷, SNS, 카카오톡에 개인정보를 공개하지 말고 모르는 번호의 전화는 받지 않기, 이상한 단톡방에 참여하지 않기 등 개인이 할 수 있는 소극적 차원의 예방법을 포스트잇에 적었습니다. 그리고 절반 정도의 학생들은 딥페이크 범죄 관련 법을 강화하여 청소년들의 위법을 막아야 한다는 의견을 제시했습니다. 이후 개인적인 방법으로 한 번 더 생각한 뒤 말하고 행동해야 하는 것과 휴대폰보다는 책을 많이 읽어 사고력과 윤리 의식을 키워야 한다고 답했습니다. 또한 핸드폰 사용시간을 정하여 줄이거나 쓰지 말아야 하며 선플 달기 등의 예방법을 활용하자는 학생도 있었습니다.

학생들이 찾아본 방법들 중에서 개인적인 차원에서 각 개인의 윤리의식 키우기 방법에 대해 자세하게 이야기를 나누어보았습니다. 스스로가 무엇이 옳고 그른지, 선하고 악한지, 다른 사람에게 피해를 주지는 않을지 생각하고 말과 행동을 선택하는 것은 정말 중요한 일입니다. 그러기 위해서는 책을 많이 읽고 사고력과 공감 능력을 기르는 것도 좋은 방법이 될 수 있습니다. 다른 사람이 처한 상황이나 감정을 파악하고 공감하기 위해서는 많은 이야기를 읽고 타인의 입장을 간접 경험 하는 것이 도움이 되기 때문입니다. 단순하게 주어지는 지식이나 깊은 생각 없이 일방적으로 받아들여지는 TV, 컴퓨터, 휴대폰 등의 디지털 매체만 많이 접하게 되면 사고력과 공감 능력은 떨어집니다. 우리는 다시 다양한 책을 읽어 사고력을 기르고, 다른 사람의 아픔과 기쁨에 공감할 수 있는 능력을 길러야 합니다.

또한 인성 중점 교육을 통해 선한 것을 선택하도록 가르치는 것도 중요합니다. 디지털 시대, AI 시대, 손쉽게 정보를 받아들이고 재생산하는 것이 클릭 한 번이면 되는 최첨단 시대일수록 선한 것을 선택할 수 있는 인성교육이 더욱 중요합니다. 우리 반은 '지혜로 여는 아침' 활동을 매일 하고 있습니다. 매일 아침 시간, 인성 교육을 하고 있기 때문에 여러 번 강조하여 이 부분에 대한 이야기를 나누었습니다.

마지막으로 학생들도 제시하고 있는 AI 사이버 범죄에 대한 법과 처벌 강화입니다. 딥페이크의 정의 및 범죄 유형을 명시하고 처벌 근거를 마련해야 합니다. 또한 딥페이크 제작 및 배포를 금지해야 합니다. 사전 동의 없이 특정인의 얼굴, 음성 등을 딥페이크로 조작하는 행위를 금지하고 강력히 처벌하는 법률을 도입해야만 합니다. 딥페이크 범죄는 재범의 가능성이 높기 때문에 재범 시 가중 처벌하는 규정을 마련하여 예방 효과를 높일 수 있습니다.

이 외에도 딥페이크를 조기에 감지하고 차단할 수 있는 기술 개발이 필요합니다. 딥페이크 영상을 실시간으로 감지할 수 있는 인공지능 시스템을 개발하고 감시 및 규제를 한다면 이러한 사태의 예방책이 될 것입니다.

디지털, AI 사용에 대한 나의 다짐 발표하기

수업의 마지막 단계에서는 디지털, AI 사용에 대한 각자의 다짐을 발표하고 공언하는 시간을 가졌습니다. 이때 한 학생이 SNS에 사진을 올리면 딥페이크 범죄의 피해자가 될 수 있으니 될 수 있으면 SNS에 사진을 올리지 않아야 한다는 이야기를 했습니다. 물론 이것 역시 예방법이 될 수 있지만, SNS에 사진을 올리는 사람의 잘못이 아니라 다른 사람의 사진을 동의 없이 합성하여 AI 딥페이크 범죄를 저지르는 사람이 악하고 잘못한 것이란 사실에 대해 이야기를 나누기도 했습니다. 또 다른 학생들은 장난으로 시작된 AI 딥페이크 사진 합성으로 인해 피해자가 크나큰 고통을 받을 수 있음을 이해하고 다른 사람을 생각하며 AI를 사용하겠다고 다짐하기도 했습니다. 또한 표현의 자유, 권리 주장 뒤에 따르는 책임의식에 대한 안내와 소감을 발표하는 시간을 가졌습니다. 누구나 디지털 정보를 사용하고 재생산할 수 있지만 그로 인해 다른 사람이 피해를 받게 된다면 그것은 범죄인 것을 인식하고 자유에는 책임이 따른다는 것을 각자의 다짐을 담아 발표하고 수업을 마무리 했습니다.

다시, 윤리다! 디지털 윤리

디지털 윤리는 디지털 기술의 사용과 관련된 올바른 행동 기준과 도덕적 책임을 다루는 개념으로 디지털 기술과 미디어를 잘 활용하며, 디지털 콘텐츠를 소비하고, 분석하고, 공유하고, 생산할 줄 아는 능력입니다. '정의란 무엇인가?', '어떤 가치를 우선시해야 하는가?', '이것은 올바른 것인가?'와 같이 학생들이 디지털 기술을 사용할 때 직접적으로 고민하고 부딪치는 것들입니다. 학생들이 접하는 미디어 매체 속에는 허위 정보가 많기에 개인이 이를 분별해 내는 능력이 필요합니다. 디지털 윤리를 배우고 인성, 윤리의식, 세계시민의식을 갖추고 책임 있게 미디어를 활용하는 자세와 태도 역시 지녀야 합니다. 디지털 윤리가 제대로 확립되지 않으면 제2의 텔레그램 딥페이크 성범죄는 연이어 발생할 것입니다. 다시 우리 삶 속에서 교실에서 윤리가 기준이 되어야 합니다. 빠르게 변화하는 사회에서 또다시 강조되는 것은 인성입니다.

인성교육의 최고봉, 지혜로 여는 아침

우리 반은 매일 '지혜로 여는 아침' 활동을 합니다. 제가 '지혜로 여는 아침'이라는 책에서 선한 이야기 한 편을 학생들에게 읽어주면, 학생들은 경청하며 듣습니다. 이후 '제목', '주제', '새로 알게 된 점이나 느낀 점'을 발표하게 합니다. 한 편의 짧은 글을 듣고 '제목'과 '주제'를 찾으려 노력하다 보면, 다른 사람의 이야기에 경청하는 법을 배우고 글쓴이가 말하려는 내용의 초점을 파악할 수 있게 됩니다. 사려 깊은 사고력이 신장되는 것입니다. 또 지혜로 여는 아침에 있는 글들은 정의, 사랑, 나눔, 배려, 인내, 이해, 용서, 용기 등의 가치 덕목이 주제이기에 이런 이야기를 읽으며 날마다 귀한 삶의 태도를 함양해나가고 있습니다. 자신이 생각하거나 느낀 점을 발표하고, 앞으로 어떤 선택과 결정을 할지 자신의 다짐을 공언하기도 하며 바람직한 자아상을 만들어 나가는 중입니다.

제가 맡았던 제자들 중 우리 반 활동이 다 좋지만, 그중에서도 '지혜로 여는 아침'이 가장 좋았다고 이야기 해주고 지금까지 메일을 보내는 학생들이 있습니다. 학생들에게 선한 이야기 한 편을 읽어주고 서로 대화를 나누는 이 귀한 시간을 저는 앞으로 남은 교직 생활에서 계속 이어갈 예정입니다. '선한 이야기의 힘'을 믿기 때문이고, 실제로 변해가는 학생들의 말과 행동을 목격하기 때문입니다. 디지털 시대, 우리는 선한 이야기의 힘을 학생들에게 심어주어야 합니다.

디지털 세상, 첫 시작은 긍정적인 경험으로

디지털 세상을 처음 접할 때 긍정적인 경험을 한다면 앞으로의 디지털, 미디어 경험 역시 좋은 방향으로 나아갈 확률이 높습니다. 학생들에게 필요한 교육은 기술, 활용능력보다는 '철학'입니다. 디지털 윤리와 올바른 인성교육을 바탕으로 무엇을 위해, 어떻게 사용해야 하는지를 알려주고 디지털 홍익인간의 자세를 가르치는 것이 중요합니다.

세 사람이 움직이게 되면 온 세상이 움직이게 된다는 '제3의 법칙'이 있습니다. 이 법칙을 소개하는 EBS의 흥미로운 실험 영상 한 편을 소개해 드릴까 합니다. 강남대로 횡단보도에서 가던 한 사람이 발걸음을 멈추고 하늘을 쳐다봅니다. 잠시 후 한 명이 늘어 이번에는 두 명이 하늘을 쳐다보지만 지나가는 수많은 사람들은 신경 쓰지 않고 자신이 가던 길을 갑니다. 그러나 멈춰서 하늘을 보는 사람이 세 명이 되면 상황은 급반전합니다. 수많은 사람들이 걸음을 멈추고 모두 같은 곳을 바라보기 시작하는 것입니다. 두 명까지는 별 효과가 없지만, 세 사람이 되면 역사를 만들 수 있습니다. 이것이 바로 제3의 법칙입니다. 이 법칙은 긍정적인 영향으로 작용할 수도 있지만 반대로 집단으로 침묵하고 방관하거나 나쁜 행동을 하게 하는 등 부정적인 영향으로 작용할 수도 있습니다. 그래서 인터넷 공간에서 처음 세 사람의 댓글이 중요하다고 합니다. 처음 세 개의 댓글이 부정적으로 시작되면 부정의 도미노가 시작되어 부정적인 흐름을 타게 되고, 아무리 소신 있는 사람이라도 역행하는 이야기를 꺼내기는 쉽지 않아집니다. 반대로 처음 세 사람이 긍정적인 댓글을 달았다면 그 뒤의 댓글들의 흐름이 어떠할지 우리는 쉽게 예상할 수 있습니다. 이 법칙을 활용하여 학생들과 영상에 댓글 달기 활동을 해볼 수 있습니다. 예를 들면, 친구를 왕따시키는 상황을 보면 용기 있게 친구의 편에 서서 보호하자는 내용의 댓글을 관련 영상에 다는 것입니다. 혹은 패들렛에 수업 결과물을 올리고 서로 댓글로 피드백을 할 때, 친구가 잘 한 점을 구체적으로 칭찬하고 격려하는 선플운동을 지속적으로 추진하는 것도 좋습니다. 학생들이 디지털 공간 속에서 긍정적인 경험을 많이 할 수 있도록 수업을 설계하고 교육하는 것이 필요합니다.

피할 수 없다면, 디지털 윤리부터!

디지털 기술과 인공지능의 발전은 현대 사회에서 떼려야 뗄 수 없는, 피할 수 없는 현실이 되었습니다. 교사인 우리가 학생들에게 딥페이크 AI 범죄 예방을 위해 휴대폰과 컴퓨터를 없애고 유튜브를 절대 보지 말라고 제지하는 것은 현실적으로 불가능한 일입니다. 한편 인성과 철학이 정립되지 않은 청소년들의 무분별한 디지털, AI 사용에 따른 윤리적 문제와 책임은 이미 간과할 수 없는 수준입니다. 그러므로 디지털 기술 사용이 피할 수 없는 현실이라면 디지털 윤리를 먼저 갖추어야 합니다. 인문적 능력을 먼저 갖추어야 하며, 단순한 기술 습득을 넘어 윤리적 감수성과 협력적 태도, 그리고 변화에 대한 회복탄력성, 바른 인성을 기르는 것이 중요합니다. 우리는 교실에서 '선한 이야기'를 통하여 학생들이 스스로 바르고 선한 것들을 선택할 수 있는 힘을 기르도록 교육해야 합니다. 또한 휴대폰을 사용하기보다는 책을 읽고 토론하는 기회를 제공하여 사고력과 창의력을 신장시켜야 합니다. 다른 사람들의 아픔과 어려움에 공감할 수 있고 경청하며 디지털 윤리를 실천할 수 있는 선플운동 활동 등을 지속적으로 이어나가야만 합니다. 이를 통해 학생들은 디지털 세상에서 주체적으로 성장하며, 윤리 도덕적인 사회적 가치를 창출하고 여러 어려운 문제 해결에 기여할 수 있는 디지털 세계시민이 될 것입니다.

5장

적정관계

건강한 관계를 원하는
선생님을 위한

관계
그 적절한 온도에 관하여

| 관계, 경계

아이들과 학부모에게 내 개인 정보를 어디까지 공개하는 것이 좋을까? 학교 회식에는 어디까지 참여해야 할까? 내 개인적인 사생활은 침해받지 않으면서 다른 사람들과도 잘 지내고 싶은데, 그 경계를 지키는 일이 쉽지 않다. 나를 지키며 좋은 관계를 유지하는 선생님들도 많이 계시던데, 다른 선생님들은 어떻게 하는 걸까? 지금 나는 잘하고 있는 걸까?

적정 관계 온도

사람 사는 곳에서 어쩌면 가장 중요한 것이 관계일지도 모릅니다. 영유아기 때에는 부모님과의 관계, 학창 시절에는 친구와의 관계, 사회생활을 하면서는 직장에서 맺는 관계들이 내 삶에 큰 영향을 끼치니까요. 서로의 영역을 존중하면서도 편안하게 소통할 수 있는 너무 가깝지도 멀지도 않은 적당한 거리, 나를 내보이면서도 때론 감출 수 있는 알맞은 깊이를 찾고 유지하는 것은 쉬운 일이 아닙니다. 우리가 학교에서 만나는 모든 사람들과 원활히 소통하되 선을 넘지 않는 적정한 관계의 온도를 찾고, 유지하는 방법은 없을까요?

학교라는 공간

학교라는 공간 속 관계는 어렵고 복잡합니다. 동료 교사와 교장, 교감선생님은 물론 학생과 보호자와의 관계까지 다양한 관계가 복합적으로 얽혀있기 때문이죠. 교장, 교감선생님을 제외하고는 거의 평등한 동료로 일하지만, 선후배의 위계는 엄연히 존재합니다. 특히 초등의 경우 대부분 같은 지역의 교대를 졸업한 선후배 사이로 한 다리 걸치면 모두가 알게 되는 좁은 사회입니다. 마음만 먹으면 모든 것이 노출되는 것은 순식간이다보니 사소한 말 한마디도 조심스럽습니다. 학생과 보호자와의 관계도 마찬가지입니다. 친밀하고 편안한 선생님으로 다가가고 싶다가도, 한 번씩 선을 넘는 요구와 상식이 통하지 않는 민원들을 만나면 자연스레 움츠러들게 되니까요. 특히 보호자님과 통화를 하다 보면 100일 동안 좋았던 관계가 10분 만에 엉망이 되는 경우도 허다합니다. 누군가의 잘못이라고 꼬집어 말하기 힘든 경우도 많죠. 그럼에도 우리는 모두 좋은 관계 속에서 편하게 일하고 싶습니다. 사실 모든 일이 그렇듯 정답은 없습니다. 하지만 내가 편안하면서도 상대방도 만족하는 좋은 관계를 유지하는 노하우는 분명 존재할 것입니다. 지금부터 함께 나누고 고민해 봅시다.

학생: **친절하지만 엄격한 선생님**

어쩌면 학교에서 가장 관계 맺기 좋은 집단은 학생입니다. 담임을 맡고 있다면 더욱 그렇습니다. 간혹 유독 힘든 금쪽이들을 맡게 되는 경우라면 이야기가 달라지겠지만, 일반적으로 다수의 학급 아이들과 담임교사의 관계 맺기는 비교적 쉽습니다. 왜일까요? 답은 간단합니다. 감사하게도 학생들은 기본적으로 선생님과 좋은 관계를 맺고 싶어 하기 때문입니다. 아이들은 선생님에게 칭찬받고, 인정받고 소통하고 싶어 합니다. 교사 역시 마찬가지입니다. 아무리 힘들어도 우리 반 아이들에게는 정을 주기 마련입니다. 그래서인지 담임교사와 학급 아이들이 관계를 맺는 과정은 학교의 다른 관계에 비해 비교적 수월합니다.

하지만 이 관계를 다지고 유지하는 것도 노하우가 필요합니다. 그래서 대부분의 선생님들이 3월 한 달을 가장 중요한 시기로 생각하고 많은 에너지를 쏟습니다. 첫 만남부터 학생들이 따뜻한 학급 분위기를 느낄 수 있도록 풍선이나 환영 문구를 준비하기도 하고, 서로를 알아가는 시간을 가지며 적절한 교실 분위기를 만들어 갑니다. 학생들을 따뜻하게 맞아주고, 친절하게 대화를 나누며 교실을 편안한 공간으로 느낄 수 있도록 도와줍니다.

더불어 이 시기 가장 중요한 과정 중 하나가 바로 경계 세우기입니다. 보호자와 학생들은 언제나 친절하고 따뜻한 교사를 원합니다. 하지만 무조건적인 이해와 다정함만으로는 올바른 교육을 할 수 없습니다. 가르치는 사람으로서의 적절한 권위를 위한 장치를 함께 만들어 두어야 합니다. 이를 위해 공간과 시간, 행동 약속을 규칙으로 만들고 합의해야 합니다. 선생님의 자리에 앉거나 선생님의 책상과 컴퓨터, 물건 등은 손대지 않는다는 공간 약속, 일정 시간 이후에는 선생님께 개인적 연락을 해서는 안 된다는 시간 약속, 복도에서는 소리를 지르거나 뛰어서는 안 된다는 행동 약속 등 사소하지만 중요한 것들을 함께 정하고 분명히 지키도록 지도해야 합니다.

규칙을 만들 때에는 학생들의 의견을 적극 반영하되, 안 되는 것들에 대해서는 분명히 안 된다는 점을 못 박아야 합니다. 여럿이 함께 모여 생활하는 공간에서는 모든 것이 허락되는 방임적 자유 대신, 타인을 고려하는 허용적 존중이 필요함을 이 시기부터 분명히 가르칠 필요가 있습니다. 초등 중학년 이후에는 그 규칙들의 필요성을 논리적으로 설득해 납득시키는 과정도 필요합니다. 교사의 기분에 따라서 혼나는 것이 아니라, 모두가 함께 정한 규칙에 따라 행동하는 것이라는 학급 내 공감대가 형성되어야 합니다. '우리 선생님은 재미있고 친절하지만, 규칙에 있어서는 엄격해.' 이러한 인식이 자리 잡힐 때 바른 교육이 이루어지고, 문제 행동 지도 역시 조금이나마 수월해집니다.

보호자: 온라인 소통으로 다시 찾는 신뢰

'존경까지는 바라지도 않는다. 존중이라도 해달라!' 2023년 서이초 사건을 겪으며 그동안 심하게 곪아왔던 보호자와 교사들의 관계가 수면으로 떠올랐습니다. 어디 초등뿐이겠습니까? 어린이집과 유치원, 중·고등학교 역시 이에 못지않을거라 생각합니다. 보호자의 무리한 요구가 교사를 집어삼키는 일은 이제 너무도 흔한 사례가 되었습니다.

안타까운 점은 이 사건을 계기로 모든 보호자와 교사의 관계가 많이 얼어붙었다는 점입니다. 물론 시도 때도 없이 말도 안 되는 요구를 하는 일부 보호자로부터 교사들을 보호하기 위한 울타리는 꼭 필요합니다. 하지만 그 결과로 정기적인 상담이 사라지고, 급한 연락조차 앱을 통해서만 주고받는 학급이 많아지면서 서로 소통할 기회가 현저히 줄어든 것도 사실입니다. 이유를 불문하고 아이의 교육을 담당하는 가장 큰 두 축인 보호자와 교사가 함께 소통할 기회가 줄어든다는 점은 결코 좋은 방향이라고 생각하지 않습니다. 소통의 부재는 서로에 대한 오해를 쌓기 마련입니다. 그리고 그 오해는 서로에 대한 신뢰를 한 순간에 무너뜨릴 수도 있습니다.

물론 이 상황까지 오게 된 것에는 일부 보호자의 민원이 크게 작용한 것이 사실입니다. 하지만 이를 극복하기 위해서는 교사도 보호자와 함께 노력해야 합니다. 예전처럼 학교에서 아무 연락이 없으면 아이가 잘 지내는 것이라는 말로 포장하기에는 너무도 많은 연락망을 갖춘 사회에 살고 있습니다. 모니터 앞에 앉아 쉽게 사진을 올리고, 의견을 구할 수 있는 시대입니다. 다행히 교사를 지키면서 아이들의 성장을 공유할 수 있는 다양한 전달매체가 많이 개발되어 활용되고 있습니다. 어쩌면 이제는 사라진 정기 상담과 전화 연락을 이 매체들이 대신해 주고 있다고 생각합니다. 소통의 기회가 줄어든 것이 아니라, 소통의 방법이 바뀌었을 뿐 교사들은 언제나 학생의 교육을 위해 최선을 다하고 보호자와 협력하고자 노력함을 알려야 합니다. 무소식은 더 이상 희소식이 아닙니다.

바른 관계는 소통에 기반한 신뢰를 바탕으로 합니다. 다행히 우리는 그 소통의 방법으로 온라인 도구들을 활용할 수 있습니다. 평소에 꾸준히 교사로서의 전문성과 학생들의 성장 과정 나누는 것, 필요시 적극적으로 보호자와 이야기 나누는 것이 우리가 보호자의 신뢰를 얻는 방법입니다. 평소에 보호자들과 꾸준히 소통하며 좋은 관계를 맺어두는 것은 서로의 관계를 잘 유지해나가는 일이자, 만일의 사태를 대비해 교사로서 나를 지키는 가장 좋은 방법입니다.

관리자: **유형별 관계 맺기**

"라떼는 말이야, 다들 아침에 교무실에 들러 교장, 교감선생님께 인사를 하고 교실에 갔어~" 선배들에게 종종 들었던 말입니다. 다행히 요즘은 시대 변화와 코로나에 힘입어 예전처럼 아침에 문안 인사를 드리거나, 쉬는 시간 교무실에 들러 티타임을 갖는 문화가 많이 사라졌습니다. 더욱이 교실은 내 공간이라는 개념이 확고해지면서, 관리자들이 학급 운영이나 환경 정리에 대해 왈가왈부하는 일이 거의 없어졌습니다. 기존에 비해 많은 부분에서 합리적이고 민주적인 의사결정 문화가 자리 잡았고, 경력을 불문하고 서로를 존중하는 문화가 뿌리내렸습니다. 하지만 아직도 사소한 것들까지 다 점검하며 지시하는 분, 수시로 말을 바꾸는 분, 답을 다 정해두고 무늬만 회의를 하는 분이 계신 것도 사실입니다. 여기에 더해 요즘에는 부정적 평가를 피하기 위해 관리자로서 해야 할 적절한 조치를 취하지 않는 분들 때문에 곤란을 겪는 학교도 많아지고 있습니다.

관계는 사람과 맺는 것이다 보니 경우에 따라 너무도 다양한 경우의 수가 존재합니다. 좋은 관리자들과 함께 일할 때는 관계를 유지하는 것이 어렵지 않습니다. 하지만 힘든 관리자일수록 그에 맞춘 소통 방법을 갖고 관계 맺어야 합니다. 이 글에서는 이해가 쉽도록 확인형과 방임형 두 가지로 유형을 나누어 적절한 소통 방법을 찾아보도록 하겠습니다.

먼저 확인형 관리자와 관계 맺기입니다. 당연히 모든 것을 보고하고 상의하는 것이 좋습니다. 매번 어느 선까지 물어봐야 하는지가 헷갈릴 때에는, 업무를 추진할 때 어디까지 상의하면 좋을지를 미리 여쭤보고 조율하는 것도 방법입니다. 아무리 직접 확인하는 걸 좋아하시는 분이라 해도 학교의 모든 것을 다 알고 확인하긴 어렵습니다. 복무나 예산, 학생들의 외부 체험 활동 등 걱정하는 부분이 다르기 때문에 그 부분을 정확히 파악하고, 관련 내용은 꼭 사전에 상의를 하며 일을 진행하면 서로 부담을 덜 수 있습니다. 그리고 상의를 마친 후에는 다시 한번 정리해 말씀드리는 것이 좋습니다. 대화의 말미에 "이렇게 진행하는게 맞을까요?" 또는 "이렇게 하겠습니다."라고 못 박아서 확인을 해두면 도움이 됩니다. 왜 이렇게 간섭하시는 거냐고 생각하기보다는 본인의 일에 책임을 다하시는 분이라고 생각하고 이해하려는 노력이 필요합니다.

다음은 방임형 관리자와 관계 맺기입니다. 이 유형의 관리자는 알아서 잘 하겠지라는 말로 모든 업무를 이관하는 경우가 많습니다. 그러나 중요한 문제를 혼자 결정하기란 어려운 일입니다. 그러므로 상황에 따라 다른 관리자분이나 교무 선생님 등과 상의하며 결정해 나가는 것이 좋습니다. 간혹이지만, 일이 처리되는 과정에서는 알아서하라고 말씀하셨다 나중에 문제가 생겼을 때 왜 이런식으로 처리했는지를 묻고 질책하시는 경우가 종종 있습니다. 이 경우를 대비해 일을 처리하기 전에 가볍게 메신저 등으로 일의 진행상황을 보내두는 것도 좋은 방법입니다. 아무리 알아서 하라고 하시더라도 교사가 업무의 최종 결재자는 아니기 때문에 가볍게 일의 진행 상황을 보고하는 것이 나를 지키는 일입니다. 나아가 이 시기를 활용해 그간 해보고 싶었던 수업과 업무를 마음껏 펼쳐보는 것도 좋습니다.

사실 교사들이 관리자의 소통 방식에 불만을 가지는 경우가 있듯, 관리자 역시 교사들의 소통 방식에 불만을 갖고 있는 경우가 있습니다. 결국은 양쪽 모두의 노력이 필요한 일입니다. 소통은 사람 사이의 의견을 나누는 일입니다. 사람이 달라지면 자연스럽게 소통의 방법도 변화해야 하고, 그 방법에는 답이 없습니다. 분명한 것은 타인의 방식에 따라 나의 방식에도 변화를 주는 것이 올바른 소통이며, 그렇게 서로를 알아가고 맞춰가면서 적절한 관계의 온도를 찾아가는 것이 인간관계라는 것입니다. 모두가 완벽할 순 없습니다.

동료 교사: 좋은 관계를 만드는 태도

지금까지 학생, 보호자, 관리자와의 관계 맺기에 대해 이야기해 보았습니다. 더불어 학교에서 가장 중요한 관계 중 하나는 동료 교사와의 관계입니다. 위 셋의 관계로부터 나를 지켜주고, 내가 가장 힘들 때 옆에서 가장 친절히 위로해 줄 수 있는 사람이 바로 동료 교사입니다. 제가 경험한 대부분의 선생님들은 예의 바르고 착한 마음씨를 갖고 계셨습니다. 힘들 땐 진심으로 서로를 위로하고, 조금 손해를 보더라도 기꺼이 함께하는 마음을 갖고 계셨습니다.

하지만 이러한 사람들이 모인 교사 집단도 가끔 안 좋은 관계로 치닫는 경우가 있습니다. 저는 그 원인을 남들과 비교해 손해 보지 않으려는 마음에서 찾았습니다. 어느 곳에나 마음이 안 맞는 동료, 소위 무임승차하는 것처럼 보이는 동료들은 존재합니다. 이러한 동료들과 일을 할 때면 솔직히 억울하고 화가 나기도 합니다. 문제는 이러한 상대에 대한 평가가 점점 엄격해진다는 것입니다. 나와 비교해 저 사람이 맡은 업무의 양을 비교하고, 내 기준으로 저 사람의 학급 운영과 업무 역량을 평가합니다. 나아가 어쩌면 내가 이만큼 경력이 있으니, 혹은 내가 이만큼 학교 일을 했으니 이 정도의 보상을 받아야 한다는 합리적 보상 심리가 작용하기도 합니다.

문제는 그 기준이 나에게 있다는 것입니다. 내 기준에 빗대어 다른 사람을 쉽게 평가하고, 내 일의 양에 빗대어 저 사람의 노력을 평가절하합니다. 하지만 누군가의 노력은 정확히 수치화할 수 없습니다. 심지어 초기에 같은 양의 일을 분배받았다 하더라도 여러 가지 변수로 그 일이 많아질 수도, 적어질 수도 있습니다. 늘 내가 생각하는 공정함을 기준으로 생각하고 계산기를 두드릴 수 없는 것이 학교 일입니다. 물론 동료애라는 이름으로 매번 모든 일에 무임승차하는 교사를 무조건 다 품고 가는 학교의 문화는 개선이 필요합니다. 아닌 건 아니라고 말해줄 선배가 그 어느때보다 절실한 요즘이니까요.

하지만 단언컨대 15년을 일해 본 결과 내가 조금 더 일한다고 꼭 나에게 손해가 아닙니다. 남들에 비해 유독 힘든 학급을 맡았다고, 혹은 원하는 부장을 못 하게 되었다고 운이 없는 것은 아닙니다. 오히려 그런 힘든 시기에 나는 가장 많이 성장합니다. 눈앞의 작은 이익보다는 성장의 관점에서 나의 상황을 보시길 바랍니다. 먼저 손 내미는 사람이 그릇이 큰 사람이라고 생각합니다. 우리 주변에는 정말이지 좋은 동료들이 많이 있습니다. 내가 먼저 인사하고, 내가 먼저 힘든 일을 하면 분명 대부분의 선생님들은 그 노고를 알아주고 고마워합니다. 그리고 그 고마움은 언젠가 나에게 복이 되어 돌아옵니다. 눈앞의 점수나 돈으로 살 수 없는 더 큰 가치, 바로 좋은 관계와 개인의 성장을 함께 가져옵니다. 관계는 합리성과 논리성만으로는 계산되지 않습니다. 조금 손해를 보더라도 감사함과 즐거움으로 일할 때 좋은 관계에서 편하게 일하고 더 많이 성장할 수 있습니다.

관계, 행복의 조건

관계는 숨을 쉽니다. 살아있는 생명체처럼 시시각각 변합니다. 학생, 보호자, 관리자, 동료 교사 등 우리가 학교에서 만나는 모든 대상과의 관계도 마찬가지입니다. 몇 년을 잘 지내던 사람과도 정말 한순간에 사이가 틀어질 수 있기 마련이니까요. 그렇다고 겁부터 먹을 필요는 없습니다. 적절한 관계의 온도만 유지한다면, 타인과의 좋은 관계는 삶의 가장 큰 행복과 기쁨의 원천이 되기도 하니까요. 하버드 연구진들이 찾은 가장 중요한 행복의 조건이 관계라는 점만 봐도 알 수 있습니다. 내가 행복하기 위해서는 이 관계라는 유기체를 어떻게 다룰지 항상 고민해 봐야 합니다. 그리고 이 글이 그 답을 함께 찾는데 조금이라도 도움이 되었길 바랍니다. 긴 이야기를 했지만 결론은 단순합니다. '삶에 있어 관계는 너무 중요하다. 그리고 관계의 온도를 적정히 유지하기 위해서는 상대를 있는 그대로 바라보고 그에 맞춰 소통하되, 나에게 집중하면 된다.'

이 단순하지만 명쾌한 답을 삶에서 함께 실천해 보면서 학교에서도, 내 삶에서도 건강한 관계의 온도를 통해 충분한 행복을 느끼시면 좋겠습니다.

행복은, 적정 관계 온도로부터.

학급 교육과정 설명회
관계의 시작

▍어쩌다 3월

새로운 관계의 시작은 항상 긴장된다. 아이들과 긴장되는 첫 만남을 하고 정신없는 하루하루를 보낸 지 2주. 아직 아이들과 만난 지 한 달도 안 되었는데 나를 긴장하게 만드는 일이 또 다가오고 있다. 바로 학급 교육과정 설명회! 교실에서 학급 교육과정을 설명해야 하는데 보호자님과 처음 만나는 자리에서 무엇을 어떻게 이야기해야 할지 모르겠다. 주위에서는 첫 만남이 중요하다고 말하는데 도대체 어디에서부터 어떻게 준비해야 하는 걸까? 업무에는 매뉴얼이라도 있지만 학급 교육과정 설명회 준비에는 매뉴얼도 없고 검색해 봐도 우리 학급에 맞는 자료는 나오지 않는데 시간은 자꾸만 흘러간다.

첫인상은 마지막 기회?

면접이나 소개팅에 나갔을 때 첫인상이 성공 여부를 결정한다고 합니다. 누군가를 처음 만날 때 첫인상이 전부는 아니겠지만 처음이라는 의미에서 중요한 것은 사실입니다. 가만히 생각해 보면 새로운 관계를 맺을 때 무의식적으로 첫

인상을 중요하게 생각하는 것 같습니다. 학교에서 가장 바쁜 달인 3월, 교사에게는 개학 후 보통 2주나 3주 뒤에 있는 교육과정 설명회가 바로 첫인상이라고 할 수 있습니다. 보통 학교 교육과정 설명회는 학교 체육관이나 세미나실에 모여 학교 교육 전반에 대한 내용을 듣고 이후 각 교실로 이동하여 더욱 구체적인 학급별 교육 내용을 확인하는 것으로 이어집니다. 지역에 따라서는 학부모 총회 또는 학부모 초청 공개수업과 같이 운영되기도 합니다. 어떤 형태로 운영되든지 학급 교육과정 설명회는 담임 교사의 첫인상이고 새로운 관계의 시작이라고 할 수 있습니다.

준비하기

선생님들은 학급 교육과정 설명회에서 무엇을 말하고 싶으신가요? 먼저 무엇을 이야기하고 싶은지 생각해 보는 시간이 필요합니다. 새로운 관계를 맺는다는 것은 상대방에 대해 알고 싶은 것을 알아가는 것과 동시에, 나에 대해 알려주고 싶은 것을 알려주는 과정입니다. 학급 교육과정 설명회에서 이야기해야 하는 것과 이야기하고 싶은 것을 기준으로 목록을 작성하거나 마인드맵을 만들어 보세요. 이야기할 내용에 대해 쓰다 보면 내 생각이 자연스럽게 정리되는 것을 알 수 있습니다. 추가되는 내용이 있을 수 있지만 대부분 기본적으로 아래 세 가지 내용을 포함합니다.

- ☑ 교육관을 담은 담임 소개
- ☑ 학년 특성이 반영된 교육과정
- ☑ 학습 지도 및 생활 지도 방향

생각을 정리했으면 너무나도 당연한 이야기이지만 교실을 깨끗하게 정리합니다. 깨끗하게 정리된 교실을 학급 운영과 관련된 내용으로 꾸며 교사의 철학을 나타내는 공간으로 활용할 수 있습니다. 예를 들어 학기 초에 학급 회의를 통해 만든 학급 약속을 한쪽 벽면에 게시해 놓고 학급 회의를 통해 아이들이 학급 자치를 실현하는 모습을 이야기하거나 학급 약속을 하나씩 살펴보면서 생활지도에 대해 이야기할 수도 있습니다. 프레젠테이션을 둘러보면서 이야기하는 것보다 교실을 보면서 이야기하는 것이 자연스럽게 이야기를 꺼낼 수 있는 하나의 방법이 될 수 있습니다.

인트로

학급 교육과정 설명회 당일이 되어 보호자님이 교실로 오면 먼저 학생의 자리에 앉을 수 있도록 합니다. 아이들의 책상에 직접 앉아보고 아이들의 시선으로 교실을 바라보고 서랍 안에 있는 교과서도 살펴보며 자연스럽게 담임을 소개하는 시간을 갖습니다. 스스로를 소개해야 한다는 것이 어색할 때도 있지만 간단한 인사로 어색한 분위기를 바꿔봅니다. 경직될 수 있는 분위기를 부드럽게 하기 위해 아이스브레이킹 활동을 할 수도 있습니다. 간단하게 활용할 수 있는 몇 가지 방법을 소개합니다.

가장 간단한 방법으로는 '숫자'를 활용하는 방법입니다. 교사와 학급에 관련된 숫자를 2~3개 정도 보여주고 그 숫자가 무엇을 의미하는지 퀴즈 형식으로 맞히며 이야기를 나누는 방법입니다. 제시할 수 있는 숫자는 본교 근무 경력, 이전에 맡았던 학년, 학급 학생 수 등 교사와 학급에 관련된 숫자입니다. 숫자를 보고 의미를 맞히는 과정에서 자연스럽게 이야기를 풀어갈 수 있습니다.

다른 방법으로는 '진진가'라는 방법입니다. 총 3문장을 쓰는데 '진진가'라는 제목에서 알 수 있듯이 두 문장은 진짜이고 나머지 한 문장은 그럴듯한 가짜입니다. 문장을 만들 때 나의 교육관을 잘 표현할 수 있는 내용으로 만든다면 자연스럽게 교육관 이야기로 넘어갈 수 있습니다.

마지막으로 포스트잇에 '질문'을 받는 방법입니다. 개인별로 포스트잇에 궁금한 부분을 쓰는 시간을 갖습니다. 질문이 담긴 포스트잇을 칠판에 붙이고 비슷한 질문끼리 모아서 학급 교육과정을 설명하는 중간중간에 답하거나 모아서 마지막에 질문에 대한 답을 하는 방법도 있습니다. 물론 에듀테크가 편한 분들은 패들렛과 같은 플랫폼을 활용해서 질문을 받을 수도 있습니다.

학급 교육과정 설명회는 주어진 시간이 길지 않기 때문에 간단하면서도 나에게 맞는 효과적인 아이스브레이킹 방법을 찾는 것이 좋습니다.

관계 맺기 1: 교사의 교육관

학급 운영에 반영된 문장을 활용해서 학급 교육과정을 설명합니다. 학급 교육과정을 설명할 때 가장 중요한 것은 교사의 교육관을 담은 학급 목표라고 생각합니다. 교육에 대해 내가 중요하게 생각하는 가치가 무엇인지 생각해 보고 교사로서 나의 가치관을 분명히 합니다. 그리고 그 가치를 담아서 '~어린이', 또는 '~학급'으로 마무리되는 학급 목표로 써 봅니다.

'개성을 가진 아이들이 모여 하나 되는 학급'

이 학급 목표에는 교육에서 제가 중요하게 생각하는 가치와 교사로서의 가치관이 반영되어 있습니다. '개성을 가진 아이들'이라는 말에는 아이들을 개성을 가진 하나의 주체로 대하고자 하는 저의 마음가짐과, 서로를 틀린 것이 아니라 다른 것으로 인정하고 긍정적인 방향으로 생각하는 학급 문화를 만들자는 바람이 담겨 있습니다. '모여 하나 되는'이라는 말에는 아이들을 공동체로 만들고자 하는 저의 마음가짐과, 서로가 경청하고 공감하며 사랑하는 학급 문화를 만들자는 메시지가 담겨 있습니다. 이러한 가치들은 자연스럽게 학급 약속, 학급 인사, 모둠 활동에 스며들어 아이들의 학습과 생활에 영향을 줍니다.

그렇다면 교사가 되고나서 한 번 만든 학급 목표를 지금까지 그대로 쓰고 있을까요? 저는 아직도 첫해에 만들었던 학급 목표를 기억합니다.

'서로 이해하고 배려하며 스스로 책임을 다하는 어린이'

학급 목표를 표현하는 문장은 바뀌었지만 변하지 않은 것이 있습니다. 그것은 바로 교육에 대한 저의 가치관입니다. 학급 목표가 바뀌는 과정에서 표현된 문장은 달라졌지만 아이들 하나하나를 주체로서 존중하며 함께하는 공동체로서 공존하도록 하고자 하는 저의 교육관은 변하지 않았습니다.

교육관을 바탕으로 한 학급 목표는 학습 지도와 생활 지도에도 영향을 주는 부분이기 때문에 중요합니다. 또한 학급 목표는 교사로서 나의 마음가짐이 담겨 있어서 때로는 마음을 다잡는 마법의 문장이 되기 때문에 교사에게도 중요한 역할을 합니다. 이 마법의 문장을 바탕으로 일 년 동안 어떤 방향으로 아이들을 지도할 것인지 이야기합니다.

관계 맺기 2: 교육과정

학년 교육과정을 설명할 때, 학습 지도와 관련하여 해당 학년의 특성을 반영한 부분을 중점적으로 안내합니다. 다른 학년에서는 당연하게 생각하는 것도 초등학교 생활을 처음 시작하는 1학년의 경우에는 더 자세히 안내해야 할 필요가 있습니다. 1학년 담임이라면 시간표를 보며 교과서를 안내하고, 통합교과가 무엇인지 창의적 체험활동 시간은 무엇인지 설명할 필요가 있습니다. 3학년 담임이라면 통합교과가 아닌 도덕, 사회, 과학 등 새롭게 등장하는 교과에 대해, 5학년 담임이라면 실과 교과가 추가되는 부분을 이야기할 필요가 있습니다. 그리고 학년에 따라 생존 수영, 안전 체험, 테마식 현장체험학습 등 특징적으로 교육과정에 반영된 부분을 설명합니다.

또한 교육과정이 개정되는 시기에는 특히 강조되는 부분들을 짚어주는 것도 필요합니다. 중요한 것은 원론적인 이야기가 아니라 학년 교육과정에 실제로 어떻게 반영되었는지를 이야기하는 것입니다. 2022 개정 교육과정의 경우 초등학교 1~2학년(군) 입학 초기 적응활동을 개선하고 한글 해득교육과 실외 놀이 및 신체활동 내용을 강화한다는 부분이 있습니다. 이에 따라 입학 초기 적응활동 시기, 아이들이 학교생활에 적응하는 것을 돕는 방법, 아이들의 한글 해득 교육을 위한 국어 교과의 구성 체제, 가르치는 방법 등에 대해 이야기합니다. 이와 함께 학급에서 진행할 프로젝트나 공모 사업이 있다면 설명하고 무엇에 중점을 두고 어떻게 운영할 것인지에 대해서도 이야기합니다.

관계 맺기 3: **학교생활**

학습 지도 부분에 대해 설명한 후에, 아이들의 생활 지도 부분을 설명하는 것 역시 중요한 부분입니다. 초등학교 교육 목표는 학생의 일상생활과 학습에 필요한 기본 습관 및 기초 능력을 기르고 바른 인성을 키우는 데 중점을 두고 있습니다. 저학년 담임을 맡게 될 경우 기본 습관 형성을 위해 간단하게라도 아침 먹고 오기, 등교 시간을 지킬 수 있도록 약속하기, 책가방을 스스로 정리하고 준비하기 등 가정에서부터 시작되어야 하는 부분들을 이야기합니다. 아이들의 기본 습관 형성을 위해서는 가정에서도 함께 지도하는 것이 필요하고 또 중요하기 때문입니다.

또한 바른 인성을 키우기 위해서는 자율적인 학교생활을 할 필요가 있으며, 그 밑바탕에는 보호자의 관심과 믿음이 자리해야 함을 이야기합니다. 보호자님과 상담을 하다 보면 자녀의 학교생활에서 가장 중요하게 생각하는 부분은 바로 교우관계라는 것을 알 수 있습니다. 학교생활을 하다 보면 아이들 사이에 작은 다툼이나 오해가 생길 수 있기에 아이들 스스로 대화를 통해 해결할 수 있는 힘을 길러주어야 합니다. 그렇기에 가정에서도 아이들을 믿어주고 스스로 해결할 수 있도록 방법을 제시해 주는 것이 필요함을 이야기합니다.

이와 더불어 생활 속에서 아이들의 안전을 위해 지켜야 할 부분을 빼놓지 않고 이야기합니다. 차량 교내 진입과 같이 아이들의 안전을 위해 보호자님과 함께 신경 써야 하는 부분에 대해서는 반드시 이야기해야 하고, 통학버스가 있는 학교의 경우 교통안전에 대한 추가 설명도 필요합니다. 1학년의 경우에는 아이들의 안전을 위해 하교 후 인솔자와 만날 장소를 정하는 것 역시 중요하게 안내해야 할 사항입니다.

아웃트로

'아이가 아파서 병원에 가야 하는데 결석하면 어떤 서류를 내야 하나요?'와 같이 출결 관련 질문은 자주 받는 질문 중 하나입니다. 출결 부분은 학교에서 전체적으로 안내하는 부분이겠지만 생활기록부에 반영되는 부분이기 때문에 오해가 생기지 않도록 명확하게 안내하는 것이 필요합니다. 학급에서 활용하는 소통 매체를 통해 관련 서류 양식을 업로드하고 관련 서류와 제출 방법을 안내합니다. 마지막으로, 학급 교육과정 설명회에서 주고 받은 질문과 답변을 학급 게시판에 공유하면 참석하지 못한 보호자님들에게도 공유할 수 있습니다. 마무리를 할 때에는 아이들이 일 년 동안 학교생활을 잘할 수 있도록 쪽지에 응원의 한마디를 적어놓을 수 있는 시간을 잠깐 가지면서 끝내는 감성적인 방법을 시도해 보는 것도 추천합니다. 물론 질문을 받으며 이성적인 방법으로 깔끔하게 마무리할 수도 있습니다.

이해와 배려

관계의 시작은 서로에 대한 이해와 배려에서 시작된다고 생각합니다. 글을 쓸 때 글쓴이는 독자가 무엇을 원하는지 생각해서 독자의 입장에서 글을 쓰고 자신이 전하고 싶은 내용을 씁니다. 이처럼 학급 교육과정 설명회 참석자의 입장에서 무엇을 알고 싶은지 그에 대한 답을 하고 내가 전하고 싶은 내용을 전하면서 새로운 관계를 시작해 보세요. 학급 교육과정 설명회를 통해 교육공동체가 서로에 대한 이해와 배려를 바탕으로 소통하며 상호 존중하는 학교문화를 만들어 갈 수 있길 바랍니다.

학부모
내 편으로 만들기

학부모는 어려워

교직에서 가장 어려운 관계가 무엇이냐고 묻는다면 아마 '학부모와의 관계'가 아닐까? 상식적이고 좋은 학부모님도 있지만 때때로 그렇지 않은 학부모를 만나게 될까 봐 마음을 졸이게 된다. 내 의지와 상관없이 반 뽑기를 통해 랜덤으로 만나게 되는 우리 반 학생들과 그들의 학부모는 좋으나 싫으나 1년 동안 나의 학급 운영에 가장 큰 영향을 미치는 존재. 이렇게 중요한 학부모! 학부모와의 관계를 잘 유지할 수 있는 노하우와 팁은 없을까?

가장 어려운 관계

1년 중 교사에게 제일 스트레스인 날은 언제일까요? 백이면 백 아마 3월 2일 새 학년 개학 첫날이라고 말할 겁니다. 학생, 학부모와의 관계는 우연으로 시작되고 그 불확실한 관계를 좋든 싫든 1년 동안 이어가야 하기 때문입니다. 어떤 아이들이 우리 반일까? 우리 반에 이상한 학부모는 없을까? 올해는 제발 반 뽑기를 잘했기를…. 간절히 바라게 됩니다.

경력이 적으면 적은 대로, 많으면 많은 대로 학부모와의 관계는 언제나 어렵습니다. 저경력 교사이던 시절 학부모 상담을 하다 보면 "선생님은 아직 아이를 안 낳아봐서 몰라요.", "교직 경력이 짧아서 모르시는 거 같은데."와 같은 뉘앙스를 풍기며 못 미더운 눈빛으로 교사를 바라보는 학부모가 종종 있었습니다. 하지만 고경력 교사라고 해서 형편이 나은 것도 아닙니다. "작년 선생님은 젊으셔서 우리 애가 정말 좋아했어요."와 같은 말을 학부모 상담 시 아무렇지 않게 하는 학부모도 있거든요.

저 역시 교직경력이 15년 가까이 되지만 매년 3월 1일 밤에는 걱정과 불안에 잠을 설칩니다. 긴장된 마음으로 간절히 기도하며 3월 2일 아침, 교실 문을 열곤 합니다. 모든 교사들의 마음이 비슷할 것입니다. 새 학년 새 학기는 매년 교사에게 가장 큰 스트레스와 걱정으로 다가옵니다.

보통 교육의 3주체로 교사, 학생, 학부모를 말합니다. (다양한 가족 구성원의 모습을 고려하여 학부모보다는 보호자로 지칭하는 것이 바람직합니다. 이하 학부모를 보호자로 칭하겠습니다.) 교육의 주체 중 보호자가 미치는 영향력은 상당히 큰 편입니다. 보호자가 담임 교사의 학급 운영에 불만이 있거나 사이가 안 좋다면, 교사가 어떤 걸 준비해도 어떤 교육을 해도 보호자는 마음에 들지 않아 합니다. 보호자의 이런 마음은 학생도 그대로 느끼게 되고, 그때부터 교사의 학급 운영은 힘들어지기 시작합니다.

최근 교육 현장에서 수많은 교사들이 학생들의 학업, 생활 지도를 위해 보호자와 연락을 할 때 큰 어려움을 겪고 있습니다. 과도한 스트레스는 물론 교직생활에 대한 무력감을 느끼게 되는 경우도 허다합니다. 이러한 경향은 2023년 9월 서이초 사건 이후 더 심해졌으며 올바른 교육 활동을 위한 교권 회복을 위해 여러 정책들이 쏟아져 나오고는 있음에도 불구하고 상황이 크게 변화되지 않았다는 것이 현장 교사들의 주된 의견입니다. 학교에서 교사가 정당한 교육 활동을 해도 사소한 보호자의 불만과 간섭, 무례한 행동, 폭언 등은 아직도 지속되고 있는 것이 현실입니다.

이로 인해 교사는 스스로를 단지 교육 서비스를 제공하는 사람일 뿐이라고 생각하는 경향이 강해지고 있습니다. 자신의 교육 신념에 따라 학급을 운영하고 생활 지도를 하기보다는 소극적으로 학급을 운영하고, 보호자와의 상담이나 연락을 최소화하는 것입니다. 올바른 교육을 위해 이러한 문제들은 반드시 해결해 가야 할 것입니다. 이번 글에서는 공교육 붕괴나 교권 추락과 같은 현 세태나 시스템, 정책에 관한 이야기보다는 제가 교사로서 보호자와의 협력적인 관계를 유지하기 위해 어떤 노력을 기울였는지, 교사 개인적인 노력을 위주로 이야기해 보겠습니다.

교육의 가장 큰 성공 요인은 바로 가정교육

앞에서도 언급했듯이 보호자 역시 교육의 큰 축입니다. 학교에서 아무리 열심히 생활 지도와 교육을 해봤자 가정에서 연계된 교육이 이루어지지 않으면 그 교육은 성공할 수 없습니다. 아이들은 부모의 유전자를 물려받고 태어나 가정환경의 영향을 가장 많이 받으며 자라기 때문입니다. 교사는 학생을 교육하고 학급을 운영하면서 가정에서 보호자 역시 학생의 학습과 생활지도에 최대한 관심을 가지고 연계지도해주기를 바랍니다. 가정교육이야말로 교육의 가장 큰 성공 요인임을 알고 노력하는 보호자의 태도가 반드시 필요합니다.

교사로서 나의 마인드를 돌아보자

교사를 바라보는 보호자의 시선이 자녀인 학생에게 영향을 미치듯, 교사의 시선과 태도도 학생들에게 전달됩니다. 그렇기 때문에 '나는 교사로서 우리 반 아이들이 학교에서 잘 성장할 수 있도록 올바른 교육을 하고, 언제나 노력하고 있다.'라는 마인드셋이 필요합니다. 그런 마음가짐과 태도는 학생들과 보호자에게 반드시 전달됩니다.

저는 "학교에서는 선생님이 엄마야."라는 말을 주로 합니다. 세상에 자기 자식이 잘 크길 바라지 않는 부모는 없을 것입니다. 그렇기 때문에 학교에서는 부모의 마음으로 "너희들이 학교에서 공동체 생활을 하며 올바른 가치관을 정립할 수 있도록 선생님은 최선을 다할 거야."라고 종종 말합니다. 정말 반복적으로 말하고, 실제로도 그렇게 생각합니다. 자녀를 키우는 엄마로서, 또 선생님으로서, 미래 사회에 내 자녀가, 우리 반 아이들이, 내가 가르치는 학생들이 저마다 멋진 사회 구성원으로 함께 살아가길 진심으로 바라기 때문입니다.

전달! 전달! 전달!

보호자들은 학생들이 학교에서 무엇을 하는지 뭘 배웠는지에 대해 잘 모를 수밖에 없습니다. 일로 인해 바쁘시거나, 학교 교육에 큰 관심이 없는 경우에는 더 모를 수밖에 없고요, 관심이 많은 보호자라 할지라도 "오늘 학교에서 뭐 했어? 뭐 배웠어? 누구랑 놀았어?"와 같은 질문으로 자녀의 학교생활에 대해 파악하기란 쉬운 일이 아닙니다. 언제나 자녀를 매개로 자녀의 학교생활을 가늠해 보아야 하는 간접적인 교육주체이기 때문입니다.

교사들은 매일 수업을 하고, 생활 지도를 하고, 학교 행사나, 교육과정 운영 등 학급 운영을 위해 애쓰고 있습니다. 저는 이러한 노력을 우리 반 학생들의 보호자도 꼭 알아주셨으면 합니다. 그래서 학교에서 진행하는 교육 활동에 대해 꼭 가정에서도 관심 가지고 지도해달라는 뜻으로 보호자에게 열심히, 꾸준히 자녀의 학교생활을 안내하는 편입니다. 크게 3가지를 보호자에게 전달합니다.

첫째, 학급 운영에 대한 안내입니다. 요즘은 새 학년 학급 운영 안내, 새 학년 편지 같은 것을 안 보내는 경우도 많습니다. 알림장을 안 적는 경우도 있습니다. 하지만 저는 개인적으로 교육관, 강조하는 교육 방침 등에 대해 안내하는 자료는 새 학기 첫날 반드시 보냅니다. 그리고 이 자료는 3월 말에 있는 교육과정 설명회에서도 다시 한번 이야기합니다.

둘째, 교육 활동에 관한 내용과 과제를 전달합니다. 국어, 수학과 같은 교과 수업에 대한 과제는 따로 전달하지 않고 알림장 작성으로 대체합니다. 다만 장기적으로 진행하는 우리 반 프로젝트에 대한 과제이거나, 가정에서도 연계해서 진행해야 하는 각종 미션, 생활습관 개선 교육의 내용 등은 반드시 주기적으로 학부모에게 전달하여 관심을 가져달라고 요청합니다.

예를 들어 학생들에게 계획적인 스마트폰 사용방법에 대해 가르치고 스마트폰 적게 쓰기 프로젝트를 진행한다면, '우리 집 스마트폰 사용 계획을 적어 업로드하기'와 같은 실천 과제를 그날 학생들이 하교한 후 알림 톡이나 문자로 보호자에게 알리는 것입니다.

> **"우리 가족 스마트폰 사용 계획서 업로드하기 과제가 있으니 알림장을 확인한 후 협조 부탁드립니다."**

이렇게 하면 온 가족이 자신의 스마트폰 사용 실태를 점검하고 자신의 스마트폰 사용 계획에 대해 이야기하는 가족회의 시간을 가질 수 있습니다. 학생들은 스마트폰 사용을 절제하기 위해 노력하는데 가정에서 보호자는 스마트폰을 손에서 놓지 않고 사용한다면 아무 소용이 없기 때문에 가정 교육의 연계성을 위해서라도 이렇게 한 번 더 전달합니다. 안내를 자주 하면 할수록 보호자도 학교 교육에 대해 인지하고 협조하게 됩니다.

또, 학급 관리 시스템이나 우리 반 공유 플랫폼에 학생들이 과제를 올리면 다른 학생과 다른 학생의 보호자도 과제 산출물을 확인할 수 있는 경우가 있습니다. 이 경우 역시 학급 교육에 대해 각 가정에서 다시 한번 인지하게 되는 효과가 있습니다. 우리 반 학생과 보호자라면 언제 어디서든 안내사항, 학습 활동 결과물, 과제물 등을 확인할 수 있도록 전달 매체를 하나 정해 꾸준히 관리해 보는 것을 추천합니다.

셋째, 학생 개개인의 장점에 대해 전달합니다. 직장에서 일하다가, 혹은 집에서 집안일을 하다가 담임교사가 보낸 학생 칭찬의 메시지를 받으면 보호자님들은 대부분 아주 좋아해 주시고 담임교사를 많이 믿어주십니다.

열심히 노력하는 교사의 모습을 학생들에게도, 보호자에게도 충분히 안내하고 전달합시다. 귀찮지 않냐고요? 귀찮습니다. 학생들이 하교한 뒤 밀린 업무를 처리하거나, 회의에 참석해야 하고, 다음 수업도 준비해야 합니다. 바쁩니다. 그래서 매일 할 수는 없습니다. 그리고 매일 할 필요도 없습니다. 중요한 안내 사항이 있다면 잠깐 5분만 시간을 할애해서 보호자에게 안내해 봅시다. 내가 이렇게 열심히 최선을 다해서 학생들을 교육하고 있다고 생색 좀 내봅시다. 전달을 자주 하다 보면 보호자들은 담임 선생님의 교육철학이나 교육 활동에 대한 관심과 노력을 알게 되고, 담임교사를 신뢰하게 됩니다.

그렇다면 효과적인 전달 방법은 무엇일까?

다양한 전달 방법이 있습니다. 알림장을 활용해 그날 그날 배운 내용과 중요 안내 사항, 생활지도를 구분해서 게시하거나, 문자 혹은 알림 톡을 활용해 특히 강조해서 안내할 사항을 전달하기도 합니다. 그 외 다양한 전달 매체를 이용할 수도 있습니다.

현재는 발명 센터에 파견 교사로 근무 중이라 보호자와 소통할 기회가 없지만 학급 담임을 할 당시에는 전달 매체로 '밴드'를 이용했습니다.

요즈음에는 밴드 말고도 LMS(학습관리 시스템), 각종 플랫폼 등 더 직관적이고 효과적인 다양한 전달 매체가 있기 때문에 자신이 쓰기 편하고 마음에 드는 전달 매체를 정하여 학급 운영을 하는 것이 좋습니다.

학생의 잘못을 전달해야 할 때

보호자에게 학생의 좋은 점에 대해 전달하고 상담을 할 때에는 전혀 문제가 없습니다. 하지만 문제는 학생의 잘못을 보호자에게 전달해야 하는 경우에 생깁니다.

학급에는 다양한 학생들이 있습니다. 흠잡을 데 없이 모범적이지만 교묘하게 친구를 무시하거나 주도권을 잡고 싶어 하는 학생, 수업 시간에 교과 내용을 전혀 따라오지 못하고 멍하게 딴 생각만 하면서 시간을 허비하는 학생, 상담이나 병원 치료가 필요하지만 그 부분에 대해 보호자가 전혀 인지하지 못하고 있는 학생, 잘못된 행동을 할 때마다 거짓말과 변명으로 상황을 모면하려고만 하는 학생, 잘못된 행동을 지도했는데 자기 잘못은 쏙 빼놓고 선생님이 자기만 미워한다고 보호자에게 고자질하는 학생도 있습니다.

이러한 학생들은 모든 교실에 있습니다. 문제는 매일 일어납니다. 그리고 생활지도는 항상 어렵습니다. 꾸준히 지도를 했는데도 나아지는 게 없으면 교사는 보호자와의 상담을 고려합니다. 상담을 고려하는 이유는 보통 두 가지입니다. 아이들의 행동과 태도에 가장 큰 영향을 미치는 곳은 바로 가정이기 때문에 문제 행동의 원인 파악을 위해 보호자와 상담을 하거나, 자녀의 학교 생활 태도를 보호자에게 알리고 대책을 세우기 위해 상담을 합니다. "우리 애가 그랬다고요? 집에서는 전혀 안 그러는데요." 이런 말 한 번씩 들어보시지 않았나요? 사람은 상황에 따라 다양한 자의식을 발현하기 때문에 가정과 학교에서의 모습이 다른 경우가 많이 있습니다.

이렇게 상담이 필요하다고 판단하면 보통은 전화 상담을 합니다. 교사에게도 전화 통화를 하기까지는 큰 용기가 필요합니다. 교사는 학생을 통해 보호자와 간접적인 관계를 맺고 있기 때문에 보호자 파악이 제대로 되지 않은 상태에서 상담을 해야 하기 때문입니다.

저 역시 이러한 전화를 할 때 너무 부담됩니다. 교직 연차가 많이 쌓였지만 여전히 전화 연결음이 울릴 때 가슴이 두근거립니다. 상처를 받은 적도 많습니다. 그래도 학생의 문제를 보호자가 알고 있어야 한다는 판단이 서면 저는 반드시 상담을 합니다. 학생의 잘못을 지적하려고 하는 게 아니라, 학교에서의 엄마로서, 학생이 학교생활을 잘 하며 나름의 방식대로 잘 커나가길 바라는 마음이 있기 때문입니다. 학생을 위해 진심으로 걱정하는 마음으로 보호자와 상담을 하기 때문에 보통 열에 아홉의 보호자님은 그 마음을 알아주시고 자녀의 문제 행동의 개선을 위해 협조해 주십니다.

칭찬은 계획적으로 해야 한다!

'학생의 긍정적인 행동을 칭찬하라. 잘못된 행동을 줄이는 것보다 올바른 행동이 강화되도록 해야 한다.'라는 말 많이 들어보셨을 겁니다. 하지만 가정에서 내 자녀를 보면 하루 종일 칭찬할 행동은 하나도 하지 않습니다. 오로지 잔소리 할 일들만 합니다. 의식적으로 잘하는 행동에 집중을 하려해도 칭찬할 거리를 찾기는 어렵습니다.

학교에서도 마찬가지입니다. 수업 준비와 진도에 쫓기고, 쉬는 시간에도 학생 생활 지도를 하고, 업무 처리에 허덕이며 하루하루를 지내다 보면 어떤 학생은 정말 하루에 말 한마디도 나누지 않고 집에 가는 경우가 있습니다. 그래서 칭찬도, 학부모와의 소통도 계획적으로 해야 합니다. 저는 분기별로 1회씩 학생들의 칭찬거리를 찾아 지켜보고 그날 하교 후 보호자님께 문자나 메시지를 보냅니다. 만약 학급에 학생이 30명이 있다면, 3~5월 1분기 동안 하루에 1-2명을 골라 관찰하고 대화를 많이 하고 공개적으로 칭찬을 해주려고 노력하는 것입니다. 그리고 그 내용은 보호자에게 메시지로 전달합니다. 상담주간이 있다면 상담 주간 일정에 맞춰 하루 1명 칭찬하기를 하고, 이때 관찰 내용은 나이스에 행동발달누가기록에 적습니다. 이렇게 하면 1년 동안 한 학생당 분기별로 1회, 최소 4회 정도는 잘한 행동을 찾아 칭찬할 수 있습니다.

보통 우리는 학급에서 자주 꾸지람을 듣거나, 문제를 일으키는 학생에게 주로 관심을 쏟게 됩니다. 하지만 학급에는 묵묵히 하루하루 학교생활을 잘 해나가는 학생들이 훨씬 더 많습니다. 그 학생들에게 관심을 주면서 관찰도, 칭찬도 상담도 계획적으로 해보세요. 칭찬의 메시지를 받은 보호자는 대부분 "집에서도 칭찬해 줘야겠네요! 감사합니다. 선생님" 이렇게 말하며 굉장히 기뻐하십니다.

우리 아이의 담임 선생님은 잘못된 행동을 지적만 하는 선생님이 아니라 잘한 행동에 칭찬도 해주는 선생님이고, 평소에 학급 운영과 교육과정에 대해 자주 안내하고 가정 교육과의 연계를 강조하는 선생님이라는 생각이 자리 잡게 되면 보호자도 교사의 진심과 노력을 더 알아주게 되고 호의적인 관계를 유지할 가능성이 높아집니다.

아무런 노력도 없이 보호자와 호의적인 관계를 유지할 수는 없겠지요? 보호자 상담은 상담주간에만 하고 끝나는 것이 아니라 분기별, 학기별로 나눠 계획적으로 하되, 학생의 긍정적인 부분은 강화하고, 고쳐야 할 부분은 나아지길 바라는 교사의 진심을 담아 진행해 봅시다.

교사도 사람

'교사가 엄마다.'라는 마음으로 학생들을 가르치고 지도했지만, 때때로 나의 진심이 짓밟히는 경우도 있습니다. "우리 애는 그럴 애가 아니에요.", "집에서는 안 그래요.", "작년, 재작년 선생님은 그런 말씀 안 하셨는데 선생님이 선입견을 가지고 보시는 것 아닌가요?", "우리 애가 그러는데 선생님이 자기만 미워하고 자기 말은 무조건 안 믿는데요." 14년간 교직생활을 하며 참 많이 들어본 말입니다. 문제 행동이 있어 학생을 지도했는데 아이 말만 듣고 학교로 찾아오는 분들도 있었습니다. 열심히 학생을 지도했는데 정말 맥 빠지는 순간이 아닐 수 없습니다. 나는 진심으로 학생의 성장을 위해 노력했고, 보호자와 함께 노력할 방안을 찾기 위해 상담을 했는데도 상대방이 받아들이지 않는다면 우선은 내가 할 일은 다했다고 생각합니다. 사람은 쉽게 변하지 않고, 자신에 대해, 또 자녀에 대해 성찰하고 돌아보지 않는다면 그 가정의 자녀에게 변화가 일어나기는 어렵습니다. 나는 단지 담임으로서 1년 동안 아이를 위해 노력할 뿐이고, 그 아이와 함께 더 오랜 시간 함께 하는 사람은 보호자입니다. 지도를 열심히 했는데도 적반하장으로 교사에게 공격적으로 나오는 보호자와 학생에게 교권을 침해당했다면 그때부터는 교사를 보호하는 제도의 도움을 받으면 됩니다. 교사를 지켜야 교육을 할 수 있습니다.

우리는 한 배를 탄 사람들

사람을 상대하는 직업이 가장 어렵다고 합니다. 갈수록 사회는 편협한 이기주의가 판치고 있고, 대한민국에서는 큰소리치면 안 되는 게 없다는 마인드로 안하무인인 사람도 있습니다. OECD 국가 중 최대폭으로 출산율이 감소하고 있는 상황에서 집집마다 너무 귀한 자녀들을 키우다 보니 마음껏 자유롭게 지내다 학교에 입학하는 학생들이 많아졌습니다. 자녀가 대학에 입학해도, 직장에 취직해도 부모가 직접 출결 연락을 하는 경우도 있다고 합니다. 갈수록 학생들 가르치기는 어려워지고, 상식 밖의 행동을 하는 보호자도 많아지고 있습니다. 혹시라도 학생과 보호자의 상식 밖의 행동으로 피해를 입었다면 스스로를 최대한 보호하며 할 수 있는 한 모든 절차와 제도를 활용합시다. 불합리한 일이 생겼다면 혼자 끙끙 대지 말고 동료, 관리자, 교원 단체 혹은 노조와 나누며 상의합시다. 그러한 일이 교직 인생에 단 한 번도 일어나지 않기를 진심으로 바랍니다.

교사나 보호자나 학생의 올바른 성장을 바라는 마음은 똑같습니다. 1년뿐인 단기적인 관계지만 1년 동안 교사와 보호자의 목표는 같습니다. 세상은 혼자서는 살아갈 수 없는 곳이기에, 학교는 공동체 의식과 규율, 하고 싶어도 못하는 좌절감, 하기 싫어도 해야 하는 끈기를 가르칩니다. 학생들의 성장을 위해 노력하는 담임 선생님의 교육방침과 학급 운영 철학을 대부분의 보호자들은 지지하고 있습니다. 대다수의 보호자들은 상식적이고 좋은 분들이 더 많습니다. 소수의 사람들이 나에게 크나큰 상처를 줄 수도 있지만 그럼에도 불구하고 나의 진심을 알아주는 학생과 보호자가 더 많이 있다는 것을 잊지 말았으면 좋겠습니다.

자신에게 맞는 관계 형성 방법 찾기

앞서 제시한 내용은 개인적으로 제가 14년간 교직생활을 하며 여러 시행착오를 거친 보호자와의 관계 형성 방법입니다. 방법이라고 하기엔 살짝 부끄럽기도 합니다. 이렇게 신경 쓴다고 민원이 안 들어오나요? 들어옵니다. 누가 알아주나요? 사실 아무도 안 알아줍니다. 그렇지만 제 자신은 알고 있습니다. 1년이란 기간 동안 우리 반 학생 모두를 잘 성장시키기 위해 노력했고, 보호자와 긍정적인 관계를 맺으며 가정과 학교가 연계된 교육이 이루어질 수 있도록 애썼다는 사실을 말입니다. 그리고 그 노력이 분명 빛을 발하는 순간도 있습니다. 진실한 태도로 보호자와 소통하다 보면 보호자가 민원을 제기할 만한 상황이 벌어졌을 때, 이제껏 쌓아온 관계 덕분에 원만하게 처리되는 경우도 있거든요.

교직 생활을 하며 어떻게 보호자와 소통하며 관계를 맺을지 고민하다 보면 좋은 소통의 방법들이 생기고 그렇게 나만의 노하우가 쌓이게 됩니다. 그 방법은 교사 개개인마다 다를 수 있습니다. 그래도 한 가지 변하지 않는 사실은 진심은 통한다는 것입니다. 우리 반 학생들이 잘 커나가길 바라는 그 진심을 담아 선생님마다 자신에게 맞는 소통 방법, 학부모와의 관계 형성 노하우를 쌓아보시기 바랍니다.

학생
함께일 때 빛나는

우리 과연, 가까워질 수 있을까?

친절하고 자상하며 언제나 칭찬을 많이 해주시는 선생님. 나도 그런 선생님이 되고 싶긴 하지만 때때로 '왜 교사에게만 이런 것을 요구하는 걸까?'라는 생각이 들 때가 있다. 손뼉도 마주쳐야 소리가 나는 건데…. 나 혼자 노력한다고 학생들과 가까워질 수 있는 걸까? 내가 노력하는 만큼 학생들도 노력해 주면 좋겠다. 짝사랑만 하긴 너무 외롭다.

나는 어떤 유형의 교사일까?

각양각색 사람을 유형별로 분류하는 것은 쉬운 일이 아닙니다. 그럼에도 불구하고 우리는 혈액형에서 MBTI까지 끊임없이 사람을 특징별로 분류하려고 시도합니다. 각각의 공통점을 찾고 유형별로 정리하고 싶은 욕구가 반영된 행동은 아닐까요? 그런 의미에서 교사 역시 간단히 세 가지로 유형을 분류해 볼 수 있다고 합니다. 하그리브스가 규정한 〈교사의 자기개념 유형〉입니다.

맹수 조련사형: 학생들은 거칠고 아직 아무것도 모르는 존재로 여기며, 따라서 교사를 학생에게 필요한 지식을 가르치고 기본 태도와 습관, 예의 등 윤리적 행동을 훈육하는 존재로 여깁니다. 맹수와 같은 상태의 학생들을 길이 잘 든 모범생으로 훈련시키는 것이 교사의 역할입니다.

연예인형: 학생들의 흥미를 유발하기 위하여 학습자료 준비를 철저히 하고 수업 시간에 학생들을 즐겁게 하기 위해 노력합니다. 학생들을 격없는 친구처럼 대하며 친근한 관계를 유지합니다.

낭만가형: 학생들이 스스로 선택할 수 있도록 다양한 학습 기회를 만들어 주는 것이 교사의 역할이라 여깁니다. 학생의 호기심과 욕구를 존중하고 자극해 학습할 수 있는 여건을 조성하는 데 노력을 기울입니다. 기본적으로 학생들의 학습능력과 의지를 신뢰합니다.

"당신은 어떤 유형의 교사입니까?", "당신은 학생과 어떤 관계를 형성하고 있습니까?"라는 질문에 어떻게 답할지 고민해 본 적이 있습니다. 교사와 학생의 관계가 점점 더 어려워지고 있는 현실 앞에 단번에 쉽게 답할 수는 없었습니다. 그러다 결국 단 세 가지 유형으로 교사를 단정 지을 수는 없다는 생각이 들었습니다. 교사는 때로는 엄격하고 단호한 태도를 보일 수도 있고, 때로는 친구처럼 다정하고 친근한 태도를 보일 수도 있기 때문입니다. 교실에서의 교사의 모습을 어느 한 가지 유형으로 분류할 수 없음이 확실합니다. 아니 너무나도 당연합니다. 때때로 교사는 "나는 누구인가?", "여기는 어디인가?" 싶을 정도로 나조차도 몰랐던 나의 모습을 발견하고 당황하기도 합니다. 그만큼 교사는 교실 속에서 자유롭게 다양한 방법으로 학생들과 관계를 맺을 수 있기 때문에 그런 것은 아닐까요? 그 순간 학생들과의 관계에서 희망이 보였습니다.

협력적 소통의 공간, 우리의 교실

학생들은 학교에서 단순히 지식을 배우는 것을 넘어, 하루하루의 삶을 경험하고 살아갑니다. 어쩌면 교사의 역할 중 지식 전달은 일부일지도 모릅니다. 가정과 학교는 성장기 아이들에게 매우 중요한 곳으로, 아이들은 깨어있는 시간 대부분을 학교에서 생활합니다. 일상에서 부모보다 교사와 소통하는 시간이 더 많을 수도 있습니다. 그리고 교사와 학생의 소통은 교실이라는 테두리 안에서 이루어집니다. '협력적 소통'은 교실 안에서 우리가 이루어야 할 공동의 목표이고, 학생과 학생, 교사와 학생 간 서로를 존중하고 이해하며 협력하여 문제를 해결하고 노력하는 과정이 매일 반복됩니다. 이는 단순한 의사소통을 넘어 상호작용이 이루어져야만 가능한 일입니다.

교사와 학생 간 애착이 높을수록 학생의 학업 성취도와 자존감이 높아지고, 학교생활에 대한 만족도가 높으며 긍정적 자아개념을 형성한다고 합니다. 하지만, 모든 학생과 긍정적 애착 관계를 맺으며 생활하는 교사가 있을까요? 교사의 에너지 대부분이 학생 간 발생한 갈등을 회복하기 위해 노력하는 데 쓰이고 있는 것이 지금의 학교 현실입니다. 교실 속 갈등을 해결하기 위해 교사에게는 생각과 감정, 행동을 조절하는 능력이 요구됩니다.

갈등을 바라보는 자세

먼저 갈등의 원인을 정확하게 파악하는 것이 중요합니다. 학생들 사이에서 발생하는 대부분의 다툼과 갈등은 오해나 서로 다른 기대에서 발생하는 경우가 많기 때문에 객관적으로 상황을 분석해야 합니다. 선생님이 한쪽 편만 든다는 느낌을 주는 순간, '차별'이라 여기며 아이들은 차갑게 돌아서기 마련입니다. 하지만 사람과 사람 간의 갈등인 만큼, 감정을 완전히 배제하기는 쉽지 않습니다. 이때 잠시 숨을 고르고 학생의 이야기에 귀 기울이고 이해하려는 시도가 필요합니다.

교실에서 학생들이 자유롭게 생각과 감정을 표현할 수 있는 분위기를 만들어 주어도 좋습니다. 선생님이 무심히 건네는 작은 농담과 장난으로 순식간에 분위기는 말랑해질 수 있습니다. 또, 학생이 문제를 제기할 때 경청하고 더 나아가 해결 방법을 이야기해 볼 수 있는 기회를 줘 보세요. 선생님께 존중받았다는 느낌과 함께 학생들은 문제 해결에 더욱 적극적으로 참여하게 되고 학급 분위기가 따뜻해질 수 있습니다.

갈등을 미연에 방지하는 방법으로 교실 내에서 명확한 규칙을 설정하고 그 규칙을 모두가 존중하는 문화를 만드는 것도 좋은 방법이 됩니다. 이러한 규칙은 당연히 교사에게도 해당됩니다. 규칙을 정할 땐 아주 사소한 것이라도 학생들과 함께 논의하여 합의된 규칙을 세워 보세요. 규칙을 어길 경우 학생들이 잘 받아들이는 것은 물론, 스스로 규칙을 지키려는 마음까지 가지게 됩니다. 혹, 교사가 규칙을 어기거나 약속을 잊었을 경우, "미안해."라고 사과하고 다음엔 꼭 잘 지키겠다고 약속하면 됩니다. 사과가 어렵고 부끄러운 행동이 아니라는 것을 교사의 말과 행동을 통해 직접 보고 느낀 학생들은 분명 변화할 것입니다.

간혹 갈등이 일어났을 때 감정을 폭발시키는 학생들이 있는데 이때는 당황하지 말고 차분히 상황을 중재하고 아이들이 감정을 해소할 수 있도록 도와야 합니다. "잠시만 멈춰보자", "눈을 감고 속으로 딱 셋만 세어보자", "방금 있었던 일을 다시 한번 떠올려볼까?", "방금 ㅇㅇ이는 어떤 느낌이 들었어?"와 같은 말로 아이들이 멈출 수 있도록 도와주면, 즉흥적인 흥분을 가라앉힐 수 있습니다. '멈추고 생각하기'처럼 간단하지만 선생님을 믿고 따라올 수 있는 전략을 하나 정도 가지고 있으면 의외로 문제 상황은 쉽게 해결될 수 있습니다.

교실에서 갈등은 피할 수 없는 일이지만 어떤 과정으로 이를 해결했는가에 따라 교사와 학생 간의 신뢰와 협력이 달라질 수 있습니다. 오늘도 선생님의 역할은 끝이 없습니다.

끝없는 시도, 그리고 변화

학생들은 수업뿐 아니라 교사와의 대화에서 상대방을 이해하고 나와는 다른 입장을 수용하며 공감하는 방법을 배웁니다. 처음부터 잘하는 아이는 없습니다. 끊임없이 노력을 반복하고 있을 뿐입니다. 물론 시행착오 역시 계속됩니다. 가끔은 '이 아이는 과연 가능할까?' 싶을 정도로 절망적인 상황이 찾아오기도 합니다. 하지만 이럴수록 교사는 학생들의 작은 노력이라도 찾기 위해 더욱 애써야 합니다. 그리고 그 노력을 인정해 주세요. 교사의 눈빛과 말, 격려와 칭찬은 아이들을 변화시킬 수 있는 마법이 될 것입니다.

이를 위해 긍정의 언어를 활용하여 학생들의 마음을 두드려보면 어떨까요? 가장 좋은 방법은 만남의 시작과 끝을 활용하는 것입니다. 저는 아침 조회 시간인 'Meeting time'에는 훈계와 잔소리는 잠시 접어두고 응원과 격려를 해보자고 마음먹었습니다. 그러나 현실은 출근하면서부터 쏟아지는 업무와 돌발 상황의 연속이지요. 그래서 찾은 비책은 '메시지'입니다. 퇴근 전 칠판의 작은 공간에 짧은 편지로 아이들에게 메시지를 남겨보았습니다. '오늘도 행복하길 바랄게', '즐거운 하루 보내', '선생님은 너희를 믿어', '오늘도 한걸음 나아가 보자', '실패해도 괜찮아, 너희에겐 내가 있잖아'처럼 아이들의 마음을 어루만져 줄 수 있는 메시지를 쓰는 일은 충분히 실천할 수 있는 쉬운 일이었습니다. 무뚝뚝한 성격 탓에 말로 하기 어려웠던 표현도 텍스트로 남기다 보니 시도할 수 있게 되었습니다. 교사의 작은 노력이었지만 아이들은 아침에 등교하면 칠판부터 살피는 설렘을 가지게 되었고, 이에 힘입어 저 역시 꾸준히 메시지를 남겼습니다. 물론 조금 더 수월하게 화면에 메시지를 띄우는 방법도 있지만, 또박또박 쓰인 글자에 담긴 선생님의 마음은 더욱 힘 있게 아이들에게 다가갔습니다. 이렇게 하루를 시작하니 확실히 학급 분위기가 오랫동안 평온하게 유지되는 것을 몸소 실감하였습니다. 물론 좌충우돌 사건이 없을 순 없지만, 분명 의미 있는 변화가 보이기 시작했습니다. 그리고 종례 시간인 'Closing time'에는 칭찬과 약속을 반복했습니다. 이어질 협의회나 업무처리로 마음이 바빠 서둘러 아이들을 교실에서 내보내기보다는 여유를 가지고 딱 3분만 할애했습니다. 특별히 무언가를 준비하지는 않고 오늘 아침 조회시간 선생님이 보낸 메시지의 의미만 간단히 설명해 주었습니다. 아침 메시지에 기분 좋게 하루를 보냈던 아이들의 만족스러움, 메시지는 잊고 몇 차례나 말썽을 부리던 아이들의 멋쩍음까지…. 모든 반응이 다 소중했습니다. 그러다 어느 날 갑자기 우리 반에서 가장 무뚝뚝하고 말썽쟁이였던 학생에게서 "선생님 애써주셔서 감사합니다."라는 말을 듣는 감격적인 순간이 찾아왔습니다.

함께 보낸 시간의 힘

지금껏 교실에서 함께한 제자들을 대략 세어보니 약 20명씩 15년, 300명 정도가 됩니다. 그중 6학년 담임을 맡았던 것은 무려 11번으로 교직 생활 대부분을 6학년 학생들과 함께 했습니다. "6학년 너무 힘들지 않아?" "요즘 애들 무서워." 갈수록 삭막해지는 사회와 입에 담기 힘들 정도의 사건들이 이슈화되면서 우려 섞인 걱정을 하시는 동료 선생님들도 계십니다. 하지만 6학년 학생들은 교사와 말이 통한다는 장점이 있고, 스스로 생각하며 변화할 가능성이 높은 시기이기도 합니다. 학생들과 함께한 시간, 그 관계 안에서 제게 가장 큰 힘이 된 것을 꼽자면 바로 '함께 보낸 시간, 동지애'입니다. '우리 사이에는 뭔가 특별한 것이 있다.'를 느낄 수 있는 크고 작은 추억과 시간이 쌓여 좋은 관계로 이어졌습니다.

저의 개인적인 이야기를 학생들에게 들려주는 것도 '우리 사이의 특별함'을 만드는 데 많은 도움이 되었습니다. 제가 경험했던 좌충우돌 학창 시절 에피소드, 사춘기 시기 부모님과의 갈등, 조금은 부끄러운 첫사랑 이야기와 대학 시절 다녀왔던 유럽여행처럼 지극히 개인적인 이야기를 아이들의 눈높이에 맞춰 공유하자 아이들의 눈빛이 달라지는 걸 느낄 수 있었습니다. "선생님도 우리와 다르지 않네요.", "제가 이상한 게 아니었어요.", "선생님의 비밀친구가 된 것 같아요.", "저희가 스무 살이 되면 저희랑 유럽여행 다시 가요." 분명 저와 아이들은 가까워지고 있었습니다. 그리고 이렇게 학년 초 아이들과 가까워지자 새로운 시도를 함께 해볼 수 있게 되었습니다. 시내버스 타고 시골 오일장 구경 가기, 깜짝 생일파티를 해준 학생들과 퇴근 후 뷔페 가기, 졸업식 전날 단체 영화관 데이트하기, 수학여행 일정으로 한라산 백록담 등반하기, 왕복 30km 자전거 라이딩과 학교 운동장 텐트 야영까지…. 견고한 관계가 형성되니 조금은 무모한 활동도 도전할 수 있는 용기가 생겼습니다. 함께 무언가를 이루었다는 성취감, 전우애, 동지애를 느꼈다고 해야 할까요? 졸업식 당일, 눈이 퉁퉁 붓도록 눈물 흘리며 헤어짐을 아쉬워하는 학생들을 보며 매년 희망을 봅니다.

결국 교사와 학생의 관계도 사람과 사람이 만나 함께 보내는 시간에 좌우되는 것이기에 사실 정답은 없습니다. 선생님의 성향, 학교의 분위기, 동료 교사와의 관계, 보호자의 특성 등 각자의 상황이 달라도 너무 다르기 때문입니다. 또한 해마다 바뀌는 학생들은 늘 예기치 못한 변수가 됩니다. 하지만 이러한 점이 매년 새로운 관계를 맺을 수 있다는 매력이 될 수도 있지 않을까요? 결론은 하나, 진심은 통한다는 것입니다.

함께일 때 빛나는

'배운다는 건 꿈을 꾸는 것, 가르친다는 건 희망을 노래하는 것' 교육 활동을 이렇게 아름답게 표현할 수 있을까요? 노랫말 가사처럼 학생들은 배우기 위해 교사는 가르치기 위해 매일 학교라는 공간을 통해 연결되고 있습니다. 교사와 학생의 관계에서 신뢰는 기본 요소입니다. 서로를 굳게 믿고 의지하는 마음으로 일방통행이 아닌 쌍방통행하는 관계를 위해서 말입니다.

서로를 잘 이해하기 위해서는 '관찰'하는 과정이 필요합니다. 학생 한 명, 한 명의 기본 특성과 학습 수준, 성격, 생활 태도 등을 3월부터 자세히 관찰하고 파악하면 도움이 됩니다. 가정에서 작성한 가정 실태조사표도 물론 좋지만 교사와 학생이 직접 관계 맺으며 발견하는 정보가 더욱 의미 있습니다. 학기별 상담주간, 수시 상담과 더불어 급식 시간을 활용해 보면 어떨까요? 1대 1로 선생님과 함께 음식을 먹으며 나누는 대화가 꼭 진지할 필요는 없습니다. 시시콜콜한 일상, 요즘 좋아하는 K-POP이나 드라마 모두 괜찮습니다. 일주일에 다섯 명, 평균 한 달 정도면 선생님과 한 번씩은 급식 데이트를 할 수 있습니다. 한 달에 한 번 정도가 모이고 모여 한 학기, 일 년이면 꽤 많은 시간이 됩니다. 일상을 나누며 선생님과 가까워진 학생들은 선생님이 굳이 물어보지 않아도 용기를 내어 고민이나 걱정거리들을 이야기해 줍니다. 물론 저도 때론 급식시간만이라도 맘 편히 밥 한 끼 먹고 싶다고 생각하긴 하지만 특별히 상담 시간을 내지 않아도 된다는 점, 그리고 의외로 생각보다 아이들은 급식을 빨리 먹고 먼저 일어난다는 점을 고려하면 시간 대비 효과 만점인 방법입니다.

　학생들을 잘 파악하였다면 이제 칭찬을 할 때입니다. 세상 어디에도 단점만 가진 사람은 없습니다. 다만 칭찬 할 타이밍에는 학생을 존중하며 칭찬해 봅시다. 교사를 힘들고 귀찮게 하는 아이에게도 칭찬할 수 있는 점이 한 가지는 있을 것입니다. 이때 꼭 유의해야 할 점이 있습니다. "멋지다", "최고네", "완벽해"처럼 막연한 칭찬은 학생에게 와닿지 않습니다. 아이들 스스로 이미 완벽하거나 최고가 아니라는 것을 알고 있기 때문입니다. 그렇기 때문에 구체적인 표현으로 칭찬 내용을 설명해 주어야 합니다. "오늘 쓴 글에서 이 문장이 특히 인상 깊구나.", "너의 생각과 느낌을 이렇게 멋진 한 문장으로 표현했구나"처럼 내가 선생님께 정확히 어떤 부분을 칭찬받는지 알게 해 주는 것입니다. 그럼에도 불구하고 정말이지 칭찬할 내용이 없다면, "알파벳 대문자를 영어 공책 칸에 정확히 썼구나." "문장 마침표를 잊지 않고 정확히 적었구나."와 같이 작지만 명확한 팩트를 칭찬해 줍니다. 칭찬은 하는 사람도 중요하지만 받는 사람이 느껴야 진정한 의미가 있습니다. 학생들은 교사의 관심을 받길 원하고 좋은 모습, 예쁜 모습을 보여주기 위해 노력합니다.

저는 평소 학생들에게 공감을 잘 해주지 못했습니다. 때로는 그저 차가운 선생님처럼 비치기도 했습니다. 하지만 걱정하지 마세요. 시간이 조금 걸리겠지만 학생들은 자신을 인정해 주고 칭찬해 주는 선생님에게 마음의 문을 열게 되어있습니다. 꾸준함을 유지해야 한다는 것만 명심하면 됩니다.

학생과의 관계를 고민하고 있다면 잠시나마 신규 교사 시절로 돌아가 보시길 바랍니다. 내 교실을 어떻게 꾸밀지, 수업 내용은 어떻게 구성하며, 아이들에게 상냥한 웃음을 지으며 어떠한 대화를 나눌지 고민하던 행복한 시절이 있지 않았나요? 선생님의 말을 안 듣는 아이, 교사의 권위를 무시하는 아이, 모두 잠깐이고 순간이며 곧 스쳐 지나갈 것입니다.

동학년
마음의 문을 여는 네 가지 방법

선생님에게도 비빌 언덕이 있었으면 좋겠다!

교실 속에서 학생들의 눈빛을 혼자 오롯이 받아내는 시간은 생각보다 버겁고 외롭다. 교과 수업은 아무리 준비해도 예상했던 목표에 도달하기 어렵고, 학생들 사이의 문제는 상담과 회복의 과정을 충분히 거쳐 해결했다고 생각했지만 다시 제자리로 돌아가기 일쑤다. 다른 학년과의 입장 차이가 있을 때 우리 학년의 상황을 제대로 말하는 것도 어렵고, 돌아서서 후회하고 자책하는 날들이 너무나 많다. 이럴 때, 같은 학년의 일상을 온전히 공유하고 이해하는 동료 교사가 있다면 얼마나 좋을까?

학교생활의 든든한 버팀목, 동학년

동학년. 가르치는 학생의 연령이 같다는 이유만으로 모인 교사들이지만 일단 동학년이 구성되고 나면 효과적인 교육을 위해 다양한 방법으로 서로 협력합니다. 이러한 협력은 학생들의 학습 경험을 풍부하게 하고 교사들의 전문성을 향상시키는 데 도움이 됩니다. 또, 관심과 역량이 높은 분야를 중심으로 학년 교육과정 운영에 필요한 여러 가지 과업을 분담할 때는 너무나 든든하기도 합니다. 수업, 평가, 생활 지도 등 동학년 교사들이 없다면 혼자 해결했어야 하는 문제를 나누어서 해결하고 논의할 수 있다는 사실은 학교생활의 든든한 버팀목이 됩니다. 각자의 학급을 책임지고 있지만 그 무게를 기꺼이 나누어 짊어지는 동료 교사들과 어떻게 하면 환상의 호흡을 맞출 수 있을까요?

새로움 한 스푼 더하기

2월의 어느 날 학년, 업무 분장 발표 자리에서 동학년 교사들은 첫인사를 나눕니다. 어색한 분위기에 적응할 사이도 없이 학년 교육과정 기획 회의 테이블에 앉게 되지요. 이 자리에서는 주로 학년 부장이나 대표, 또는 작년에 같은 학년을 해 본 선배 교사를 중심으로 교육과정 운영 경험을 간단히 소개합니다. 그러면 새로 구성원이 된 교사들은 작년의 경험을 바탕으로 교육 목표, 수업 내용 및 방법 등을 계획합니다. 물론 다른 반과의 일관성도 유지하려고 노력합니다. 이러한 과정은 폭풍 전야와 같은 새 학년의 첫걸음에 더할 나위 없는 안정감을 줍니다.

하지만 이전 학년도의 교육과정 운영 사례를 그대로 적용할 수 있는 경우는 거의 없습니다. 국가 교육과정의 변화, 시대의 요구, 학교의 상황, 학생의 실태 등 학년 교육과정을 변경해야 할 필요성은 너무나도 많기 때문입니다. 기존 학년 교육과정의 큰 틀은 존중하되 몇 가지 사항을 수정·보완하여 이번 학년도의 특색 있는 교육과정을 기획할 수 있지만 말처럼 쉬운 일은 아닙니다. 이때, 선생님의 신선한 '새로운 한 마디'는 동학년 전체 고민 해결의 물꼬를 틀 수 있습니다. 각종 교육 정책, 장학 자료, 교사 커뮤니티와 언론 자료 등의 내용을 평소에 관심 있게 보고 기록해 두면 유용합니다. 관심과 역량이 각각 다른 동학년 교사들은 선생님의 그 '새로운 한 마디'를 교수·학습 내용으로 발전시킬 수 있는 각종 아이디어를 쏟아낼 것입니다. 수업 운영 방법과 시기를 정하여 단원 지도 계획을 세우고 그에 따른 수업 자료 제작을 분담하는 것까지 일사천리로 진행될 수도 있습니다.

실제로 에듀테크라는 거대한 변화가 학교 현장에 들어왔을 때 우리 동학년은 이 도구를 어떻게 사용할 것인지에 대한 고민이 컸습니다. 효과와 부작용 등에 대한 의견이 분분했지만 정책적 도입은 막을 수 없었기 때문에 수업 도구로서의 가능성을 믿고 우선 학년 교육과정에 반영하기로 하였습니다. 이러한 상황에서 저는 그동안 관심 있게 연구해 온 '디지털 드로잉'에 관한 '새로운 한 마디'를 입 밖으로 꺼냈습니다. 학생들이 배움 활동에 흥미 있게 접근할 수 있고 학습한 내용을 손쉽게 시각화하고 온·오프라인 공간에서 공유할 수 있는 사례를 간단히 소개하였습니다. 이 한마디가 교과, 동아리 활동 전반에 '디지털 드로잉을 통한 배움의 시각화'를 적용하고, 산출물을 학기말 실적 전시회로 자연스럽게 연결하는 마중물이 되었습니다. 꼭 시작점이 아니더라도 동학년의 학년 교육과정 운영 협의는 일상 속 언제 어디에나 있습니다. 특별히 시간 내지 않아도 잠시 수업 자료를 복사하는 동안, 자료실에서 학습 자료를 분배하는 동안에도 이루어집니다. 사소한 듯 보이는 선생님의 새로운 한 마디가 교육 내용을 조정하고, 변화시키고, 공동의 문제를 해결하는 열쇠가 될 수 있습니다.

도토리 곳간 열기

교사들은 국가 수준, 지역 및 학교 수준 교육과정과 학생 특성을 반영하여 주제를 중심으로 여러 교과목을 통합한 수업을 계획합니다. 교과 내용이 시기상 적절하지 않거나 학습 활동 수준이나 분량이 알맞지 않을 때 동학년 교사들은 난관을 극복하기 위해 머리를 맞대기도 합니다. 교과서 수업으로 충분하면 좋겠지만 현장은 그리 녹록지 않고, 각종 지원 자료 사이트나 출판사 자료실을 뒤져 보아도 우리 학년 교육과정에 딱 맞는 자료를 찾기란 쉬운 일이 아닙니다. 이럴 때 선생님의 자료 창고를 공개하면 수업 준비의 부담을 덜 수 있어 든든합니다.

이미 많이 사용하고 계시는 공유 드라이브, 패들렛 등의 도구를 활용하여 그동안 모아 왔던 학급 운영 자료, 교과 연구 자료 등을 나누어 보세요. 너무 간단한 것이라서, 다들 가지고 있을 것 같은 자료라서, 우리 반에만 해당될 것 같은 자료라서 등의 이유로 공개를 꺼릴 필요는 없습니다. 같은 내용, 유사한 자료를 사용하더라도 적용하는 학급에 따라 수업 분위기, 학습 목표 도달도 등은 다르므로 수업 후기를 나누면서 자연스럽게 피드백할 수 있습니다. 1석 N조 수업 연구 자료로 교사들의 전문성 향상에 생생한 영향을 끼칠 수 있는 기회입니다.

우리 동학년의 예를 들어보면, 예제능 교과의 경우 선남 교사와 수업을 분담했는데 단원별로 나누다 보니 수업이 원활히 진행되지 않았습니다. 이때 동학년 협의를 통해 수업 내용의 연계성, 위계성을 고려하여 단원보다는 영역을 중심으로 수업을 나누고 '신체 표현'이라는 주제로 음악, 미술, 체육 수업을 통합하자고 의견을 모았죠. 이 과정에서 체육 전담 경험이 많았던 선생님이 자료 창고를 '대개방' 해주셨습니다. '표현' 활동에 관한 다양한 자료가 수업안부터 활동지, 참고 영상과 도구까지 다 있었습니다. 선생님의 도토리 곳간에 모두 감사했지요.

솔선하신 선생님의 자료를 중심으로 우리 동학년 교사들은 십시일반 자신의 자료를 보태기 시작하였습니다. 표현 활동에 필요한 음악적 요소를 활동 자료로 정리하여 추가하고, 표현 활동 후 생각이나 느낌을 표현할 수 있는 미술 표현 주제와 재료 및 용구를 더하기도 하였습니다. 이러한 자료를 각 반의 수업에 적용하여 주제를 표현한 음악을 듣고 그에 따른 신체 표현을 하며, 이 표현을 시각적 표현으로 확장하는 수업은 '표현'을 중심으로 다양한 경험을 할 수 있는 기회가 되었습니다. 공동의 곳간에 모인 자료를 시작으로 동학년 교사들은 각 교과목에서 다루어야 할 내용을 함께 논의하고, 주제에 맞는 활동과 학습 자료를 더욱 다양하게 개발했습니다. 동료와 함께 만든 도토리 곳간에서 출발하는 수업은 늘 외롭게 아이들 앞에 섰던 우리 각자에게 든든함 그 이상의 선물이었습니다.

의리 게임에서 조금 더 가져오기

초등학교 동학년 교사들은 학교 전체 및 학년 행사를 효과적으로 운영하기 위해 협력하며, 이를 통해 학생들에게 다양한 경험을 제공하고 학교생활을 더욱 풍부하게 만듭니다. 이때 자신이 좀 더 자신 있는 분야나 담당 업무와 관련 있는 분야의 일을 먼저 하겠다고 기꺼이 손들면 학년 전체 일의 시작이 훨씬 수월해집니다. 어차피 나누어서 할 일인데 어색한 눈치 싸움이 길어진다면 결국 침묵을 견디지 못하는 사람이 일을 떠안게 됩니다. 한 사람에게 학년 공동의 일이 집중된다면 나머지 사람들은 불편한 마음을 지울 수 없고, 일의 효율도 장담할 수 없게 됩니다.

예를 들어 체육대회를 준비한다면, 동학년 교사들은 체육대회 종목 선정, 일정 조정, 준비물 확보 등을 공동으로 계획합니다. 학교 전체 프로그램과의 조화, 학년별 특성과 학생들의 관심을 고려하여 다양한 활동을 준비하며 되도록 모든 학생들이 참여할 수 있도록 종목을 구성합니다. 한 교사가 경기 진행을 맡아 진행한다면 다른 교사는 학생들의 안전을 책임지는 등 역할을 분담하여 상호 보완하는 방식으로 행사를 운영하지요. 또한 문화 축제 때, 각 반이 발표할 내용(연극, 합창, 댄스 등)을 조율하고, 필요한 준비물과 무대 연출을 함께 계획하기도 합니다. 동학년 교사들은 연습 과정을 관리하고, 서로의 반을 참관하며 피드백을 제공하고, 더 나은 발표를 위해 소통합니다. 수업한 내용을 정리하는 프로젝트 발표회를 하는 경우 동학년 교사들은 학기 중 배운 내용을 정리하고, 학년 발표회에서 이를 발표할 방법을 공동으로 계획합니다. 사회를 맡거나, 발표 준비를 돕고, 학생들이 발표를 잘 마칠 수 있도록 지원합니다. 학부모를 초대하여 학생들의 성취를 공유하고, 행사의 성공적인 진행을 위해 협력하기도 합니다. 이 외에도 동학년 교사들이 협력하여 일을 진행하는 경우는 매우 다양합니다.

이러한 일련의 과정에서 분담할 수 있는 일의 목록을 작성하고 자신의 특기를 발휘할 수 있는 일을 의리 있게 먼저, 조금 더 가져오는 것은 학년 업무 운영에 윤활유가 됩니다. 이번 일에서 비중 있는 일을 맡게 된다면 그 노고를 인정받아 이어지는 다음 일에 가벼운 자리를 맡게 되는 배려가 있을지도 모릅니다.

　몇 해 전 함께 동학년을 했던 교사 중 먼저 나서서 업무를 진행해 주신 분이 있어 도움을 받았던 적이 있습니다. 당시 평가에 민감한 보호자들이 많은 학년 분위기 탓에, 다른 반과 평가의 내용 및 방법, 시기, 횟수 등을 항상 비교당하는 것이 교사에게는 큰 부담이었습니다. 그러나 감사하게도 이때 학교 전체 평가 업무 담당 교사가 우리 학년에 계셨고, 학년 평가에 관한 사항을 주도적으로 계획하고 진행해 주셨습니다. 담당자의 수관하에 동학년 평가지를 만들어 평가에 대한 책임을 나눌 수 있고, 학년 전체 평가의 일관성을 유지할 수 있어 정말 좋았습니다. 학부모 민원에 대처하기 용이할 뿐만 아니라, 학생들이 공정하게 평가받을 수 있다는 장점도 있었습니다. 동료 교사들과의 상부상조를 기반으로 만든 평가 기준안은 동학년 교사 모두에게 평가에 대한 자신감을 심어주는 계기가 되었죠. 더 나아가 그동안 정해진 차시에 따라 교과서 활동을 분절하여 계획했던 수업과는 달리, 성취기준을 중심으로 단원의 전체적인 흐름을 살피며 수업을 계획하게 되었고 평가의 문항을 예민하게 볼 수 있게 되기도 했습니다. 혼자서는 미처 보지 못했던 수업과 평가의 불일치 문제를 찾아내어 개선하기도 했습니다.

　평가 활동 중 오류를 보이는 학생들에게 어떻게 피드백할 것인지에 대한 의견도 함께 나눌 수 있어 큰 도움이 되었습니다. 대부분 문제를 다시 풀게 하여 오류를 바로잡아주려고 하나 반복적인 오답을 적는 학생들에게는 한계가 있으므로 피드백에 대한 고민을 함께 나누면 처방전이 훨씬 다양해지는 효과가 있었습니다. 각 반에서 피드백한 경험을 나누고, 성공담과 실패담에 대해 분석하는 공통의 과정은 각자의 교육 활동에도 보람과 확신을 줄 수 있었는데, 이는 담당자로서 평가의 과정을 주도한 교사로부터 시작되었다고 생각합니다.

유연한 태도로 줏대 있게 실천하기

교과뿐만 아니라 생활 지도의 영역에서도 동학년은 힘이 셉니다. 기본적인 인성 교육부터 학교 폭력 예방 교육, 상담 등의 생활 지도 과정이 우리 반 학생들에게 국한되는 경우는 거의 없습니다. 다른 반 학생들과의 관계가 복잡하게 얽히고, 학부모 민원까지 확대되는 일이 다반사이므로 동료들과 긴밀히 협력해야 합니다.

이렇게 다양한 관계가 얽혀 있는 동학년에서 가장 중요한 태도는 바로 '유연함'이라고 생각합니다. 교사 각자의 교육관과 학생 실태 등이 매우 다르지만 그 다름을 인정하고 다른 교사의 의견을 경청할 수 있는 열린 마음가짐이 문제 해결을 위한 협력을 가능하게 합니다. 동학년 학생들을 내 반, 네 반 가르지 않고 우리 학년의 학생이라고 생각하고 함께 눈높이를 맞추어 지도하면 학생들 사이의 갈등도 줄일 수 있을 것입니다.

동학년은 대부분 학교 내 비슷한 공간을 함께 씁니다. 복도, 계단, 공용 놀이 공간, 화장실 등 교실 이외의 여러 장소에서 우리 반과 옆 반의 학생들이 만납니다. 서로의 동선이 겹치면서 불편한 상황이 발생하면 두 반의 교사는 함께 문제를 해결할 수밖에 없습니다. 문제를 일단락 짓고 나면 재발 방지를 위해 다른 반 학생들도 지도해야 하므로 이런 상황에서 동학년 협의회는 또 열립니다. 어떤 반은 제지하는 문제를 다른 반은 허용적으로 넘어간다면 학생들은 혼란을 겪습니다. 불만이 생겨 담임 교사와 사이가 나빠지는 경우도 있고, 다른 반과 갈등이 생겼을 때 시비를 가리기 어려워지기도 합니다. 이러한 상황에서 동학년 교사들은 생활 지도의 기준을 마련해야 합니다. 일관된 눈높이로 우리 학년 학생들을 함께 지도한다는 마음으로 생활 지도의 범위에 관하여 구체적으로 소통하는 것이 필요합니다.

학교폭력 사안의 경우도 마찬가지입니다. 학교 내 친구 간의 간단한 다툼부터 방과후 수업이나 하교 후 학교 밖에서 발생한 사안까지 모두 지도해야 하므로 여러 관계들을 마주해야 합니다. 문제와 관련된 담임 교사, 이전에 비슷한 경험을 해봤던 선배 교사까지 모두 사안 해결을 위해 도움을 주려 노력합니다. 상담할 내용이 많을 경우 분담하고, 매뉴얼을 기준으로 방법이나 기록 및 정리 등에 관한 경험을 나누어 주며 최선의 방법을 함께 찾으려 노력할 때, 동학년은 다시 한번 힘을 발휘합니다.

이렇듯 동학년은 긴밀한 소통과 역할 분담을 통해 일상 속에서 교육과정 운영 상황을 점검하고, 필요한 조정 사항을 논의합니다. 학년 특색을 반영하여 수업 계획의 유연성을 확보하고, 학생들의 학습 요구에 맞추어 교육과정을 조정하기도 합니다. 동학년 협의체는 수업 진행 상황, 학생들의 학습 성취도, 학부모의 요구 등을 공유하며 교육과정의 실행력을 높일 수 있는 베이스캠프가 됩니다.

> "교실은 문으로 연결된 섬이다. 문밖을 나서지 않으면
> 그저 섬처럼 단절된 채 파도와 태풍을 홀로 다 맞아야 할 것이다."

초임 시절 따뜻한 선배님께서 해주신 무서운 말씀입니다.

선생님은 혹시 섬에 계신가요? 아니면 교실 문을 열고 나와서 동료와 온기를 나누고 계신가요? 함께해 보세요. 학교라는 망망대해에서 뜻밖의 보물도, 뜻하던 보람도 뜻깊게 찾으리라 확신합니다.

관리자
무례하지 않게 정중하게

만만해 보이고 싶지 않아

선배들은 관리자랑 농담도 하고 즐겁게 대화하는 것 같은데, 나는 그게 쉽지 않다. 교무회의 시간에 자유롭게 의견을 이야기하라고 하면서 막상 분위기는 그렇지도 않은 것 같고…. 말하는 사람들만 말하고, 나 같은 저경력 교사들은 모두 입을 다물고 고개만 끄덕여야 할 것 같은 분위기. 분명히 교직 사회는 수평적인 분위기라고 했는데 딱히 그런 것 같지도 않다는 생각이 드는 것은 나만의 느낌일까? 내 의견을 속 시원하게 말하면 괜히 관리자랑 껄끄러워질 것 같고, 그러면 결국 나만 피곤해질 것 같아서 결국 다시 관리자 눈치를 보게 되는 현실. 이러한 현실에서 탈출하고 싶다.

관리자와의 관계 설정이 어려웠던 초임 시절

저는 소위 말하는 예스맨이었습니다. 규율을 중요시하는 아버지 밑에서 자란 영향이 커서 윗사람의 지시를 거절하는 것이 쉽지 않았거든요. 회의 시간에도 속마음은 그렇지 않으면서 관리자들이 의견을 내면 그 의견에 따르게 되고,

업무 처리를 할 때도 제 의견보다 관리자들의 의중을 먼저 확인했습니다. 그런데 계속 예스만 하다 보니 어느 순간 너무 힘들더라고요. 내가 이러려고 교사가 되었나 싶기도 하고, 눈치만 보고 있는 제가 한심해 보이기도 했습니다. 그때는 관리자들과 관계가 좋으니 잘하고 있다고 생각했는데 지금 생각해 보면 호구라는 말이 딱 어울리는 시기였던 것 같습니다. 결국 할 말 하고, 하기 싫은 일은 거절하면서 자기 뜻대로 하는 선생님과 대우에는 별 차이가 없었거든요.

언젠가는 업무분장을 할 때, 관리자가 자기가 도와주겠다고 사정을 하며 모두가 하기 싫어하는 업무를 저에게 맡겼습니다. 그런데 막상 업무를 맡고 나니 그런 이야기는 온데간데없고, 되려 제게 더 많은 짐이 넘어오고 있었습니다. 게다가 제가 일을 잘할 때는 자기가 딱 맞는 인사를 해서 일이 잘 된 것처럼 하더니 중간에 문제가 발생하자 전부 저의 미숙함으로 몰아가기도 했습니다. 문제가 생겼을 때, 적어도 그 사람은 내 편을 들어줄 거라고 생각했는데 배신감이 이만저만이 아니었습니다. 그때부터 관리자와의 관계에 대해 다시 고민하기 시작했습니다. 그리고 그 고민 끝에 찾은 저만의 해답을 지금부터 이야기해 보고자 합니다.

좋은 사람 말고 필요한 사람

제가 힘들어하던 그 시절, 선배 중에 한 분이 제게 이런 이야기를 해주었습니다. 좋은 사람이 되려고 하니까 자꾸 힘들어지는 거라고요. 그래서 저는 대뜸 물었죠. 그럼 어떤 사람이 되어야 하냐고요. 그랬더니 그 선배는 필요한 사람이 되면 관리자가 너한테 그렇게 할 수 없다고 했습니다. 솔직히 처음에는 무슨 이야기인지 이해하기 어려웠습니다. 그런데 지금은 어느 정도 설명할 수 있게 되었습니다. 먼저 사람들은 좋은 사람에게는 대가 없이 부탁을 합니다. 그리고 그걸 들어주지 않으면 비난을 하죠. 좋은 사람인 줄 알았는데 아니었다고 말입니다. 그리고 부탁을 받은 당사자는 자신이 좋은 사람이 아니라서 미안해합니다. 반면에 사람들은 필요한 사람에게는 거래를 제안합니다. 자신이 이걸 줄 수 있으니 이걸 해달라고 말이에요. 필요한 사람들은 그 거래에 응할지 응하지 않을지만 고민하면 됩니다. 거래이기 때문에 응하지 않았다고 비난받는 일은 없습니다.

필요한 사람은 묵묵히 자기 할 일을 하는 사람

그럼 관리자에게 필요한 사람은 어떤 사람일까요? 사실 답은 정해져 있습니다. 일을 하는 사람이죠. 그럼 예전의 저와 같이 시키는 모든 일에 "네."라고 말하던 사람하고 무슨 차이가 있냐는 의문이 들 겁니다. 그런데 분명한 차이가 있습니다. 좋은 사람이 되기 위해 아무 기준 없이 "네." 하는 사람은 관리자에게 필요한 사람이 아니라 좋은 사람입니다. 내가 부탁하기에 좋은 사람 말이에요. 관리자 개인적으로는 필요한 사람이겠죠. 그런데 제가 말하는 필요한 사람은 이런 사람이 아닙니다. 제가 말하는 필요한 사람은 학교에 필요한 사람입니다. 학교가 나아갈 방향에 대해 고민하고, 학생들을 잘 가르치기 위해서 고민하면서 자신의 소신과 원칙을 지키는 선생님이 학교에는 필요합니다. 특별한 능력이 있는 선생님을 필요로 하는 것이 아닙니다. 자기 학급과 학생들을 잘 관리하고, 수업도 열심히 하고, 맡은 업무를 큰 문제 없이 하면 그걸로 족합니다. 그러니 선생님 스스로에게 자신감을 가지세요. 크게 무엇을 하지 않아도 자기 앞에 주어진 일만 제대로 한다면 그걸로 충분합니다. 너무 잘하려고, 좋은 사람이 되려고 노력하지 않아도 괜찮습니다. 그러니 하고 싶은 말이 있다면, 나의 소신에 어긋난다면 과감하게 이야기하세요. 그럼 결코 관리자들도 선생님을 함부로 대하지 않을 겁니다.

정중하게 말하기

과감하게 이야기하는 것은 좋은데 주의할 점도 있습니다. 바로 무례하지 않게 정중하게 이야기하는 것이죠. 사실 MZ 세대 교사들은 관리자와 이야기할 때 말의 온도와 전달 방법에 크게 신경을 쓰지 않는 경우가 많습니다. 교사는 말로 먹고 사는 직업임에도 불구하고 말이죠. 관리자는 대부분 일반 교사보다 나이가 많습니다. 나이가 많은 것이 무슨 벼슬이냐고 말하는 사람들도 있겠지만 우리 사회는 아직 나이가 많은 사람에게 지켜야 할 최소한의 예의가 있다는 인식이 남아 있습니다. 윗세대로 올라갈수록 그런 인식은 더 강하고요. 동등한 상황에서 자유로운 의사소통과 창의적인 생각이 나온다며 이런 문화를 부정하는 사람들도 있습니다. 하지만 저는 자유로운 의사소통과 언어 예절을 잘 지키는 것은 다른 영역이라고 생각합니다. 정중하지만 하고 싶은 말을 자유롭게 하는 사람이 우리 주변에는 얼마든지 있으니까요. 결국 같은 말이라도 전달하는 방식(어휘의 선택과 어투 등)을 어떻게 하느냐에 따라 받아들이는 사람의 태도가 완전히 달라진다고 생각합니다.

한 가지 상황을 예로 들어볼게요. 관리자가 선생님들께 학교 예산이 부족하니 선생님 업무와 관련된 도교육청 단위의 사업을 신청하기를 바라고 있습니다. 그런데 선생님 생각에는 업무를 처리하는데 예산이 크게 부족하다고 느껴지지 않습니다. 이때 그냥 "전 예산이 필요하지 않은데요. 왜 예산을 신청해야 하죠?"라고 말하거나 "싫은데요."라고 말하는 것과 "교장 선생님, 올해 제가 업무를 해보니 예산이 부족하지 않더라구요. 예산이 필요한 다른 사업을 신청하는 것이 어떨까요?"라고 말하는 것은 분명한 차이가 있습니다. 둘 다 관리자의 업무지시를 거절하고 있지만 관리자가 느끼는 그 사람에 대한 감정은 분명히 차이가 있을 것입니다. 전자는 "일하기 싫은가 보다."라고 비난을 한다고 해도 딱히 할 말이 없는 반면에 후자는 '지금 나는 내 할 일을 큰 무리 없이 잘 하고 있습니다.'라는 숨은 뜻이 담겨 있는 말이기 때문에 "일하기 싫어한다."라는 논리로 공격하기는 애매한 상황이 되는 거죠. 자신이 어떤 태도로 어떻게 말을 하고 있는

지 한번 점검해 보세요. 정중하지만 할 말을 하고 있는지, 할 말은 못 하고 있는데 정중하지 않은 태도 때문에 비난만 받고 있는지 말이에요.

원칙과 명분을 내 편으로 만들자

관리자와의 관계에서 원칙을 지키는 것은 정말 중요합니다. 원칙을 제대로 세우지 않아서 흔들린다면 회의 시간에 의견을 낼 때도 부탁을 거절할 때에도 명분이 서질 않기 때문입니다. 예전 학교에서 있었던 일입니다. 몇 년 동안 지속되어 오던 마을 교육 프로그램을 교장 선생님께서 학기 중에 갑자기 바꾸고 싶어 하셨습니다. 그래서 체험 프로그램이 진행되는 달의 교무회의 시간에 갑자기 프로그램을 바꾸자는 의견을 내셨습니다. 당시 학교의 연구부장이었던 제가 관리자와 원만한 관계를 유지하기 위해서는 "네."라고 하고 일을 진행해야 했습니다. 심지어 교장선생님께서 학생들과 함께 하고 싶은 체험 프로그램이 있다고 하시며 모든 제반 사항을 다 알아오시기까지 했으니 말이죠. 그렇지만 저는 "안 됩니다."라고 말을 했습니다. 이전 연도에 교육과정을 수립 할 때, 해당 프로그램에 대한 만족도도 높았고, 지속하기를 원했기 때문에 올해 다시 편성했는데 몇 번 해본 것이니 새로운 것을 해보자는 논리로 갑작스럽게 프로그램을 바꿀 수는 없다는 것이 제가 안된다고 말한 이유였습니다. 그러자 교장선생님께서는 교육과정은 만들어가는 것이고, 더 좋은 프로그램이 생기면 언제든 변경 가능한 것이 아니냐며 선생님들을 설득하려고 하셨죠. 하지만 저는 그 프로그램이 더 좋은 프로그램이었다면 이전 학년도에 협의를 할 때, 말씀하셔서 반영했어야 했다고 말했습니다. 그러자 교장선생님께서는 조금 언짢은 내색을 비추셨지만 결국 프로그램을 바꾸는 것을 포기하셨습니다. 사실 프로그램을 바꾸는 것이 별것 아닌 일일 수도 있습니다. 고작 체험 프로그램 하나일 뿐이니까요. 그런데 저는 그렇지 않다고 생각합니다. 처음에는 고작 체험 프로그램이겠지만 나중에는 다양한 학교의 행사와 사업들이 언제든 손바닥 뒤집듯이 바뀌게 될 테니까요. 제가 좋은 관계를 위해 원칙을 잃었다면 매번 교장선생님께서 원하는 방향으로 즉흥적으로 바뀌는 교육과정을 운영하게 되었을지도 모릅니다. 한 번은 어렵지만 두 번은 쉽고, 세 번은 더 쉽기 때문이죠. 그러다 거절을 했을 때, 저를 향해 비난의 화살이 날아왔을 겁니다. 그 일이 마음에 들지 않아서 거절했다거나 하기 싫어서 거절했다고 말이죠. 원칙을 지키는 것이 쉬운 일은 아닙니다. 그렇지만 처음부터 원칙을 잘 지켜나가야 명분을 얻을 수 있습니다. 명심하세요. 명분을 잃으면 정당한 발언이라도 힘을 잃을 수도 있다는 것을 말이에요.

메시지에 어울리는 메신저가 되자

제가 이렇게 관리자와의 관계와 대화에 대해 이야기하고 있지만 솔직히 요즘 젊은 선생님들은 제 초임 시절과는 다르게 말을 참 잘합니다. 그런데 가만히 지켜보면 아쉬운 마음이 들 때가 있습니다. 권리를 주장할 때는 목소리가 큰데 그렇지 않은 상황에서는 목소리가 유독 작은 것 같다는 생각이 들어서입니다. 소위 귀찮은 일 만들지 않고, 묻어가려는 모습을 보이는 것이죠. 할 말을 하고, 권리를 찾는 행위 자체를 비난하고 싶은 생각은 전혀 없습니다. 저 역시 교사들이 권리를 찾기 위해서는 목소리를 더 내야 한다고 주장하는 사람이니까요. 그런데 권리를 찾기 위해서만 목소리를 내면 도리어 권리를 잃어버리는 경우가 생기기도 합니다.

제가 교직생활을 하면서 느낀 삶의 지혜 중 하나는 내 말에 힘이 생기려면 내 행동이 따라와야 한다는 것입니다. 왜냐하면 사람들은 메시지가 옳더라도 그 메시지가 불편하면 메신저를 공격하거든요. 그렇게 메신저가 계속 공격당하다보면 결국 메시지도 힘을 잃고 말더라고요. 뉴스에서 정치인이 무슨 발언을 했다고 하면 그 말 자체의 가치에 대해 평가하기 보다 그 사람의 행적을 평가하며 그 말의 의미를 퇴색시키는 경우가 많습니다. 우리는 이런 일이 내게도 일어날 수 있다는 사실을 알아야 합니다. 결국 내 메시지가 힘을 얻으려면 내가 메시지에 어울리는 사람이 되어야 합니다. 이 책을 읽는 선생님들이 메시지도 중요하지만 메신저도 못지않게 중요하다는 사실을 꼭 기억하셨으면 좋겠습니다.

교육 학습 공동체
선생님의 안전지대

마음을 터놓고 이야기 나누고 싶다

서로 공통의 관심사를 공유하고 마음을 함께 나눌 수 있는 곳은 없을까. 학교에서는 각자의 교실에서 최선을 다하느라 모두 바쁘고 정신이 없어 보인다. 가끔은 내가 있는 교실이 혼자 떨어져 있는 섬처럼 보인다. 외로워 보이는 섬들을 이어주는 그런 공동체가 있으면 좋겠는데…. 학교에 있는 선생님들끼리도 좋고, 학교를 넘어서 좋아하는 것을 같이 할 수 있는 그런 교육 학습 공동체를 만들어 보고 싶다. 조금 더 행복한 학교생활을 하기 위해 내 마음을 편하게 만들 수 있는 그런 공간 말이다.

마음을 터놓고 숨 쉴 공간, 케렌시아

교사의 삶은 변화의 진폭이 크지 않습니다. 여기서 변화의 진폭이란 학교 안에서의 삶을 말하는 것이 아니라 하루를 기준으로 봤을 때 교사의 삶을 말하는 것입니다. 선생님의 기본 루틴은 학교에서 아이들을 가르치고 집으로 돌아가,

자녀가 있다면 집안일을 하고 아이들과 함께 저녁 시간을 보내는 것이겠지요. 시간 여유가 있다면 자신의 취향에 따라 운동, 악기 연주, 미술, 요리 등을 하기도 합니다. 그러나 학교 선생님들과 이야기를 나누다 보면 에너지가 소진되고 지쳐있는 경우를 많이 보게 됩니다. 학교에서는 아이들을 가르치고 생활 지도를 하느라 정신이 없고, 가정에서는 자녀를 돌봐야 하는 생활을 반복하다 보니 자신을 돌볼 시간은 없기 때문입니다.

최근 제주도에 있는 국립제주박물관을 다녀왔습니다. 마침 이건희 컬렉션 전시가 열리고 있었는데 마음에 들어온 한 문장이 있었습니다. 이건희 에세이에서 발췌한 내용을 벽에 적어놓은 문구였습니다.

모든 변화는 '나로부터의 변화'에서 시작해야 합니다. 잔잔한 호수에 돌을 던지면 동심원의 파문이 처음에는 작지만 점점 커져 호수 전체로 확산돼 나가는 것처럼 모든 변화의 원점에는 '나부터의 변화'가 있어야 합니다.

교사가 행복해야 교실도 행복합니다. 완전히 소진되어 에너지가 제로인 상태라면 그 영향은 가르치는 교실의 아이들에게도 그대로 전달이 될 것입니다. 저는 다른 사람을 돌보기 전에 자기 자신을 사랑하는 것이 우선이라고 생각합니다. 우선 자신의 마음에 긍정의 에너지를 가득 채워야 다른 곳에 나눠줄 수 있기 때문입니다.

케렌시아는 스페인어로 '안식처' 또는 '안전한 공간'이라는 의미를 지니고 있습니다. 이 단어는 투우 경기에서 유래되었는데, 투우 경기장에서 소가 안전하다고 느끼는 공간을 의미합니다. 일상에서는 개인이 안정을 찾거나 쉴 수 있는 공간을 표현하는 데 사용되고 있습니다. 자신을 온전히 회복하는 공간을 케렌시아라고 할 때, 저는 좋아하는 사람들과 함께 건강한 공동체를 만들 수 있는 교육 학습 공동체 활동이 그렇다고 생각합니다. 서로를 아무 조건 없이 믿어주고 응원하고 격려할 수 있는 공동체, 제가 힘들었을 때 의지하고 도움받을 수 있었던 교육 학습 공동체에 대한 이야기를 해보려고 합니다.

몇 번의 넘어짐을 겪다

신규 교사일 때는 학급이 제대로 운영되게 하는 것만으로도 정신이 없었습니다. 아이들을 어떻게 잘 가르칠까 하는 고민보다도 학급을 평화롭게 유지시키는 데 대부분의 에너지를 소모했습니다. 지금 돌아보면 좌충우돌, 우왕좌왕, 좌불안석이라는 표현이 딱 들어맞는 시기였습니다. 신규 생활을 벗어나 조금씩 경력이 쌓이기 시작할 때쯤 마음이 맞는 선생님들과 연구회나 동아리를 함께 하면 좋겠다는 생각이 들었습니다. 처음 시작했던 건 영어 교육 동아리였습니다. 처음으로 영어 전담을 맡기도 했고 아이들 생활 지도에 조금 자신감이 붙자 수업을 잘해보고 싶다는 마음이 들었기 때문입니다. 영어를 좋아하는 선생님들과 함께 수업에 대한 전문성을 기르기 위해 시작했습니다.

야심 차게 시작한 첫 동아리는 안타깝게도 제대로 운영되지 못하고 사라지고 말았습니다. 동아리가 나아갈 방향을 잘 정하고 팀원들을 이끌었어야 했는데 그러지 못한 것이 원인이었습니다. 그 후로도 몇 번의 실패를 겪었습니다. 1년으로 끝나는 공동체가 아니라 오랜 시간을 만나며 함께 걷는 공동체를 꿈꿨는데 참 어려웠습니다. 10년 정도 다양한 공동체를 운영하기도 하고 팀원이 되어 보기도 하면서 잘 되는 공동체와 그렇지 않은 공동체에 차이가 있다는 걸 발견했습니다. 교육 학습 공동체의 유형을 먼저 살펴보고, 오래 지속되는 교육 학습 공동체의 특징을 이야기해 보겠습니다.

첫 번째는 목적 추구형 학습 공동체입니다. 특정한 결과를 만들어 내기 위해 모이는 연구회를 말합니다. 1년 동안 교수 학습 자료집 개발과 같은 눈에 보이는 성과물을 내야 하는 경우가 있겠죠. 두 번째는 단순 친목형 학습 공동체입니다. 저도 처음에는 단순히 친목을 도모하기 위해 연구회나 동아리를 운영하기도 했었습니다. 친한 사람들이 몇 명 모여서 예산을 받고 한 달에 한 번 정도 모여 식사나 차를 마시며 대화를 나누는 모임입니다. 세 번째는 학습 공동체를 어떻게 운영할지 생각해 보지 않고 무조건 신청하여 만든 경우입니다. 운영 계획서를 쓸 때 대충 쓴 후 나중에 계획이 다 바뀌는 연구회나 동아리 형태입니다. 당연히 지양해야 하는 형태로, 학습 공동체를 직접 운영하고 싶다면 자신이 관심 있고 잘하는 분야로 신청해서 사람들을 모집하는 것이 중요합니다.

저는 세 가지 경우를 모두 겪어봤고 함께 했던 교육 학습 공동체가 얼마 지나지 못해 사라지는 것을 보았습니다. 그리고 그 시행착오 끝에 잘 운영되는 교육 학습 공동체가 되려면 리더의 역할의 굉장히 중요하다는 것을 알게 되었습니다. 리더(Leader)의 어원은 '여행하다'라는 뜻을 가진 Lead에서 나왔다고 합니다. 즉 교육 학습 공동체에 들어온 사람들이 1년 동안 잘 걸어 나갈 수 있도록 이끌고 지원하며 방향을 제시하는 역할을 해야 합니다.

교육 학습 공동체를 운영한다는 것

교육 학습 공동체에 참여하는 것과 운영하는 것은 아주 큰 차이가 있습니다. 만약 교육 학습공동체에 한 번도 참여해 보지 않았다면 다른 선생님이 만든 교육 학습 공동체에 팀원으로 참여해 보는 것을 추천합니다. 처음에는 팀원으로 참여하면서 공동체를 운영하는 실제적인 방법과 팀원들의 참여율을 어떻게 높이는지 등의 노하우를 배우는 것이 좋습니다. 내가 리더가 되어 교육 학습 공동체를 운영해도 되겠다는 마음이 들 때 직접 운영하기를 추천합니다. 저는 교육 학습 공동체의 리더로서 세 번의 큰 심경 변화를 겪으며 공동체를 운영해가고 있습니다.

첫 번째는 3월에 운영 계획서를 작성할 때입니다. 이 시기에 많은 선생님들이 신청을 할까? 말까? 양 갈래의 길에 서게 됩니다. 왜냐하면 3월은 정말 정신이 하나도 없는 시기거든요. 그래서 저는 교육 학습 공동체를 운영하고자 하는 굳은 결심이 있다면 1월이나 2월에 미리 계획서를 써놓으라고 말씀드립니다. 작년 공문을 참고해 어떤 주제를 가지고 올해 운영할지 작성해 놓는다면 큰 부담 없이 신청할 수 있습니다.

두 번째는 학습 공동체에 선정되었다는 소식을 들을 때입니다. 공문 첨부파일에 연구회나 동아리 이름이 있는 순간 큰 기쁨에 차오릅니다. '역시! 내가 해냈구나. 교육청이 보는 안목이 있구나.' 이런 자신감이 가득 차게 됩니다. 하지만 여러분께서는 항상 이 말을 기억해야 합니다. 다윗 왕과 솔로몬 왕의 두 가지 버전이 있는 말 "이것도 곧 지나가리라."입니다. 기쁨과 행복은 잠시입니다. 저는 솔직히 가끔 이런 생각이 들 때도 있었습니다. '차라리 떨어지면 올해 편하게 지낼 수 있었을 텐데….'

세 번째는 12월 학습 공동체를 운영한 결과 보고서와 정산서를 제출해야 하는 시기입니다. 교사에게 있어 3월과 12월은 정말 바쁜 달입니다. 화장실 가기도 바쁜 이때 학습 공동체 결과 보고서 작성은 큰 부담으로 다가옵니다.

리더가 되어 교육 학습 공동체를 운영한다는 것은 설렘과 기쁨이 되기도 하지만, 해야 할 많은 것들 사이에서 힘들어하거나 좌절감을 느낄 때도 분명 있습니다. 특히 팀원들을 잘 이끌고 나가는 것은 또 하나의 어려운 문제입니다. 학교 안에서도, 가정에서도, 학교 밖 교육 학습 공동체에서도 인간관계는 쉽지 않으니까요.

교육 학습 공동체 시작하는 방법

그림책을 가지고 수업을 시작한지 4년이 지났을 때 문득 외롭다는 생각이 들었습니다. 다른 교실 어딘가에도 나와 같이 그림책을 가지고 수업을 만들어 가는 선생님들이 있을 거라는 막연한 믿음이 생겼습니다. 혹시 그분들도 나와 같은 생각을 하고 있지는 않을까. '외롭지만 용기가 없어서 교육 학습 공동체에 함께하지 못하는 건 아닐까'라는 생각이 들었습니다. 그래서 무작정 페이스북과 인스타그램, 네이버 밴드에 '그림책 아틀리에 36.5' 교육 학습 공동체를 모집한다는 글을 올렸습니다. 모집 글 안에는 교육 학습 공동체를 여는 이유, 함께 무엇을 하고 싶은지, 모이는 시기와 장소, 1년 회비 등을 적었습니다. 운영 예산에 대해서도 처음에 공지하는 것이 필요합니다. 저는 도교육청 교육 학습 공동체에 지원해 예산을 확보할 거라는 것을 미리 안내했고, 별도로 개인당 얼마씩 회비를 내야 한다는 점도 적었습니다. 글을 올리기 전에는 두려웠습니다. '아무도 오지 않으면 어떡하지, 내가 괜한 일을 시작했나'라는 마음이 점점 커졌습니다. 다행히 전혀 모르는 선생님들 9분이 함께 하고 싶다는 연락을 해왔고 그렇게 '그림책 아틀리에 36.5'는 무사히 출항할 수 있었습니다.

제가 한 것처럼 무작정 SNS에 글을 올려 함께 할 팀원들을 모집하는 방법도 있지만 이 방법은 용기가 많이 필요합니다. 또 누가 올지 전혀 예측할 수 없다는 어려움이 있습니다. 처음 교육 학습 공동체를 운영하려는 선생님은 우선 함께 할 몇 분을 미리 정하고 함께 상의해 다른 선생님들을 모집하는 방법을 활용해 보기를 추천합니다. 운영 계획이 세워졌으면 학기 초에 오는 교육 학습 공동체 모집 공문을 놓치지 말고 신청해 예산을 확보하시길 바랍니다. 참고로 처음 생기는 분야는 잘 모르기 때문에 선생님들이 많이 신청하지 않습니다. 경쟁률이 낮은 분야를 노리는 것도 안전하게 예산을 확보할 수 있는 노하우입니다.

그림책 아틀리에 36.5 운영 엿보기

그림책 아틀리에 36.5는 회장, 총무 2명(도교육청 예산 담당, 자체 회비 담당), 연수 팀장, 수업 팀장, 우수 팀원으로 이루어집니다. 연수 팀장이 하는 일은 자율 연수를 계획하고 운영하는 것입니다. 수업 팀장들은 팀원들과 함께 매달 발표할 사례 나눔을 준비합니다. 또한 회장, 총무, 연수 및 수업 팀장은 운영진에 속해 교육 학습 공동체의 큰 틀을 함께 의논하고 1년 살림을 꾸려 나갑니다. 1년 운영 과정을 보여드리면 다음과 같습니다.

활동명	활동 내용
운영진 협의회(1월)	2024 그림책 아틀리에 36.5 운영 주제, 방향, 내규, 로고, 오프닝 워크숍 협의
오프닝 워크숍(2월)	2024 비전 보드 나누기, 팀원들과 공동체 놀이로 래포 형성하기
정기 모임(3월)	팀별 모여 이야기 나누기, 통합교과 나(2학년) 개념기반 탐구학습 적용 수업 나누기
정기 모임(4월)	4월 독서 수업 사례 나눔, 독서와 에듀테크를 접목한 수업 공유
정기 모임(5월)	5월 독서 수업 사례 나눔, 그림책 창작을 에듀테크를 활용해 전개
자율 연수(6월)	1학기 도내 자율 연수 추진
정기 모임(6월)	6월 독서 수업 사례 나눔, 에듀테크 동아리 연계 활동, 개념기반 책 수업 연계
팝업 연수(7월)	개념기반 탐구학습 강사 초빙 이론과 실제 연수
정기 모임(7월)	7월 독서 수업 사례 나눔, 책 한 권을 깊이 읽는 방법, 책 만들기 연수
여름 워크숍(8월)	그림책 아틀리에 36.5 원팀으로 연결, 1학기 독서 수업 돌아보기
정기 모임(9월)	9월 독서 수업 사례 나눔, 감정 그림책 수업 사례 나눔
정기 모임(10월)	10월 독서 수업 사례 나눔, 11월 수업 나눔 부스 운영 회의
수업 나눔 축제 부스 운영(11월)	독서 교육의 모든 것 A to Z
정기 모임(11월)	11월 독서 수업 사례 나눔, 그림책으로 글쓰기 방법 나눔
아틀리에 겨울 파티 (12월)	2024 올해의 그림책 어워드, 1년 마무리 파티

그림책 아틀리에 36.5라는 연구회를 운영하면서 잊지 않고 마음에 가지고 있는 두 개의 단어는 '연결과 성장'이라는 키워드입니다. 아무리 좋은 목적을 가지고 모인 교육 학습 공동체라도 첫 시작은 서로를 환대하고 존중하는 연결의 시간이 필요합니다. 각자 다른 배경을 가지고 수 십 년을 살아온 우리기에 가지고 있는 가치관과 철학은 모두 다양합니다. 그래서 저는 3월 정기 모임을 하기 전, 2월에 미리 오프닝 연수를 열어 팀원들끼리 얼굴을 익히고 대화를 나눌 수 있는 시간을 마련합니다. 연결하려는 노력은 처음만 반짝하고 끝나는 것이 아니라 모임 매 순간 팀원들이 환대 받는다는 느낌을 갖게 하는 것이 중요하다는 말씀을 드립니다. 아주 간단하게 할 수 있는 방법이 하나 있습니다. 모임에 오는 선생님

들을 한 명씩 바라보며 이름을 넣어 인사를 건네는 방법입니다. 모임에 참여한 선생님들에게 그동안 어떻게 지냈는지 간단한 안부를 물어보는 것도 좋습니다.

다른 하나는 성장과 관련된 부분입니다. 교육 학습 공동체에 들어왔으면 들어오기 전의 나의 모습과 들어와서 함께 한 이후의 나의 모습은 분명 달라야 합니다. 만약 교육 학습 공동체에서 1년 동안 배운 것이 하나도 없고 성장한 모습이 보이지 않는다면 내년에도 교육 학습 공동체에 참여하고 싶을까요? 조금은 힘들지만 매월 돌아가며 앞에 서서 발표해 보는 기회, 함께 자율 연수를 만들어가는 기회, 책을 쓰는 기회를 만들려고 노력하고 있습니다.

교육 학습 공동체 알아두면 좋은 것들

교육 학습 공동체를 처음 운영해 보는 선생님들을 위해 알아두면 좋은 점 몇 가지를 말씀드리려 합니다. 교육 학습 공동체 운영 계획을 월별로 체계적으로 세워놓으면 이끄는 입장에서 편합니다. 매달 무엇을 할지 고민하지 않아도 되기 때문입니다. 중요한 점은 리더 혼자 끌고 가려고 해서는 안 된다는 점입니다. 처음 만났을 때부터 역할 분담을 나눠서 월마다 운영하는 선생님을 정해놓는 것이 좋습니다. 저도 처음에는 혼자서 매월 진행을 맡았는데 이렇게 하니 나중에는 몸과 마음이 지치고 운영 아이디어도 떨어져 번 아웃이 찾아왔습니다. 더 중요한 점은 팀원들에게 적절한 역할을 주어야 소속감도 생기고 성장하는 기분도 들어서 함께 교육 학습 공동체를 만들어 간다는 느낌을 가질 수 있다는 것입니다.

다음은 스몰 스텝으로 꾸준히 해나가는 것이 필요합니다. 정기 모임을 하는 날이 불규칙하거나 1학기에는 모이지 않고 2학기에 몰아서 모이는 경우도 간혹 있는데 이렇게 하면 제대로 된 교육 학습 공동체가 유지되기 힘듭니다. 힘들더라고 정해진 날에는 꼭 참석할 수 있도록 모임 날이 다가오면 안내하는 방법도 필요합니다. 정기 모임이 이루어지기 전 대면이 힘들다면 온라인을 통해서라도 정기 모임과 강사 연수, 워크숍 날들을 고정해 놓으면 서로에게 도움이 됩니다.

저는 그림책 아틀리에 36.5의 팀원을 매년 말, 새롭게 모집합니다. 2020년이 1기, 2024년은 5기입니다. 이렇게 하는 이유는 막상 교육 학습 공동체에 들어왔는데 철학과 운영 방향이 나와는 맞지 않는 경우가 생기기 때문입니다. 이럴 때 팀원은 나간다는 말을 먼저 꺼내기가 애매해지는 경우가 발생합니다. 매년 말이 되면 계속 참여할 선생님들은 다시 신청하고, 새로운 팀원들도 모집해서 교육 학습 공동체를 발전시켜 나가고 있습니다.

예산을 잘 사용하는 것도 중요합니다. 교육 학습 공동체를 모집할 때 계획서와 함께 예산 사용에 대한 주의 사항을 공문으로 알려줍니다. 예산 사용은 중요한 부분이므로 출력해서 잘 보이는 곳에 붙여두고 예산을 집행할 때 살펴보면 좋습니다. 매년 달라지는 부분이 있기에 예산 사용 집행 기준은 반드시 숙지하기를 바랍니다. 예산을 사용했으면 온라인 또는 오프라인을 활용해 바로 기록해두는 습관을 들여야 합니다. 그렇지 않으면 내가 어디에 예산을 사용했는지 정산할 때 헷갈립니다. 바쁜 12월, 정산서로 머리 아프기 싫다면 쓸 때마다 바로 적어두세요. 예산을 사용하다 보면 여기에 사용해도 되는지 애매한 경우가 있습니다. 이럴 경우는 담당 장학사에게 직접 물어보는 것이 가장 좋습니다. 저는 잘 모르는 경우가 있으면 메신저 또는 전화를 통해 물어보고 처리합니다.

교육 학습 공동체, 너의 의미!

제게 교육 학습 공동체란 편하게 숨 쉴 수 있는 공간입니다. 학교에서는 공적인 이야기를 더 많이 나눈다면, 교육 학습 공동체에서는 자유롭게 서로의 삶을 나눌 수 있습니다. 수업에 관한 이야기, 아이들에 대한 이야기, 일상적인 이야기, 마음에 담아둔 이야기들을 꺼내 말하고 잘 들어주는 회복의 장소입니다. 교육 학습 공동체가 따뜻한 장소가 되기 위해서는 팀원들이 마음을 열 수 있는 분위기를 만들어야 합니다. 저는 오늘도 신뢰와 환대의 공간, 긍정 에너지가 넘쳐 서로가 서로를 치유해 줄 수 있는 그런 교육 학습 공동체를 꿈꿉니다. 선생님들도 그런 공동체에서 함께하는 기쁨을 누렸으면 좋겠습니다.

에필로그

세상에 공짜는 없다!
교직을 위한 마인드셋

교사가 힘든 이유

교사가 힘든 이유는 이미 많은 선생님들이 알고 있을 것입니다. 경력이 쌓인다고 교사하기가 수월할까요? 천만의 말씀입니다. 중견 교사가 된 저도 매년 3월 2일 새 학기가 두렵습니다. 요즘은 교직 탈출은 지능 순이라는 말에 많은 교사들이 공감하고 있고 대다수의 교사들이 의원면직을 꿈꿉니다. 경력 있는 교사의 경우 명퇴 시기를 고민하고, 실제로 의원면직한 교사의 콘텐츠가 이슈가 되기도 합니다. 저도 그런 콘텐츠를 볼 때마다 '부럽다'는 생각을 합니다. 학생들을 위해 제대로 된 교육과 지도를 하던 교사가 아동학대로 신고당하는 기사와 사례를 보면 몸을 사리게 됩니다. 갈수록 학생지도는 어렵고, 그에 비례하는 상상초월의 각종 민원은 보너스로 따라옵니다. 여기에 덧붙여 새로운 교육과정이니, 에듀테크니, 늘봄이니 대한민국은 학교에 너무 많은 것을 바라며 학교에 꾸역꾸역 많은 것들을 계속 집어넣고 있습니다. 그리고 거기에 더 현타가 오는 임금까지. 물가 상승률을 생각하면 오히려 교원 봉급 인상률은 마이너스에 가깝습니다. 힘들게 열심히 공부하고 임용에 합격해서 교사가 되었는데, 말 그대로 나는 제대로 '직업의 상투'를 잡은 느낌입니다. 이런 자괴감까지 드니 많은 교사들이 우울감을 가지고 있는 상황입니다. 여러모로 교사하기 참 어려운 시절인 것 같습니다.

하루 8시간, 귀중한 나의 시간

그렇다고 매일 땅이 꺼지게 한숨을 쉬며 출근을 하면 어떨까요? 어차피 안될 거야, 뭘 해도 소용없어, 이러한 태도로 출근길부터 절망하며 학교로 오기엔 하루 8시간의 근무시간은 너무나 깁니다. 초등학교의 특성상 담임의 태도와 기분이 그 학급에 큰 영향을 미치기 때문에 이러한 태도는 학급의 학생들에게도 그대로 전달됩니다. 이러한 태도와 기분은 결국 본인 스스로를 갉아먹습니다. 돌고 돌아 힘들어지는 건 결국 다시 나 자신입니다. 자신 있게 의원면직할 것이 아니라면, 계속 교직 생활을 해야 한다면, 나의 마인드셋을 바꿀 필요가 있습니다. 나는 너무 소중합니다. 나의 하루 8시간은 너무 귀중합니다. 소중한 나의 시간을 귀하게 쓰며 나를 위해줍시다.

그래도 전문성

교사는 연구를 해야 하는 사람입니다. 수업을 위해 수업연구를, 학생지도를 위해 학생 심리와 사회정서교육을, 새로운 교육 트렌드를, 에듀테크를, 학급 운영 방법을 연구하며 전문성을 키울 수 있는 분야는 무궁무진합니다. 내가 좋아하는 분야를 찾아 나의 전문성을 꾸준히 키워봅시다. 그래야 교직생활을 그나마 즐겁고 열정을 가지고 할 수 있습니다.

이때도 마음가짐은 중요합니다. 어떤 일을 하든지, 어떤 업무를 하든지, 저는 반드시 배우는 게 있다고 생각합니다. 어떤 프로젝트를 하든 힘들고 어렵지만 반드시 나는 성장한다는 믿음으로 일을 진행해보면 어떨까요? 혹시 그 일의 결과가 좋지 않더라도, 나 혼자서만 일을 도맡아 했더라도 나는 여기서 또 한 뼘 성장했다, 나의 전문성이 향상되었다고 생각합시다. 그리고 실제로 전문성은 향상될 것입니다.

함께 성장하는 공동체

학교에는 신규교사와 30년이 넘은 교사가 같은 일을 하는 특이한 집단입니다. 젊은 선생님은 젊은 대로 학생 지도와 보호자를 대하는 게 어렵고, 수업이 어렵고, 경력이 많은 선생님은 새로운 에듀테크 수업이 부담이 되고, 젊은 사람을 선호하는 학생과 보호자 때문에 적잖은 부담감을 느끼기도 합니다.

신규 교사에게도 배울 점이 있고 고경력 교사에게도 배울 점이 있으며, 관리자에게도, 학교 내 교사가 아닌 다른 구성원에게도 배울 점이 있습니다. 항상 배우는 자세로 나만의 전문성을 키워나가는 교직 생활을 해봅시다.

저는 학교에서 좋은 수업이 어떤 건지 자신의 모든 걸 아낌없이 내어주신 수석 선생님을 만난 적도 있고, 학생들을 푸근한 엄마 같은 마음으로 품어주며 생활지도를 하신 고경력 선생님께 생활지도 노하우를 배운 적도 있습니다. 업무가 어려워 실수를 할 때마다 으이그~ 하며 알아서 공문을 고쳐주고 알려주시던 교감선생님께 업무처리 방법을 배운 적도 있습니다. "네가 하고 싶은 거 다 해봐!" 하면서 적극 업무 지원을 해주신 교장선생님을 만나 퇴임식 때 편지를 읽으며 눈물을 쏙 뺀 적도 있습니다.

나보다 어리지만 에듀테크 수업을 기가 막히게 하는 선생님과 연구회 활동을 하며 팁을 얻기도 하고, 교생실습을 하며 열정이 넘치는 교생선생님들에게 통통 튀는 수업 팁이나 최신 트렌드를 익히기도 했습니다.

타산지석처럼 "저렇게 학급 운영을 하면 안 되겠다. 저렇게 학교생활을 하지는 말아야지."라는 생각이 들게 하는 동료도 분명 있었습니다. 하지만 그런 사람들에게 집중하기보다는 귀하고 값진 좋은 동료들과 함께하며 전문성을 키워왔습니다.

우리는 혼자가 아닙니다. 옆 반 선생님, 동학년 선생님, 같은 학교 선생님과 함께 전문적 학습 공동체, 교사 연구회, 각종 교사 모임과 커뮤니티, 넓게는 교원 단체나 노조에도 관심을 가져봅시다. 저는 첫 발령을 함께 받았던 발령 동기 모임을 14년째 하고 있으며 각종 교사연구회 활동에서 관심사가 비슷한 선생님과 함께 관심 분야 연구활동을 합니다. 또 1개의 교원 단체와 3개의 교사 노조에도 가입을 한 상태입니다. 결과적으로 멀리 바라보면 나와 우리 공동체는 발전하고 분명 성장할 것입니다.

교육의 질은 교사의 질을 넘어설 수 없다

공교육의 질은 교사의 질을 넘어설 수 없다고 항상 말합니다. 교사는 그만큼 교육에서 중요한 주체입니다. 교사가 전문성을 가지고 '교육'에만 전념할 수 있도록 반드시 교권은 강화되어야 하고, 교육 환경은 개선되어야 합니다. 하지만 환경이 개선되지 않는다고 한탄만 하고 있을 수는 없습니다. '교육의 질은 교사의 질을 넘어설 수 없다'는 이 말은 다시 말하면 교사는 올바른 교육을 위해 교육 전문성을 끊임없이 키워야 한다는 말로도 해석할 수 있습니다. 긍정적으로, 나는 성장할 수 있다는 마인드셋을 갖추고 나의 전문성을 키워봅시다. 세상에 공짜는 없습니다. 전문성은 그냥 길러지지 않습니다. 아무 노력도 없이 얻어지는 성과는 없습니다.

일과 중에는 열심히 학생들을 가르치고, 방과 후에는 수업과 생활지도, 교육에 대해 동료와 의견을 나누고, 퇴근 후에는 나의 관심 분야를 찾아 연구하기도 하고, 또 즐겁게 나의 개인 생활도 이어나가봅시다.

교직생활을 하다 보면 운 나쁘게 말이 안 통하는 진상 학생과 보호자를 만날 수도 있고, 이기적인 동료 교사나 관리자를 만나 고생할 수도 있습니다. 그럴 때면 열심히 하고자 하는 의지가 바닥으로 곤두박질칩니다. 하지만 이건 절대로 나의 잘못이 아니며 잠깐 운이 나빴던 것뿐입니다. 혼자서 끙끙대지 말고 주변의 많은 동료들과 함께 고민을 나누고, 여러 분야에서 전문성을 키워나가며 그렇게 조금씩, 하루하루 성장하며 교직 생활을 이어나가 봅시다.

우리 교사들은 정말 많은 일을 합니다. 또 뭐든 잘해냅니다. 대외적으로 유명한 교사도 있지만 조용히 교실에서 수업에 집중하고 학급 운영에 힘을 쏟으며, 학생 한 명 한 명에게 집중하는 숨은 고수들은 더 많습니다.

학교 현장에서 저마다 자기만의 전문성을 갖춘 동료와 서로 배우고 나누며 천천히 성장합시다.

이 책이 여러분의 성장하는 교직 여정에 작은 길잡이가 되어, 의미 있는 인사이트를 얻는 데 도움이 되길 바랍니다.

감사합니다.